Wetterfest und robust!

Für die Innenseiten dieses Buches haben wir uns etwas Besonderes einfallen lassen. Die Seiten bestehen aus hochwertigem Landkartenpapier, welches mit einer robusten und wasserabweisenden Beschichtung versehen wurde. Somit übersteht es unbeschadet auch mal ein Regenwetter.

Bitte beachten Sie: wetterfest und wasserabweisend bedeutet nicht wasserfest! Die Seiten sind gut gegen Spritzwasser geschützt und kleben, wenn sie feucht werden, nicht aneinander. Dennoch darf das Buch nicht komplett durchnässt werden.

Bitte verwenden Sie bei Dauerregen zusätzlich einen Regenschutz.

Wetterfest

Radrunde Allgäu

Die Runde in die schönsten Ecken
Mit Allgäu-Radweg und Iller-Radweg

Ein original *bikeline*-Radtourenbuch

VERLAG**ESTERBAUER**

bikeline®-Radtourenbuch
Radrunde Allgäu

A-3751 Rodingersdorf, Hauptstr. 31
Tel.: +43/2983/28982-0, Fax: -500
E-Mail: bikeline@esterbauer.com
www.esterbauer.com
5. überarbeitete Auflage 2022
ISBN 978-3-7111-0055-9
Bitte geben Sie bei jeder Korrespondenz die ISBN an!

Erstellt in Zusammenarbeit mit Allgäu GmbH - Gesellschaft für Standort und Tourismus

Dank an alle, die uns bei der Erstellung dieses Buches tatkräftig unterstützt haben.

Das *bikeline*-Team: Birgit Albrecht-Walzer, Katharina Amon-Schneider, Katrin Baumhauer, Beatrix Bauer, Michael Binder, Veronika Bock, Petra Bruckmüller, Roland Esterbauer, Dagmar Güldenpfennig, Martina Kreindl, Daniela Lehnerova, Gregor Münch, Mario Nakić, Karin Neichsner, Carmen Paradeiser, Amélie Pommier, Manuel Randa, Petra Schartner, Sonja Schleifer, Christian Thoren, Isabella Tillich, Martin Trippmacher, Carina Winkelhofer, Martin Wischin, Wolfgang Zangerl

Umschlagbilder: Gerhard Eisenschink, Allgäu GmbH, Füssen Tourismus

Bildnachweis: © Alexander Rochau - fotolia: 127; Allgäu GmbH · Gesellschaft für Standort und Tourismus: 15; Andie_Alpion - stock.adobe.com: 122, 76, 134; ARochau - stock.adobe.com: 102; Bad Wurzach Info, Ingo Rack: 54; © Buesi - fotolia: 37; © camera work - fotolia: 140; © Dozey - fotolia, 136, 78; ©fotolia, Tarabalu: 60; © fotoping - fotolia: 44; Gemeinde Kißlegg: 58; Gemeinde Wolfegg, Rafael Hanske : 62; © H. Arndt - Fotolia: 40; © hochfeld-fotolia: 142; Isny Marketing GmbH: 72; Kaufbeuren Marketing: 26, 28; Klaus Brauner – stock.adobe.com: 64; Landratsamt Oberallgäu, G. Moosbrugger: 90; Michael Bernhard: 7, 46; © mica - fotolia: 108; Oberschwaben Tourismus GmbH: 70; pixabay: 98, 106, 114, 120; pixapay, Kordula Vahle: 16; © Ralph Gosch - fotolia: 118; © raz_sarbaste – Fotolia: 92; Sebastian Koch: 80; Sina Ettmer - stock.adobe.com: 66, 68, 88; Stadt Kempten (Allgäu): 138; © Stadt Leutkirch: 50, 53; Stadt Sonthofen, Sonja Karnath: 94; Stefan Schmid: 24; Tourismus-Information Kempten: 116; Touristik Marktoberdorf: 21; © traveldia – Fotolia: 96; © Uwe Albert-Thiele - fotolia: 30; Veronika Bock: 7, 130, 131; © whitetigerfoto - Fotolia: 110; © Wolfilser - Fotolia, 18, 86

Kartographie erstellt mit axpand (www.axes-systems.com)

Dieses Buch wird empfohlen von:

Allgäu

MY BIKE

bikeline

Was ist bikeline?

Wir sind ein Team von Redakteuren, Kartografen, Geografen und anderen Mitarbeitern, die allesamt begeisterte Radfahrerinnen und Radfahrer sind. Ins „Rollen“ gebracht hat das Projekt 1987 eine Wiener Radinitiative, die begonnen hat, Radkarten zu produzieren. Heute tun wir dies als Verlag mit großem Erfolg. Mittlerweile gibt's bikeline® Bücher in fünf Sprachen und in vielen Ländern Europas.

Um unsere Bücher immer auf dem letzten Stand zu halten, brauchen wir auch Ihre Hilfe. Schreiben Sie uns, wenn Sie Unstimmigkeiten oder Änderungen in einem unserer Bücher entdeckt haben.

Wir freuen uns auf Ihre Rückmeldung (redaktion@esterbauer.com),

Ihre bikeline-Redaktion

Vorwort

Die Radrunde Allgäu bietet alles für das Radlerherz: Gebirgige Abschnitte im Süden, Radwege auf alten, aufgelassenen Bahntrassen, Flussradwege, ein herrliches Alpenpanorama auf fast der ganzen Strecke und einen hohen Anteil an autofreien Abschnitten. Die Transversalen mit dem Allgäu-Radweg und dem Iller-Radweg ermöglichen zahlreiche Varianten und Kombinationsmöglichkeiten. Gute Anbindung an das ÖPNV- und E-Bike-Netz in dieser landschaftlich und geschichtlich interessanten Gegend runden das perfekte Angebot ab.

Präzise Karten, genaue Streckenbeschreibungen, zahlreiche Stadt- und Ortspläne, Hinweise auf das kulturelle und touristische Angebot der Region und ein umfangreiches Übernachtungsverzeichnis – in diesem Buch finden Sie alles, was Sie zu einer Radtour im Allgäu brauchen – außer gutem Radlwetter, das können wir Ihnen nur wünschen.

Kartenlegende

Radrouten (cycling routes)

Hauptroute, wenig KFZ-Verkehr (main cycle route, low motor traffic)
- asphaltiert (main cycle route, paved surface)
- nicht asphaltiert (main cycle route, unpaved surface)
- schlecht befahrbar (main cycle route, bad surface)

Hauptroute, autofrei / Radweg (main cycle route, without motor traffic / cycle path)
- asphaltiert (cycle path, paved surface)
- nicht asphaltiert (cycle path, unpaved surface)
- schlecht befahrbar (cycle path, bad surface)

Ausflug od. Variante, wenig KFZ-Verkehr (excursion or alternative cycle route, low motor traffic)
- asphaltiert (excursion or alternative route, paved surface)
- nicht asphaltiert (excursion, unpaved surface)
- schlecht befahrbar (excursion, bad surface)

Ausflug od. Variante, autofrei / Radweg (excursion or alternative route, without motor traffic / cycle path)
- asphaltiert (excursion or alternative route, paved surface)
- nicht asphaltiert (excursion, unpaved surface)
- schlecht befahrbar (excursion, bad surface)

Sonstiges (other cycle routes)
- sonstige Radroute (other cycle route)

- verkehrsreiche Radroute (cycle route with significant motor traffic)
- Kopfsteinpflaster (cobbled street)
- Einbahnführung (one-way connection)
- Fährverbindung (ferry connection)
- unbekannter Belag (road surface unknown)
- Tunnel (tunnel)
- Schiebestrecke (dismounting recommended)
- Zugverbindung (train connection)
- Radweg in Planung (planned cycle path)
- Radweg gesperrt (closed cycle path)
- Radstreifen mit Verkehr (cycle lane)
- Radstreifen, straßenbegleitender Radweg (cycle path along road)
- Straße für Radfahrer gesperrt (road closed to cyclists)
- Beschriebene Fahrtrichtung (described direction)
- 5 Wegpunkt (waypoint)

Steigungen / Entfernungen (gradient / distance)
- starke Steigung (steep gradient, uphill)
- leichte bis mittlere Steigung (light gradient, uphill)
- 2,4 Entfernung in Kilometern, gerundet (distance in km, rounded)

Radinformationen (important cycling information)
- Fahrradwerkstatt* (bike workshop*)
- Fahrradvermietung* (bike rental*)
- überdachter Abstellplatz* (covered bike stands*)
- abschließbarer Abstellplatz* (lockable bike stands*)
- E-Bike Ladestation (E-bike charging station)
- Infotafel* (information board*)
- Gefahrenstelle (dangerous section)
- Text beachten (read text carefully)
- Treppe (stairs)
- Tragestrecke (bicycle must be carried!)
- Engstelle* (constriction, bottleneck*)
- 17 42 Knotenpunktnummer der Wegweisung* (nodal point)
- Stadt-, Ortsplan (city map)

Nur in Ortsplänen (symbols only in the city maps)
- Parkhaus* (garage*)
- Theater* (theatre*)
- Post* (post office*)
- Apotheke* (pharmacy*)
- Krankenhaus* (hospital*)
- Feuerwehr* (fire-brigade*)
- Polizei* (police*)

* Auswahl (* selection)

Maßstab 1 : 50.000

1 cm ≙ 500 m   1 km ≙ 2 cm

0 1 2 3 4 5 6 7 8 9 10 km

Sehenswertes / Einrichtungen (sights of interest / facilities)

Kirche; Kapelle (church; chapel)
Kloster (monastery/convent)
Synagoge; Moschee (synagogue; mosque)
Schloss, Burg; Ruine (palace, castle; ruin)
Turm; Leuchtturm (tower; lighthouse)
Wassermühle; Windmühle (watermill; windmill)
Kraftwerk (power station)
Bergwerk; Höhle (mine; cave)
Flughafen; Denkmal (airport; monument)

sonstige Sehenswürdigkeit (other sight of interest)
Museum (museum)
Ausgrabungen; röm. Objekte (excavations; roman site)
Tierpark; Natur-Information (zoo; nature info)
Naturschutzgebiet, -denkmal (nature reserve, monument)
sonstige Natursehenswürdigkeit (natural sight of interest)
Aussichtspunkt* (panoramic view*)
Tourist-Information; Gasthaus (tourist information; restaurant)
Unterkunft, Jugendherberge (hotel, guesthouse, youth hostel)
Camping-; Naturlagerplatz* (camping site; simple tent site*)
Einkaufsmöglichkeit*; Kiosk* (shopping facility*; kiosk*)
Rastplatz*; Unterstand* (picnic tables*; covered stand*)
Freibad; Hallenbad (outdoor pool; indoor pool)
Naturbad; Thermal-; Erlebnisbad (natural pool; thermal baths; waterpark)

Brunnen*; Parkplatz* (drinking fountain*; parking lot*)
Schönern sehenswertes Ortsbild (picturesque town)
Einrichtung im Ort vorhanden (facilities available)

Topographische Informationen (topographic information)

Kirche; Kapelle (church; chapel)
Kloster (monastery)
Synagoge; Moschee (synagogue; mosque)
Schloss, Burg; Ruine (palace, castle; ruins)
Turm; Leuchtturm (tower; lighthouse)
Wassermühle; Windmühle (windmill; water mill)
Kraftwerk; Solaranlage (power station; solar power station)
Bergwerk; Höhle (mine; cave)
Denkmal; Hügelgrab (monument; burial mound)
Flughafen; Flugplatz (airport; airfield)

Windkraftanlage (windturbine)
Funk- und Fernsehanlage (TV/radio tower)
Umspannwerk, Trafostation (transformer station)
Wegkreuz; hist. Grenzstein (wayside cross; boundary stone)
Sportplatz, Stadion (playing field, stadium)
Golfplatz; Tennisplatz (golf course; tennis courts)
Schiffsanleger; Schleuse (boat landing; sluice/lock)
Quelle; Kläranlage (natural spring; wastewater treatment plant)
Staatsgrenze mit Übergang (international border crossing)
Landesgrenze (country border)
Kreis-, Bezirksgrenze (district border)
Naturschutzgebiet, Naturpark, Nationalpark (nature reserve, national park)
Truppenübungsplatz, Sperrgebiet (prohibited zone)
Höhenlinie 100m/50m (contour line)
UTM-Gitter (in km; 2 km-Gitter) (UTM-grid)

Autobahn; Schnellstraße (motorway/freeway; expressway)
Fernverkehrsstraße (highway)
Hauptstraße (main roads)
untergeordnete Hauptstraße (secondary main road)
Nebenstraße; Fahrweg (secondary road; side street/access road)
Weg; Fähre (track; ferry)
Straße geplant/in Bau (road planned/under construction)
Eisenbahn/Bahnhof; S-Bahnhof (railway/station; suburban station)
Eisenbahn stillgelegt; geplant (railway disused; planned)
Schmalspurbahn (narrow gauge railway)
Bergbahn; Seilbahn (mountain railway; cable car)
Wald; Parkanlage (forest; park)
Sumpf; Heide (marsh/bog; heath)
Weinbau; Gartensiedlung* (vineyards; allotment gardens*)
Steinbruch, Tagebau* (quarry, open cast mine*)
Friedhof; Düne, Strand (cemetery; dunes, beach)
Watt; Gletscher (tidal flats; glacier)
Felsen; Geröll (rock, cliff; scree)
Gewächshäuser*, Plantage* (greenhouses*, plantation*)
Gewerbe-, Industriegebiet (commercial/industrial area)
Siedlungsfläche; öffentl. Gebäude (built-up area)
Stadtmauer, Mauer (defensive wall, wall)
Damm, Deich (embankment, dike)
Kanal (canal)
Fluss/Staumauer/See (river/dam/lake)

Inhalt

3 Vorwort
4 Kartenlegende
7 Radrunde Allgäu
12 Zu diesem Buch

14 Radrunde Allgäu - Von Füssen nach Leutkirch im Allgäu 164 km

51 Radrunde Allgäu - Von Leutkirch nach Stiefenhofen 159,4 km

82 Radrunde Allgäu - Von Stiefenhofen nach Füssen 155,2 km

112 Allgäu-Radweg 74,9 km

126 Iller-Radweg 74,2 km
127 Anfahrt von Oberstdorf 7,8 km
144 Übernachtungs- und Serviceverzeichnis
159 Ortsindex

Stadtpläne

Bad Wörishofen	32
Bad Wurzach	56
Füssen	17
Immenstadt	89
Isny im Allgäu	71
Kaufbeuren	26
Kempten	121
Leutkirch im Allgäu	48
Lindenberg	79
Marktoberdorf	24
Memmingen	40
Oberstaufen	84
Sonthofen	95
Wangen im Allgäu	67

Radrunde Allgäu

Die **Radrunde Allgäu** führt gegen den Uhrzeigersinn durch das wunderschöne Allgäu. Sie radeln durch sechs Landkreise und kommen für einige Kilometer ins angrenzende Baden-Württemberg und nach Tirol.

Streckencharakteristik

Die drei Radwege in diesem Buch sind untereinander frei kombinierbar und ermöglichen zahlreiche Varianten:
Die **Radrunde Allgäu** (Rundtour) kann überall auf der Strecke begonnen und beendet werden. Die im Buch beschriebene Route startet in Füssen und endet auch ebenda. Sie führt in einem weiten Bogen über Marktoberdorf und Kaufbeuren im Osten, Ottobeuren mit seiner Benediktinerabtei im Norden, Wangen und Isny im Westen in den südlichen Teil mit Sonthofen. Rund 16 Kilometer der Radrunde Allgäu führen auch über österreichisches Staatsgebiet im Tannheimer Tal. Den zentralen Ort, der auf dieser langen Runde umkreist wird, bildet Kempten. Hier treffen sich der **Allgäu-Radweg** (Streckentour) und der **Iller-Radweg** (Streckentour). Ersterer beginnt in Isny und führt über Kempten nach Marktoberdorf. Der Abschnitt auf dem Iller-Radweg startet in Fischen und endet in Illerbeuren im Norden. Wählt man die Fahrtrichtung von Norden (Illerbeuren) nach Süden (Fischen im Allgäu), so wird man für den stetig leichten Anstieg mit einer traumhaften Sicht auf das Bergpanorama belohnt.

Länge

Die Gesamtlänge der beschriebenen Routen betragen **628 km**, davon entfallen auf die **Radrunde Allgäu** rund **478 Kilometer**. Der **Allgäu-Radweg** schlägt mit **75,5 Kilometer** zu Buche. Der Abschnitt auf dem **Iller-Radweg** beträgt **74,5 Kilometer.** Die Varianten

Radrunde Allgäu

Allgäu-Radweg

Iller-Radweg

LiveUpdate

Als Online-Angebot finden Sie auf unserer Webseite eine Sammlung aktueller Änderungen und Korrekturen zu diesem Radtourenbuch. Diese Informationen sind immer auf dem neuesten Stand und ermöglichen Ihnen in Kombination mit der bestehenden Auflage dieses Buches die beste Reiseplanung. Das LiveUpdate zu diesem Titel ist frei verfügbar und auf unserer Webseite beim jeweiligen Buch oder unter folgendem Link zu finden:

https://www.esterbauer.com/radrunde-allgaeu

Sind Ihnen auf Ihrer Radreise Fehler und Änderungen zur Route, zum Übernachtungsverzeichnis oder den touristischen Daten aufgefallen? Über die Updateseite können Sie diese brandneuen Infos direkt an das bikeline-LiveUpdate-Team übermitteln. Wir freuen uns auf Ihr Update und bedanken uns im Namen aller Radler!

GPS-Tracks

Den aktuellen bikeline-Track zu diesem Titel finden Sie, wenn Sie folgende Adresse in die Adresszeile Ihres Browsers eingeben:

https://www.tracks.world/?dir=de/trk44uo434

Weitere Tracks:
www.allgaeu.de/01-radrunde-allgaeu-gesamte-route

und Ausflüge haben eine Länge von 58 Kilometern.

Klassifizierung durch ADFC

Mit dem Prädikat „ADFC-Qualitätsradroute“ werden Radrouten ausgezeichnet, die von ADFC-Routeninspektoren komplett mit dem Fahrrad befahren wurden. Bewertet wird die Qualität der Befahrbarkeit, Sicherheit, Wegweisung und weiterer Kriterien wie Unterkünfte, Gastronomie, Erreichbarkeit mit der Bahn. Alle Daten zusammengefügt ergeben dann eine Einstufung zwischen einem und fünf Sternen für die jeweilige Route. Die Bewertung gilt für drei Jahre, danach muss, falls gewünscht, eine erneute Überprüfung erfolgen.

Die Radrunde Allgäu wurde im Jahr 2021 mit vier Sternen ausgezeichnet; sie bietet also sehr hohen Genuss für Radfahrer.

Wegequalität und Verkehr

Die **Radrunde Allgäu** verläuft großteils auf verkehrsarmen Nebenstraßen oder auf Radwegen. Der **Allgäu-Radweg** verläuft zu einem großen Teil verkehrsfrei auf einer alten, aufgelassenen Bahnstrecke. Der **Iller-Radweg** schlängelt sich fast steigungsfrei sowie verkehrsberuhigt und zu großen Teilen als gekiester Dammradweg von Fischen nach Illerbeuren.

Beschilderung

Die drei Radwege sind durchgehend mit einheitlichen Schildern ausgestattet. (siehe Fotos S. 7)

Tourenplanung

Zentrale Infostellen

Allgäu GmbH, Allgäuer Str. 1, D-87435 Kempten/Allgäu, Infohotline ✆ 0831/5753730 (Mo-Do 8-17 Uhr, Fr 8-13 Uhr), info@allgaeu.de, www.allgaeu.de/rad, hier wird auch ein Gepäckservice, **Allgäu Shuttle**, angeboten. Infos unter: ✆ 08323/8025931 und shuttle@allgaeu.de.

An- und Abreise mit der Bahn

Die Orte Füssen, Marktoberdorf, Kaufbeuren und Kempten sind gut mit der Bahn erreichbar. Illerbeuren und Isny haben keinen direkten Bahnanschluss. Der nächstgelegene Bahnhof zu Illerbeuren ist im rund 6 Kilometer entfernten Aichstetten.

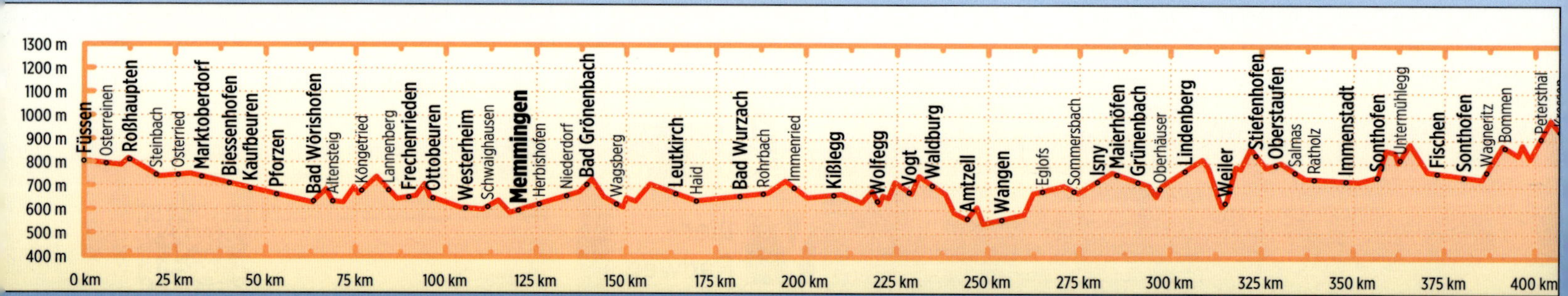

Entlang der Strecke ermöglichen über 50 Bahnhöfe einen schnellen und problemlosen Einstieg in die Radrunde, oder eine Abkürzung der Strecke. Weitere Informationen unter: www.allgaeu.de/mobil-mit-dem-oeffentlichen-personennahverkehr?referral=rad.

Entlang des **Iller-Radweges** besteht ebenfalls ein gut ausgebautes ÖPNV-Verkehrsnetz und macht den Umstieg auf die Bahn jederzeit möglich.

Aufgrund der sich ständig ändernden Preise und Bedingungen für Fahrradtransport bzw. -mitnahme empfehlen wir Ihnen, sich bei nachfolgenden Infostellen über Ihre ganz persönliche Anreise mit der Bahn zu informieren.

Informationsstellen

Deutsche Bahn AG, Service-Hotline: ✆ 030/2970, Mo-So 0-24 Uhr, Auskünfte über Fahrpreise und Fahrpläne, Informationen über die Serviceleistungen der Deutschen Bahn, www.bahn.de, www.bahn.de/bahnundbike

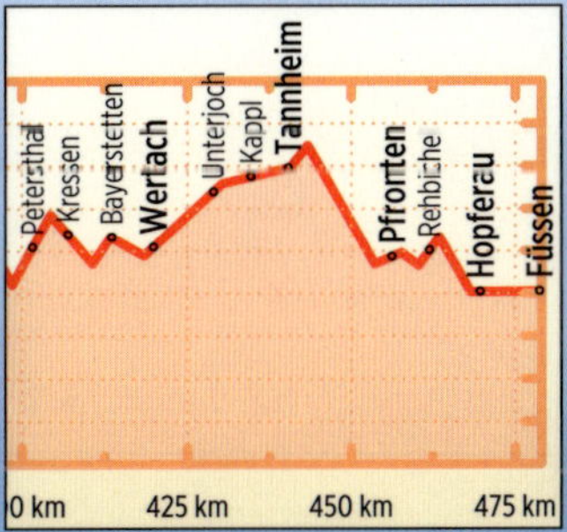

Österreichische Bundesbahnen: ÖBB Kundenservice ✆ 05/1717 (österreichweit zum Ortstarif), Mo-So 6-21 Uhr, www.oebb.at, www.oebb.at/de/reiseplanung-services/im-zug/fahrradmitnahme

Schweizer Bundesbahnen: Rail-Service ✆ 0041/848446688 (CHF 0,08/Min.), Mo-So 0-24 Uhr, www.sbb.ch, www.sbb.ch/de/fahrplan/reisehinweise/velos/so-reist-ihr-velo-mit-ihnen.htm

Mobilitätszentrale u. DB-Agentur Isny, ✆ 07562/97354-03 (Mo, Di, Do, Fr 9-12.30 u. 13.30-17 Uhr, Mi, Sa, So geschlossen),
www.isny-regiobus.de

Streckenstatistik

Länge der Hauptstrecken: 628 km

HM/km: ↗ 5,9 m (3.694 m) ↘ 6,1 m (3.817 m)

Radweg: 46 % **Unbefestigt:** 14 % **Verkehr:** 3 %

Summe aller Strecken: 686 km

Fahrradversand

Deutsche Bahn AG (innerhalb Deutschlands sowie zwischen Deutschland und Österreich)
Wenn Sie mit der Deutschen Bahn an- und abreisen, können Sie den Gepäckservice der DB nutzen. Ihr Rad oder E-Bike wird im Haus-zu-Haus-Versand an

den vereinbarten Zielort gebracht, wenn Sie im Besitz einer entsprechenden Bahnfahrkarte sind. Fahrrad oder E-Bike müssen verpackt werden und dabei roll- und lenkbar bleiben, Gewicht max. 31,5 Kilogramm. Kostenlos kann eine Fahrradverpackung zugebucht werden, bei E-Bikes muss der Akku ausgebaut sein. Informationen und aktuelle Preise finden Sie unter www.gepaeckservice-bahn.de.

Wenn Sie mit der Deutschen Bahn an- und abreisen, können Sie den Gepäckservice der DB nutzen. Ihr Rad oder E-Bike wird im Haus-zu-Haus-Versand an den vereinbarten Zielort gebracht, wenn Sie im Besitz einer entsprechenden Bahnfahrkarte sind. Fahrrad oder E-Bike müssen verpackt werden und dabei roll- und lenkbar bleiben, Gewicht max. 31,5 Kilogramm. Kostenlos kann eine Fahrradverpackung zugebucht werden, bei E-Bikes muss der Akku ausgebaut sein. Informationen und aktuelle Preise finden Sie unter www.gepaeckservice-bahn.de.

An- und Abreise mit dem Auto

Am Startort der Radrunde Allgäu in **Füssen** sind zwei große Gratisparkplätze verfügbar:
P1, Festplatz, 250 Plätze
P2, Eissportzentrum - BLZ Arena, 130 Plätze.

In **Isny** am Beginn des Allgäu-Radweges finden Sie sieben Abstellmöglichkeiten für ihr Auto:
Spitalweghof Wanderparkplatz, 126 Stellplätze
Festplatz, 115 Stellplätze
Waldbadparkplatz, 20 Stellplätze
Tennisplatz/Familienspielwiese, 120 Stellplätze
Herrenbergweg/Friedhof, 47 Stellplätze
Rotmoos-Sporthalle, 75 Stellplätze
Alter Bahnhof, 42 Stellplätze
Sonthofen bietet keine Gratisparkplätze an.
Sollten Sie **Kempten** als Startort auswählen, können Sie ihr Auto hier abstellen:
Rottachstraße/Ecke Schlößleweg
Allgäuhalle
Illerdamm

Rad & Bus

Allgäuweit besteht ein umfangreiches Netz aus Buslinien und Haltestellen. Nähere Infos unter:
mona - Mobilitätsgesellschaft für den Nahverkehr im Allgäu, ✆ 0800 / 1154600, info@mona-allgaeu.de, www.mona-allgaeu.de
Der **RegioBus** verkehrt im 2-Stunden-Takt zwischen Isny und Kempten. Die Fahrradmitnahme ist Mo-Sa ab 19 Uhr, an So/Fei ganztägig möglich.
Mobilitätszentrale u. DB-Agentur Isny, ✆ 07562/97354-03 (Mo, Di, Do, Fr 9-12.30 u. 13.30-17 Uhr, Mi, Sa, So geschlossen), info@mobizentrale-isny.de, www.isny.de/parken-verkehr/mobizentrale.html

Übernachtung

Bei unseren Recherchen haben wir eine größtmögliche Auswahl für Sie zusammengestellt. Für alle, die Alternativen oder einfach noch mehr Anbieter suchen, gibt es nachfolgende Internet-Adressen, die auch Beherbergungen anderer Art anbieten:
Der ADFC-Dachgeber funktioniert nach dem Gegenseitigkeitsprinzip: Hier bieten Radfreunde anderen Tourenradlern private Schlafplätze an. Mehr darüber unter www.dachgeber.de
Für das Übernachten in **Jugendherbergen** informieren Sie sich weltweit am besten beim internationalen Hostelling-Dachverband unter www.hihostels.com/de.
Auch die **Naturfreunde** bieten mit ihren **Naturfreundehäusern** eine Alternative zu anderen Beherbergungsarten an, mehr unter www.naturfreunde.de
Die Plattform Airbnb bietet die Möglichkeit, weltweit private Unterkünfte zu suchen und zu buchen. Infos dazu und Anbieter finden Sie auf: www.airbnb.com
Unter www.camping.info finden Sie flächendeckend den **Campingplatz** nach Ihrem Geschmack.
Weiterhin bietet **Bett+Bike** unter www.bettundbike.

de zusätzliche Informationen zu den beim ADFC gelisteten Beherbergungsbetrieben in ganz Deutschland.

Reisezeit

Die beste Reisezeit für einen Radurlaub ist im Allgemeinen der Sommer und der Frühherbst, also die Zeit zwischen Ende Juni bis Ende September. Außerhalb dieser Zeit kann es – vor allem auf den hoch gelegenen Abschnitten wie im österreichischen Vilstal – noch oder schon wieder kühl sein, was die Anforderung an die Kondition sehr stark erhöht.

Mit Kindern unterwegs

Aufgrund der Gebirgslage der **Radrunde Allgäu** im südlichen Streckenabschnitt ist dieser Teil mit Kindern nicht anzuraten. Ebenso ist der **Allgäu-Radweg** mit seinen längeren aber nicht steilen dafür stetigen Anstiegen mitunter kräfteraubend und deshalb nur bedingt für Kinder geeignet. Der **Iller-Radweg** hingegen verläuft steigungsfrei und ist für Kinder ab acht Jahren bestens geeignet.

Radreiseveranstalter

Eurobike, Mühlstr. 20, A-5162 Obertrum am See, ✆ 0043/6219/60866, Fax: 8272, Infohotline: ✆ 0800 070 6333 (gratis aus Deutschland, Österreich und der Schweiz), office@eurobike.at, www.eurobike.at

Feuer und Eis Touristik GmbH™, Südliche Hauptstr. 33, D-83700 Rottach-Egern, ✆ 0049/8022/66364-0, hallo@feuerundeis.de, www.feuer-eis-touristik.de

Austria Radreisen, J.-Haydn-Str. 8, A-4780 Schärding, ✆ 0043/7712/55110, office@austria-radreisen.at, www.austria-radreisen.at

DERTOUR GmbH & Co. KG, Emil-von-Behring-Str. 6, D-60424 Frankfurt/Main, ✆ 069/153225533,, service@dertour.de, www.dertour.de

Weiss & Nesch, Schönbuchstr. 51, D-72202 Nagold-Vollmaringen, ✆ 0049/7459/93004-0, ab@weiss-nesch.de, www.weiss-nesch.de

Allgäu Natours, Keselstraße 1a, D-87435 Kempten, ✆ 0049/831/5232720, Mobil: 0157/54311260, info@allnatours.de, www.allnatours.de

Like E-Bike Allgäu, Stadtbadstr. 5, D-87435 Kempten, ✆ 0049/171/8017502, info@likeebike.com, www.likeebike.com

Zu diesem Buch

Dieser Radreiseführer enthält alle Informationen, die Sie für den Radurlaub entlang der Radrunde Allgäu benötigen: Exakte Karten, eine detaillierte Streckenbeschreibung, ein ausführliches Übernachtungsverzeichnis, Stadt- und Ortspläne und die wichtigsten Informationen zu touristischen Attraktionen und Sehenswürdigkeiten.

Und das alles mit der **bikeline-Garantie**: die Routen in unseren Büchern sind von unserem professionellen Redaktionsteam vor Ort auf ihre Fahrradtauglichkeit geprüft worden. Um höchste Aktualität zu gewährleisten, nehmen wir nach der Befahrung Korrekturen von Lesern bzw. offiziellen Stellen bis Redaktionsschluss entgegen, die dann jedoch teilweise nicht mehr an Ort und Stelle verifiziert werden können.

Die Radtour ist nicht in Tagesetappen, sondern in logische Abschnitte aufgeteilt, weil die Tagesleistung zu sehr davon abhängt, wie sportlich oder genussvoll Sie die Strecke in Angriff nehmen möchten.

Die Karten

Die Detailkarten sind im Maßstab 1 : 50.000 erstellt. Dies bedeutet, dass 1 Zentimeter auf der Karte einer Strecke von 500 Metern in der Natur entspricht. Zusätzlich zum genauen Routenverlauf informieren die Karten auch über die Beschaffenheit des Bodenbelages (befestigt oder unbefestigt), Steigungen (leicht oder stark), Entfernungen sowie über kulturelle, touristische und gastronomische Einrichtungen entlang der Strecke.

Allerdings können selbst die genauesten Karten den Blick auf die Wegbeschreibung nicht ersetzen. Komplizierte Stellen werden in der Karte mit diesem Symbol ⚠ gekennzeichnet, im Text finden Sie das gleiche Zeichen zur Markierung der betreffenden Stelle wieder. Beachten Sie, dass die empfohlene Hauptroute immer in Rot und Violett, Varianten und Ausflüge hingegen in Orange dargestellt sind. Die genaue Bedeutung der einzelnen Symbole wird in der Legende auf den Seiten 4 und 5 erläutert.

Höhen- und Streckenprofil

Das in der Einleitung dargestellte Höhen- und Streckenprofil gibt Ihnen einen grafischen Überblick über die Steigungsverhältnisse, die Länge und die wichtigsten Orte entlang der Radroute. Zusätzlich wird am Beginn jedes Streckenabschnitts ein detaillierteres Höhen- und Streckenprofil gezeigt, in dem über die Wegpunkte eine Zuordnung zu Karte und Text möglich ist.

Es können in diesem Überblick nur die markantesten Höhenunterschiede dargestellt werden, jede einzelne kleinere Steigung wird in dieser grafischen Darstellung nicht berücksichtigt. Die Steigungs- und Gefälleverhältnisse entlang der Route finden Sie im Detail mit Hilfe der Steigungspfeile in den genauen Karten.

Der Text

Der Textteil besteht im Wesentlichen aus der genauen Streckenbeschreibung, welche die empfohlene Hauptroute enthält. Stichwortartige Streckeninformationen werden von dem Zeichen ~ begleitet. Manche besonders markante oder wichtige Punkte auf der Strecke sind als Wegpunkte **1**, **2**, **3**, ... durchnummeriert und – zur besseren Orientierung – mit demselben Symbol in den Karten wieder zu finden.

Unterbrochen wird dieser Text gegebenenfalls durch orangefarbige Absätze, die Varianten und Ausflüge beschreiben.

TIPP Textabschnitte in Violett heben Stellen hervor, an denen Sie Entscheidungen über Ihre weitere Fahrstrecke treffen müssen, z. B. wenn die

Streckenführung von der Wegweisung abweicht oder mehrere Varianten zur Auswahl stehen u. ä.

AUSFLUG Sie weisen auch auf Ausflugstipps, interessante Sehenswürdigkeiten oder Freizeitaktivitäten etwas abseits der Route hin.

Ferner sind alle wichtigen **Orte** zur besseren Orientierung aus dem Text hervorgehoben. Gibt es interessante Sehenswürdigkeiten in einem Ort, so finden Sie unter dem Ortsbalken die jeweiligen Adressen, Telefonnummern, Öffnungszeiten-Kategorien und Weblinks.

Die Beschreibung der einzelnen Orte sowie historisch, kulturell oder naturkundlich interessanter Gegebenheiten entlang der Route trägt zu einem abgerundeten Reiseerlebnis bei. Diese Textblöcke sind kursiv gesetzt und unterscheiden sich dadurch auch optisch von der Streckenbeschreibung.

Öffnungszeiten – Kategorien

- Öffnungszeiten
- frei zugänglich
- täglich
- häufig (5-6 Tage/Wo.)
- durchschnittlich (3-4 Tage/Wo.)
- selten (bis 2 Tage/Wo.)
- nach tel. Anfrage

Diese Angaben gelten während der Radsaison und dienen als Orientierungshilfe. Die tagesaktuellen Öffnungszeiten finden Sie über den Weblink.

Weblink

Im Ortsdatenblock bei dem jeweiligen touristischen Eintrag befindet sich nach dem @ Symbol eine sechsstellige Zahlen- und Buchstabenkombination ***(z. B. @ abc123)***. Die Eingabe dieser Weblink-ID auf unserer Internetseite www.esterbauer.com leitet Sie direkt auf die entsprechende Webseite weiter und ersetzt somit die mühsame Eingabe ellenlanger Webadressen.

Übernachtungs- und Serviceverzeichnis

Auf den letzten Seiten dieses Radtourenbuches sind zu fast allen Orten entlang der Strecke eine Vielzahl von Übernachtungsmöglichkeiten aufgelistet, vom einfachen Zeltplatz bis zum 5-Sterne-Hotel. Zusätzlich finden Sie umfangreiche Informationen zu Radwerkstätten und Radverleihstationen.

Mit dem E-Bike

Mittlerweile sind immer mehr Radler mit einem E-Bike unterwegs. Im Grunde sind dabei die Anforderungen dieselben, auch wenn damit längere Etappen und mehr Steigungen zurückgelegt werden können. Da auch die Leistungsfähigkeit bei unmotorisierten Radlern sehr unterschiedlich ist, haben wir schon bisher keine Etappenlängen vorgegeben.

Engstellen, Treppen oder Tragestellen, die wegen des Gewichts des E-Bikes schwer zu überwinden sind, sind in den Karten verzeichnet und wo möglich Alternativen angegeben.

Wir verzichten bewusst auf das systematische Erfassen offizieller Ladestationen, da die „inoffiziellen" Ladestationen (Steckdosen) ungleich häufiger sind. Vergessen Sie das Ladekabel nicht.

Radrunde Allgäu - Von Füssen nach Leutkirch im Allgäu 164 km

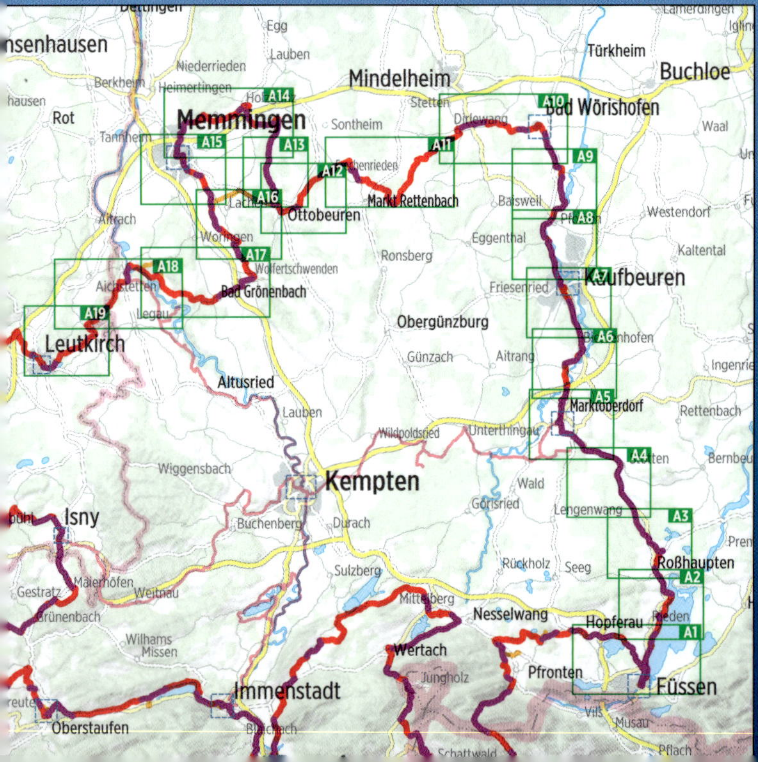

HM/km: ↗ 4,0 (651m) ↘ 4,9 (797m) Radweg: 47 % Unbefestigt: 6 % Verkehr: 2 %

Sie beginnen die Radrunde Allgäu in Füssen. Zu Beginn führt sie steigungsfrei am fünftgrößten See Bayerns, dem Forggensee, entlang. Die Route verläuft hier auch auf der Via Claudia Augusta, einer der wichtigsten Römerstraßen, die früher den süddeutschen Raum mit Norditalien verband. Am Nordende des Forggensees und auch darüber hinaus sehen Sie restaurierte Spuren der Römer wie römische Meilensteine und Statuen die den Radweg säumen.

Auf Ihrem weiteren Weg durchfahren Sie Marktoberdorf, das neben den Spuren des Kurfürsten Clemens Wenzeslaus von der Fendt-Traktorenfabrik geprägt ist. Schon von Weitem sehen Sie den großen Schornstein der Fabrik, in der noch heute Schlepper vom Band laufen. Die markanten Gipfel der Alpen werden nun immer kleiner, je weiter Sie nach Norden radeln. Im nördlichen Teil der Radrunde Allgäu erwartet Sie Bad Wörishofen, die Wirkungsstätte von Pfarrer Sebastian Kneipp, mit seinen zahlreichen Kureinrichtungen und das Schwäbische Escorial – die große Benediktinerabtei im oberschwäbischen Ottobeuren - die Sie unbedingt besichtigen sollten.

Die Route folgt lange dem Verlauf der B 16 und dabei fast ausschließlich auf asphaltierten Radwegen, die zwischen Freßlesreute und Marktoberdorf auf einer aufgelassenen Bahntrasse führen. Im weiteren Verlauf werden die Radwege seltener und es werden verkehrsarme Nebenstraßen befahren.

Füssen

Vorwahl: 08362

Tourist Information, Kaiser-Maximilian-Pl. 1, ✆ 93850. Reparaturstation im Außenbereich, Schließfächer mit Lademöglichkeit für E-Biker. @ vdy367

Forggensee-Schifffahrt, Weidachstr. 74, ✆ 3002-950. Große Rundfahrt ab Bootshafen Füssen. Haltestellen: Festspielhaus Neuschwanstein, Waltenhofen, Brunnen, Osterreinen, Dietringen, Roßhaupten-Tiefental und bis zum Staudamm am nördlichen Seeufer. @ rxu332

Museum der Stadt Füssen, Lechhalde 3, im ehem. Benediktinerkloster St. Mang, ✆ 903146 Repräsentative Barockräume, Geschichte Füssens als Zentrum des Lauten- und Geigenbauhandwerks, Füssener Totentanz und Krippen sowie wechselnde Sonderausstellungen. @ agf373

Filialkirche Unserer Lieben Frau am Berg, Tiroler Str. 23. Die Kirche wurde vom Wessobrunner Baumeister Johann Schmuzer erbaut und 1735 von Johann Georg Fischer erweitert. @ qjo678

Füssen vom Kalvarienberg

Heilig-Geist-Spitalkirche, Spitalg. 2. Die Kirche wurde 1748/49 errichtet. Sehenswert ist die Rokokofassade mit einer farbenprächtigen Freskierung. @ hbq825

St. Nikolaus, Reichenstr. 31, ✆ 6190. Dezenter Stuck, ein prachtvoller Hochaltar mit einer Abbildung der Geburt Jesu sowie ein Chorfresko, das den Heiligen Nikolaus von Myra zeigt, prägen das Innere der Krippkirche. @ qsf687

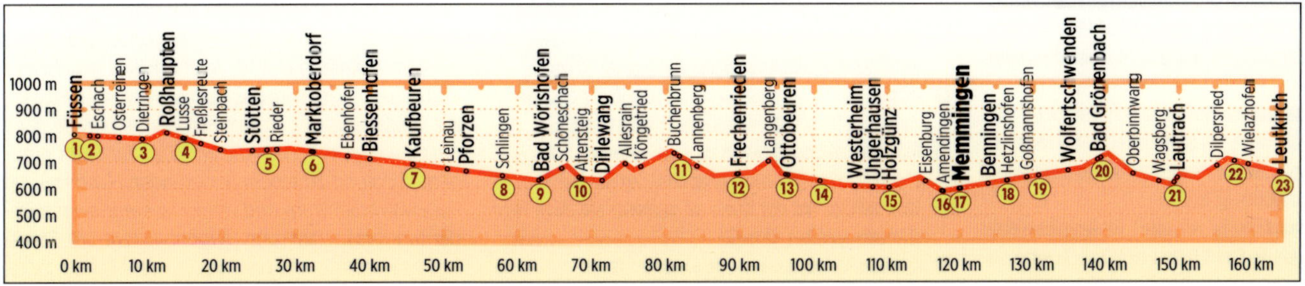

St. Sebastian, Sebastianstr., ✆ 6190. Ursprünglich als Pestkapelle im späten Mittelalter gebaut, liegt die Sebastiankirche direkt an der Stadtmauer. Grabplatten aus dieser Zeit

Lechfall bei Füssen

sind in der südlichen Kirchenwand eingelassen. Nach Plänen von Johann Georg Fischer wurde sie von 1721 bis 1725 zur Friedhofskirche erweitert. @ uqr857

Franziskanerkloster und Kirche St. Stephan, Franziskanerpl. 1, ✆ 91530. Das Kloster in Füssen wurde 1629 gegründet und besteht heute noch. Vom Franziskanerplatz hat man einen schönen Blick auf die Altstadt mit all den Sehenswürdigkeiten. @ tpf517

St. Mang und Stadtpfarrkirche, Lechhalde 3. Das Benediktinerkloster wurde 850 gegründet. Die Barock-Basilika wurde im 18. Jh. auf romanischen Fundamenten erbaut. Hier befindet sich das Museum der Stadt Füssen. @ jpy872

Hohes Schloss, Magnuspl. 10, ✆ 903146 Thema der Galerien: Skulpturen und Tafelbilder aus Spätgotik und Renaissance, Münchner Maler des 19. Jhs., Sonderausstellungen. Das Hohe Schloss ist eine ehem. Sommerresidenz der Fürstbischöfe von Augsburg mit spätgotischen Illusionsmalereien an den Innenhoffassaden sowie einer gotischen Decke im Rittersaal. @ odb687

Wehrgang und Türme Bei der Turmbesteigung des Torturms genießen Sie einen herrlichen Ausblick auf Füssen und das Umland und erhalten Einblick in das Leben eines Türmers. Der Fallturm und Uhrturm des Hohen Schlosses können ebenfalls besichtigt werden. @ ane851

Festspielhaus Neuschwanstein, Im See 1, ✆ 50770. Die beeindruckende Architektur wurde von Josephine Barbarino entworfen. Hier wird u. a. das Musical „Ludwig²" aufgeführt. @ whu284

Reptilienzoo Allgäu, Mühlbachg. 10, ✆ 9247074 Im Charme des alten Industriegeländes der ehem. Hanfwerke gehen Sie auf Expedition in die Welt der verschiedensten Urwald- und Wüstenbewohner in naturnah gestalteten Lebensräumen in Terrarien und Aquarien. @ bqk731

Lechfall, Tiroler Str. Die Wassermassen des Lechfalls stürzen 12 Meter in die Tiefe. Die Lechschlucht ist natürlichen Ursprungs. @ dus577

Walderlebniszentrum Ziegelwies mit Baumkronenweg, Tiroler Str. 10, ✆ 08341/90022150 Die Idee hinter dem Erlebniszentrum ist es, die Natur zwischen Tirol und Bayern auf spannende und aktive Weise grenzenlos zu erleben. @ rpq586

Historische Altstadt, Reichenstr. Die Gassen der romantischen Altstadt bieten sich zum ausgiebigen Bummeln an. @ har433

Lautenmacherbrunnen, Brotmarkt 6. Ein Porträt von Kaspar Tieffenbrucker diente als Vorlage für diesen 1990 erbauten Brunnen. @ kph647

Skate Bikepark, Schwedenweg 2, ✆ 921044 Skateboard- und Bikepark in Füssen mit über 4.400 m² Fläche inklusive Spielplatz. @ emi655

Die romantische Füssener Altstadt mit ihren spätmittelalterlichen Bürgerhäusern, prächtigen Barockkirchen und dem fast italienischen Flair ihrer Plätze und Straßencafés, lädt zum Bummeln und Entdecken ein. Die Museen und Kunstschätze dieser Stadt zeugen von einer mehr als zweitausendjährigen Geschichte. Schon zur Römerzeit bestand hier ein Kastell zur Sicherung der Via Claudia Augusta. Im 8. Jahrhundert errichtete der Wandermönch Magnus, als St. Mang bis heute Stadtpatron, oberhalb des Lechufers eine Mönchszelle, die sich im darauffolgenden Jahrhundert zum Kloster entwickelte. Der mächtige barocke Vierflügelbau wurde nach Plänen von Johann Jakob Herkomer Anfang des 18. Jahrhunderts geschaffen und beherbergt heute das Museum der Stadt Füssen. Als Umschlagplatz an der Fernhandelsstraße nach Italien entwickelte sich die um 1295 zur Stadt erhobene Siedlung zu einem florierenden Handels- und Handwerkszentrum und erreichte europaweite Bedeutung als Lauten- und Geigenbauzentrum. Stadtherren waren ab 1313 die Augsburger Fürstbischöfe, die das Hohe Schloss als Sommerresidenz nutzten. 1802 wurde die Stadt im Rahmen der Säkularisation bayerisch.

Von Füssen nach Roßhaupten 12,1 km

EINSTIEG Vom Bahnhof in die **Bahnhofstraße** und im Kreisverkehr auf dem **Prinzregentenplatz** geradeaus in Richtung **Kaiser-Maximilian-Platz.**

1 Am **Kaiser-Maximilian-Platz** geradeaus über die Ampel in die **Sebastianstraße**.

TIPP Schieben Sie das Rad über den Platz, so können Sie den außergewöhnlichen Sieben-Stein-Brunnen vor der Tourist Information Füssen genauer besichtigen.

An der Einmündung **Theresienstraße** links abbiegen und weiter geradeaus in die **Wachsbleiche** ~ nach rund 600 m rechts in die **Säulingstraße** ~ am Ende der Straße links in den zweiten Weg, der bergab führt ~ aus dem **Wegscheiderweg** kommend links in die **Weidachstraße** ~ auf den straßenbegleitenden Radweg und dem Verlauf folgen ~ **2** in einer Linkskurve der Straße rechts abbiegen ~ nach rund 500 m an der T-Kreuzung links und unter der B 16 hindurch ~ Rechtsbogen und über eine Brücke ~ erneut rechts und wieder unter der B 16 durch ~ Linksbogen und rechts in den Radweg abbiegen ~ geradeaus, parallel zur B 16 und an **Ehrwang** vorbei ~ vor dem Sportboothafen links und in einem Rechtsbogen um den Hafen ~ auf Schotter bis zum Café Maria ~ nach dem Café leicht bergauf nach Osterreinen.

Osterreinen (Rieden am Forggensee)

Informationssäule, Bachtalstr. 1

Rieden am Forggensee

Vorwahl: 08362

Touristinformation, Lindenweg 4, ✆ 37025, @ jbt613

Puppenmuseum, Hintere Schöne 4, ✆ 3470 Große Vielfalt an Unikaten, Marionetten, alten Puppen und Portraitpuppen. @ qxb128

Kletterzentrum Allgäu, Dietringer Str. 50, ✆ 940187 Bouldern, Schnupper- u. Sportklettern auf 880 m²

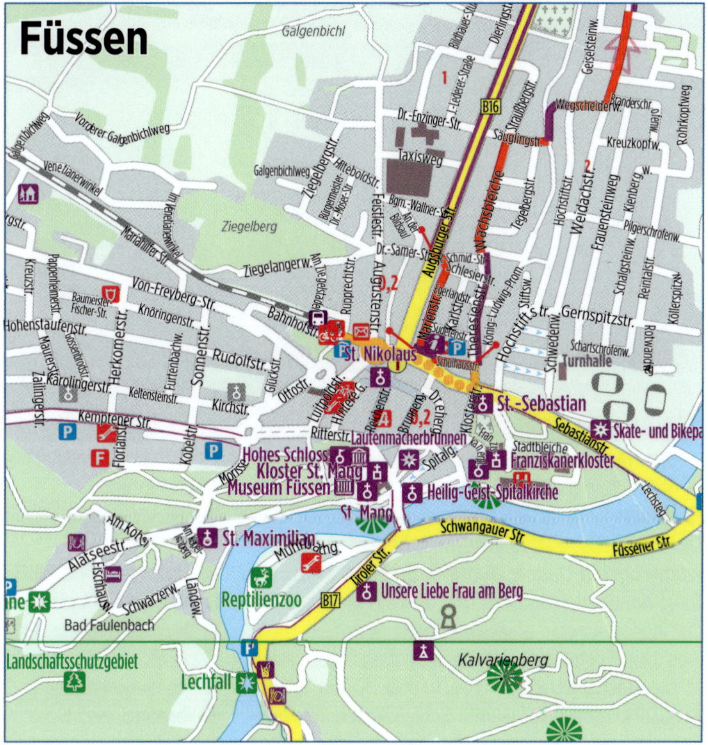

Blick auf den Forggensee und die Allgäuer Alpen

Kletterfläche mit bis zu 15 m Höhe, 95 Kletterrouten mit Schwierigkeitsstufe 3 - 10. @ qtu276

Faulensee, Faulenseestr. 51

Der Forggensee ist ein Stausee, bei seiner Flutung wurde die Via Claudia Augusta überschwemmt. Sie führt am Grund des Sees und ist im Frühjahr, wenn der Wasserspiegel abgesenkt wird, sichtbar.

Aus der **Forggenseestraße** kommend geradeaus in die **Bachtalstraße** ~ nach rund 500 m an der Kreuzung geradeaus ~ den Schleichbach überqueren ~ an der nahen T-Kreuzung rechts Richtung Roßhaupten.

Dietringen (Rieden am Forggensee)

Vorwahl: 08367

Fähranleger, ✆ 08362/921363, @ wrm161

Meilenstein Via Claudia Augusta

Bootsverleih Guggemos, Almstr. 1, ✆ 474. Elektro-, Ruder- und Tretbootverleih.

Segelbootverleih, Seestr. 10, ✆ 08362/471, @ owr643

Badestrand, Seestr. 18

3 Im Ort an der T-Kreuzung links und an der nahen Gabelung rechts ~ geradeaus bis zum Seeufer ~ links auf einen schmalen Schotterweg ~ beim Campingplatz links zur B 16 abbiegen ~ an der Hauptstraße rechts auf den Radweg ~ die OAL 1 überqueren und danach sofort rechts.

Roßhaupten

Vorwahl: 08367

Tourist-Information, Hauptstr. 10, ✆ 364, @ qae661

Dorfmuseum, Forggenseestr. 1 Dokumentation über die drei großen Söhne der Gemeinde, des Lautenbauers Caspar Tieffenbrucker, des Universalkünstlers aus dem Barock, Johann Jakob Herkommer sowie des Bildhauers Roman Anton Boos. @ afp327

Augusta Kunstpark, Forggenseestr. (24) Skulpturen von regionalen Künstlern entlang der Via Claudia. @ cgw724

Infozentrum Via Claudia Augusta, Hauptstr. 1, Pfannerhaus (7d) Darstellung der Via Claudia, histor. Eisenerzeugung und Alemannenfunde. Sehenswertes Dorfmuseum. @ omw664

Kurpark, Am Kurpark, ✆ 9138883. Weitläufige Anlage mit Badeteich, Kneippanlage, 18-Loch-Spielgolfanlage, Kiosk und Abenteuerspielplatz. @ sac641

Naturschwimmbad Wette, Reichenbergstr. 19, ✆ 01512/6120654, @ hiu332

Schmutterweiher. Moorsee mit Liegewiese, Parkplatz und Kiosk.

Von Roßhaupten nach Marktoberdorf 19,6 km

Für rund 700 m wieder an der B 16 entlang ~ der

A1
Hopferau
Schloss zu Hopferau
Lehern
Sennerei
Hinterberg
Unterreuten
Wiedemen
Reinertshof
Hopfensee
Dornach
Bach
Hopferried
Riederwies
Hafenegg
Wiesbauer
Gunzenberg
Füssener Achen
See
Oberried
Moos
Weißensee
Felsentor
Burkenbichlberg
914
Wasenmoos
Enzensberg
Bebele
Burg Hopfen
Hopfen am See
Häusern
Café Maria
Osterreinen
Forggensee
St. Urban
Erkenbollingen
Heidelsbuch
Fischerbichl
Ehrwang
Eschach
Achmühle
Festspielhaus Neuschwanstein
Vogelberg
Brunnen
Mühlberg
Waltenhofen
Füssen
St. Coloman
St. Georg
Kristall-Therme
Schwangau
Horn
Alterschrofen
Schloss Bullachberg
Tegelbergbahn
Sommerrodelbahn
Ehem. Römervilla
Bad Faulenbach
Mariahilfer Str.
Allgäukaserne
Unsere Liebe Frau am Berg
Kienberg
Lech
Füssener Str.
Münchener Str.
Colomansstr.
A7
A45
A46
A2
B16
B17
B310
St 2008
St2521
3,5
3
2,5
1,5
1,6
1
2
0,2
57
58
19

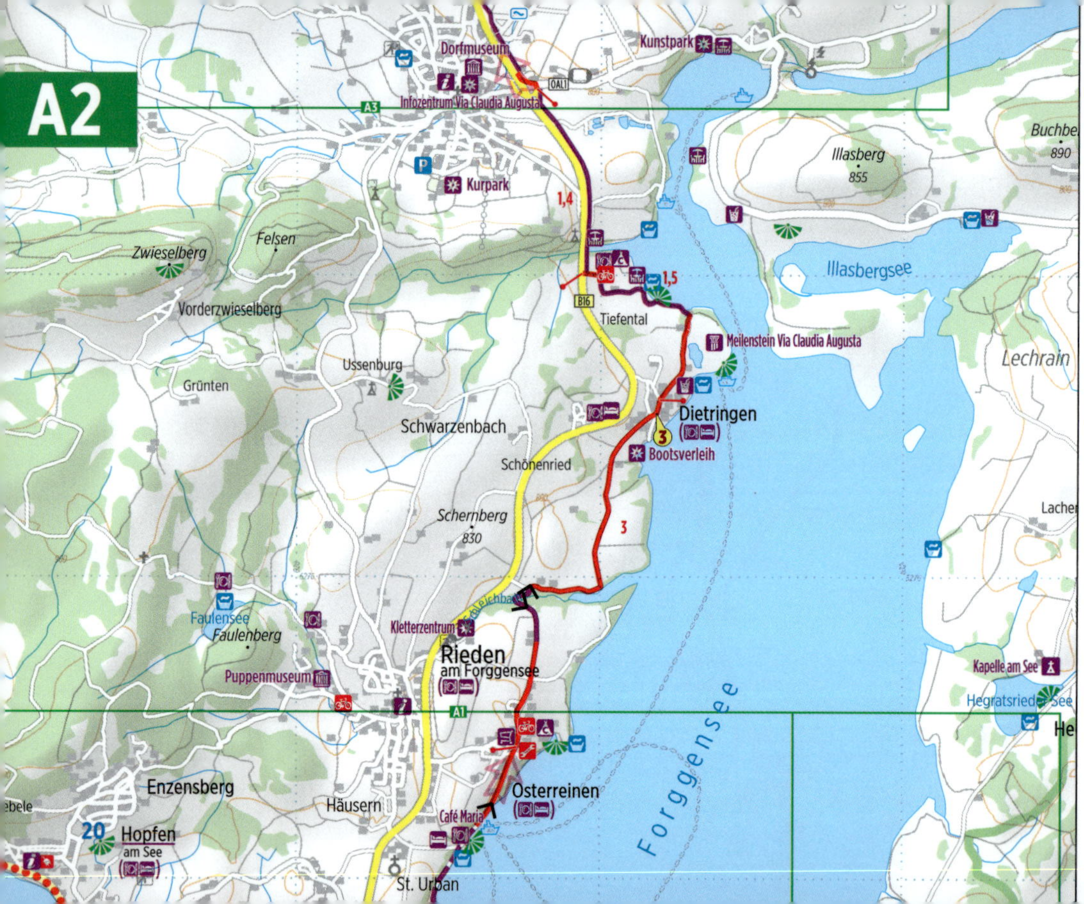

Radweg entfernt sich nun von der B 16 ~ geradeaus auf eine Nebenstraße ~ kurz vor der St 2059 rechts ~ **4** nach rund 180 m links durch die Unterführung und danach erneut links.

TIPP **Die Route verläuft nun auf der alten Bahntrasse der Bahnstrecke Marktoberdorf-Lechbruck.**

Der Radweg entfernt sich nach rund 500 m von der St 2059 ~ nach der Unterführung unter der B 16 rechts ~ auf geradem Weg durch den Sulzschneider Forst ~ am alten Bahnhof von **Steinbach** vorbei

Stötten am Auerberg

Vorwahl: 08349

Tourist-Info, Füssener Str. 11, ✆ 92040, @ tef545

Moos-Erlebnis-Pfad, Startpunkt Kirchpl. 24 Interaktiver Pfad durch das Stöttner Moor mit 13 Erlebnis-Stationen. @ kfr488

5 nach rund 6 km die B 16 überqueren und weiter Richtung Marktoberdorf.

Heiland (Marktoberdorf)

Gerade durch den kleinen Ort ~ erneut die B 16 überqueren.

Rieder (Marktoberdorf)

Den Ort entlang der B 16 verlassen ~ nach rund 2 km durch die Unterführung beim Kreisverkehr ~ auf der **Hochwiesstraße** hinein nach Marktoberdorf.

Marktoberdorf

Vorwahl: 08342

Touristikbüro Marktoberdorf, Richard-Wengenmeier-Pl. 1, ✆ 400845. Zu den Öffnungszeiten erhalten Sie für Ihr Fahrrad kostenlos eine Luftpumpe sowie ein Reparaturset. @ vuk171

Heimatmuseum im Hartmannhaus, Meichelbeckstr. 16, ✆ 400881, Das Haus ist derzeit wegen Sanierungsarbeiten geschlossen. Das Hartmannhaus wurde bereits im 16. Jh. als sog. Sölde genutzt. Sölde war ein kleiner Landwirtschafts- mit angeschlossenem Handwerksbetrieb. Der nostalgische Bauerngarten kann jederzeit besichtigt werden. @ yqe247

Künstlerhaus, Kemptener Str. 5, ✆ 918337 Museum für zeitgenössische Kunst mit Sonderausstellungen zu regionaler und internationaler Gegenwartskunst. @ mgf565

Marktoberdorf, Marktplatz mit Altem Rathaus und Frauenkapelle

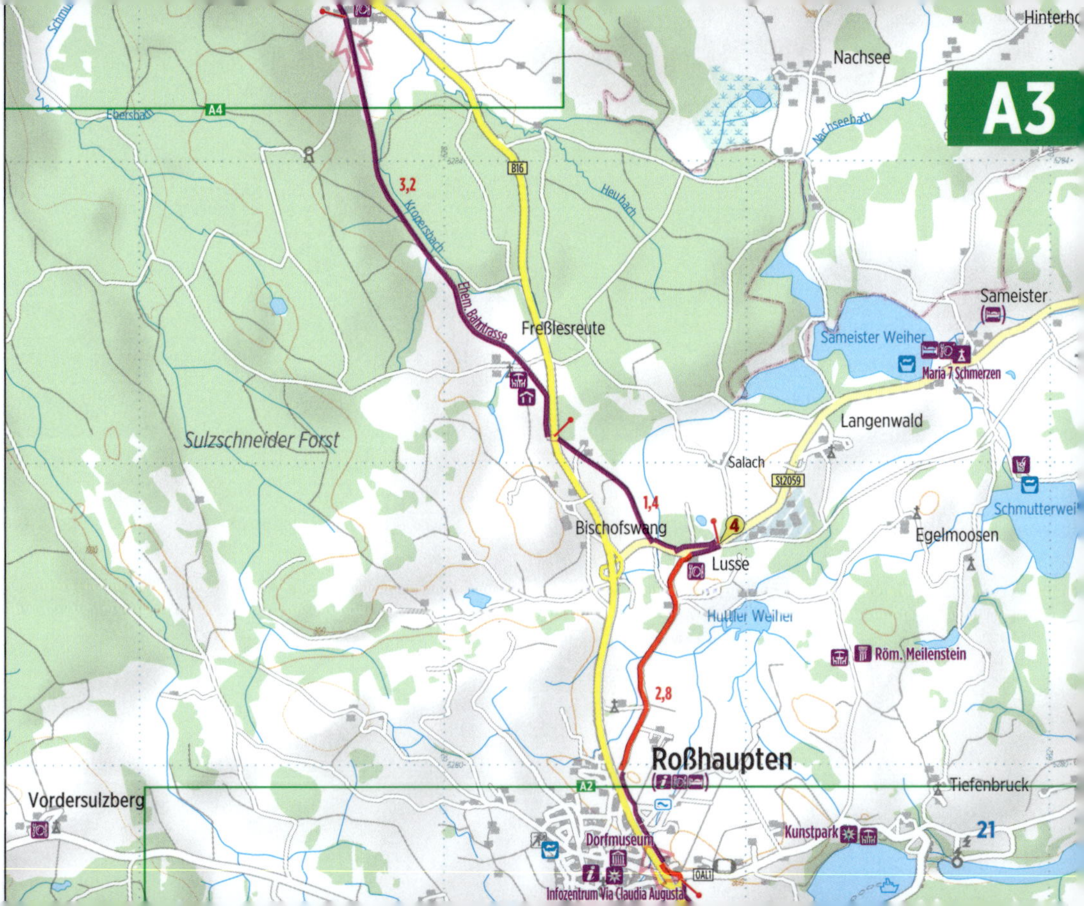

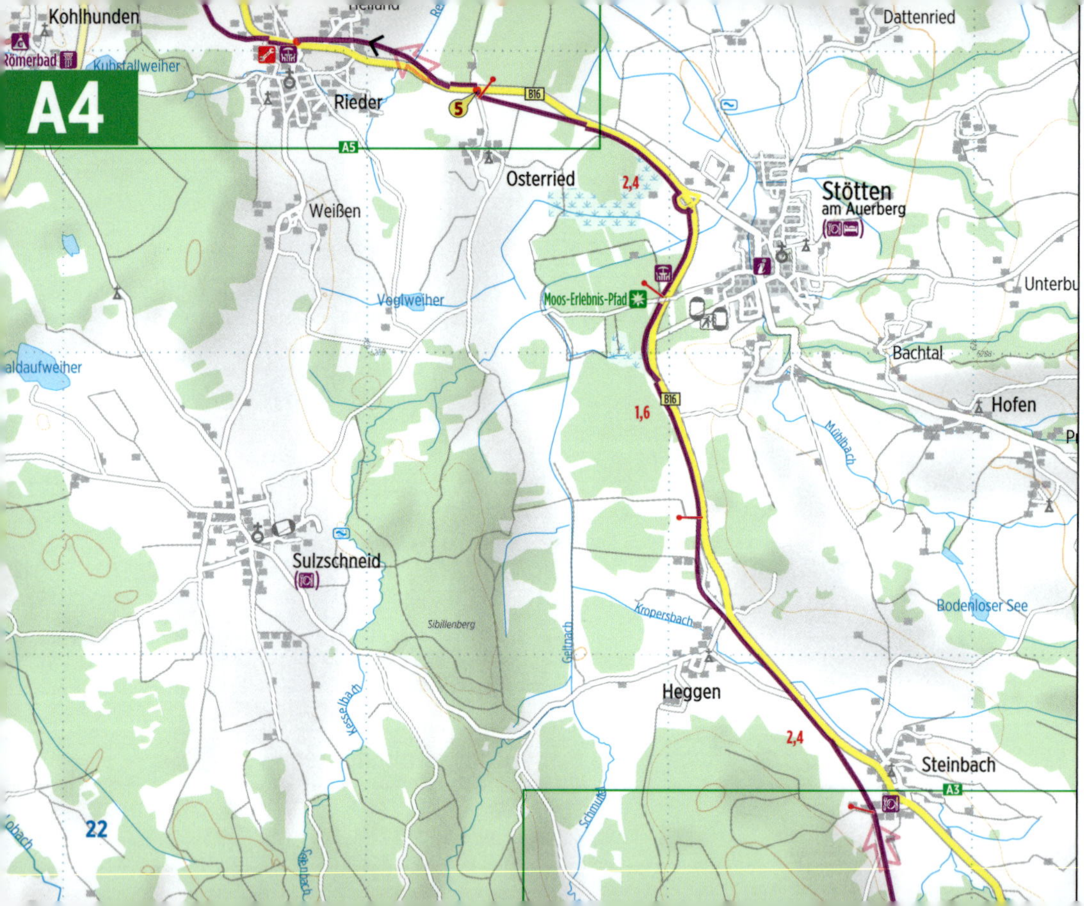

Paul-Röder-Museum, Eberle-Kögl-Str. 11, ✆ 400881 Das Museum zeigt eine Gesamtschau vom Schaffen des Malers und dessen Sammlung von Kultgegenständen und Waffen. @ qag441

Riesengebirgsmuseum, Eberle-Kögl-Str. 11, ✆ 400881 Das Museum gedenkt der rund 1.800 Personen die nach 1945 aus dem Riesengebirge vertrieben wurden und in und um Marktoberdorf eine neue Heimat fanden. @ ocj875

Stadtmuseum, Eberle-Kögl-Str. 11, ✆ 400881 Das Stadtmuseum spannt einen weiten historischen Bogen von der Römerzeit über die Epoche der Alamannen bis hin zur frühen Neuzeit in der Kurfürst Clemens Wenzeslaus im kleinen Marktflecken 1812 verstarb. @ pds624

Rokokokirche St. Martin, Kurfürstenstr. 17. Bereits um 750 stand an dieser Stelle eine Reichshofkirche. Ab 1200 wurde sie mehrmals umgebaut. Seine heutige Form erhielt sie vom berühmten Baumeister Johann Georg Fischer, der 1673 in Marktoberdorf geboren wurde. @ spp771

Frauenkapelle, Georg-Fischer-Str. 9. Die Frauenkapelle wurde um 1478 im Stil der Spätgotik errichtet und im Jahre 1700 durch Georg Halbritter umgestaltet. @ drk473

Schloss Marktoberdorf, Kurfürstenstr. 19. Bereits im Jahr 1424 stand an dieser Stelle ein Schloss, das als Amtssitz der Vögte und bischöflichen Pröpste diente. Nach einigen Umbauten wurde das Schloss im 18. Jh. im Barockstil neu errichtet und diente lange Zeit als Jagdschloss der Augsburger Fürstbischöfe. Im Zuge der Säkularisierung waren verschiedene Ämter und Verwaltungsorgane in dem prächtigen Barockbau untergebracht. Heute befinden sich das Vermessungsamt und die Bayrische Musikakademie darin. @ wwr254

Modeon, Schwabenstr. 58, ✆ 40123, @ bew613

Altes Rathaus, Marktpl. Das 1723 erbaute Alte Rathaus wurde 1858 gotisiert. Mitte des 20. Jhs. wurde es renoviert und in seinen ursprünglichen Zustand zurückgebaut.

Fendt-Forum, Micheletalweg 14, ✆ 770 Inmitten preisgekrönter Architektur erleben Sie die neuesten Innovationen in einer ständig wechselnden Ausstellung und die Geschichte des Landtechnikherstellers. @ ppm755

Geburtshaus von Johann Georg Fischer, Georg-Fischer-Str. 1. Der berühmte Baumeister kam 1673 im heutigen Gasthaus Zum Hirsch zur Welt.

Lindenallee, Kurfürstenallee (24) Die Lindenallee erstreckt sich mit ca. 620 Linden auf fast 2 Km. Die gut 200 Jahre alten Bäume sind als Naturdenkmal geschützt. Angelegt wurde die Allee zwischen 1774 und 1780 nach französischem Vorbild unter Kurfürst Clemens Wenzeslaus.

Anton-Schmidbad, Bahnhofstr. 42, ✆ 895870, @ ugx158

Bereits Kelten, Römer und Alamannen hinterließen ihre Siedlungsspuren auf dem Gebiet der heutigen Stadt. Unter dem Einfluss der Fürstbischöfe des Hochstiftes Augsburg wurde Marktoberdorf 1453 das Marktrecht verliehen. In dieser Zeit befestigte man den Ort mit einem Wall, Palisaden und Torhäusern und das erste Rathaus wurde erbaut. Aus dieser Zeit stammt auch das Schloss, das 1722 barockisiert wurde. Besonders unter der Herrschaft von Clemens Wenzeslaus August Hubertus Franz Xaver von Sachsen (1739-1812) erlebte der Markt einen

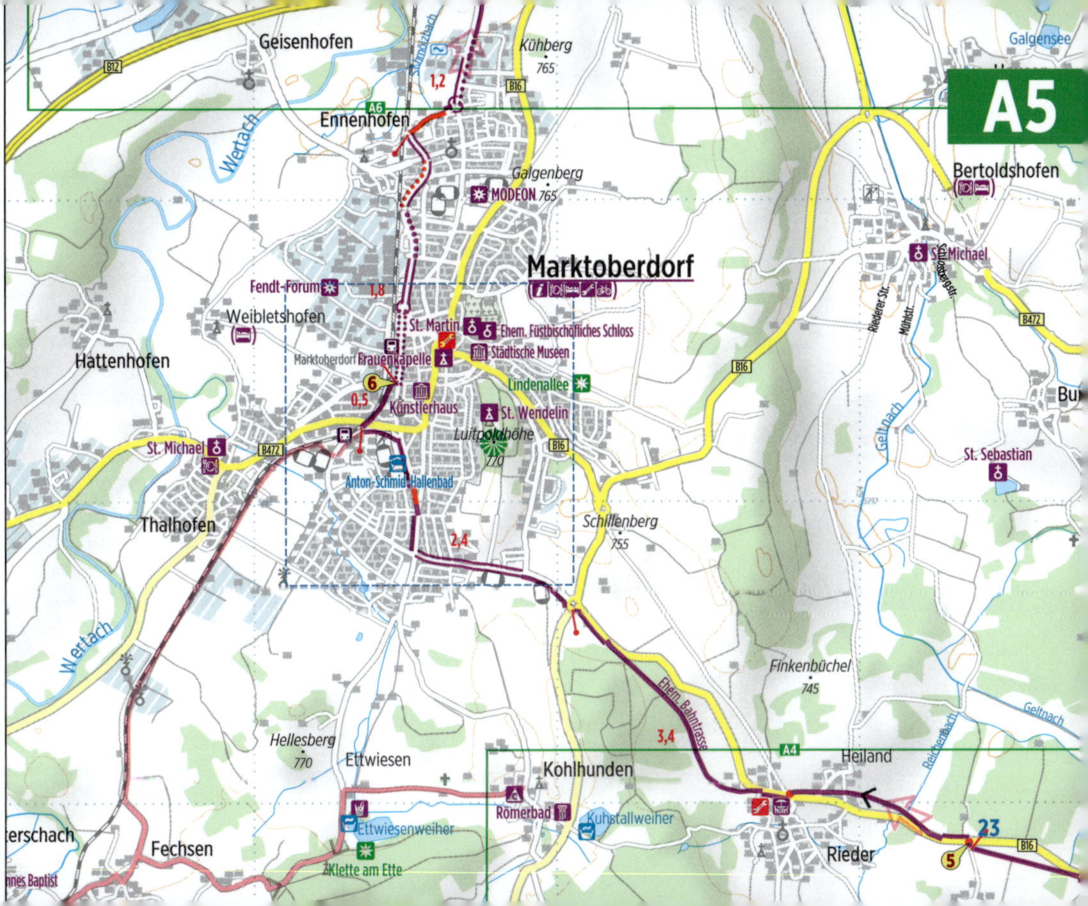

Marktoberdorf, Stadtpfarrkirche St. Martin

Aufschwung in Gewerbe und Handel. Er ließ die Salzstraße von Schongau nach Marktoberdorf bauen und investierte in Bildung und Infrastruktur.

Ende des 19. Jahrhunderts wurde Marktoberdorf an das Eisenbahnnetz angeschlossen und zahlreiche Industriebetriebe siedelten sich an. In den 1920er Jahren konstruierte Johann Georg Fendt den ersten Fendtschlepper. 1930 baute er mit dem Fendt Dieselross den ersten europäischen Diesel-Kleinschlepper mit 6 PS. Bis heute besteht die Fendt Traktorenfabrik in Marktoberdorf mit rund 2.200 Beschäftigten. Sie gehört heute zum AGCO-Konzern, einem der weltweit größten Anbieter von Traktoren und Landmaschinen.

Von Marktoberdorf nach Kaufbeuren 14,6 km

Dem Radwegverlauf an der großen Kreuzung nach rechts folgen, **Meichelbeckstraße** ~ an der Kreuzung geradeaus und danach links halten in die **Bahnhofstraße** ~ links abbiegen in den **Mühlsteig** ~ nach den Tennisplätzen rechts und über die Brücke ~ an den Gleisen entlang ~ **6** an der Ampelkreuzung mit der **Bahnhofstraße** links und auf dem Radstreifen zum Bahnhof ~ drei Kreisverkehre geradeaus überqueren ~ an der T-Kreuzung beim Bahnübergang rechts in die **Ennenhofener Straße** ~ am Kreisverkehr links in die **Schwabenstraße** ~ unter der B 12 hindurch und die Wertach überqueren.

Ebenhofen (Biessenhofen)

Vorwahl: 08342

Hirten- und Heimatmuseum, Schwabenstr. 20, Baschtlehaus Ebenhofen, ✆ 42284 Im typischen Allgäuer Mitterstallhof aus dem 17. Jh. wird das Leben in Haus und Hof, das ländliche Handwerk unserer Vorfahren sowie das Hirtenleben und die Weidewirtschaft aufgezeigt. @ vun671

Den Ort auf der **Schwabenstraße** durchfahren ~ an der Stopptafel geradeaus ~ die Kirnach überqueren ~ auf dem Radweg nach Biessenhofen.

Biessenhofen

Vorwahl: 08341

Gemeinde, Füssener Str. 12, ✆ 93650, @ ovn532

Auf der **Ebenhofener Straße** in den Ort ~ an der T-Kreuzung links auf die **Füssener Straße** ~ Linksbogen und unter der Bahn hindurch ~ den Kreisverkehr am Ortsrand links umfahren und den Ort verlassen ~ wenige Meter vor einer Bahnunterführung links abbiegen und an den Gleisen entlang.

Bärensee (Kaufbeuren)

Bärensee. Um den wachsenden Energiebedarf für die Spinnerei zu decken, wurde 1956 für das Kraftwerk Hirschzell die Wertach abgestaut. Der so entstandene Stausee weist eine Fläche von 50 ha auf und ist heute ein beliebtes Naherholungsgebiet für Angler, Segler und Wanderer.

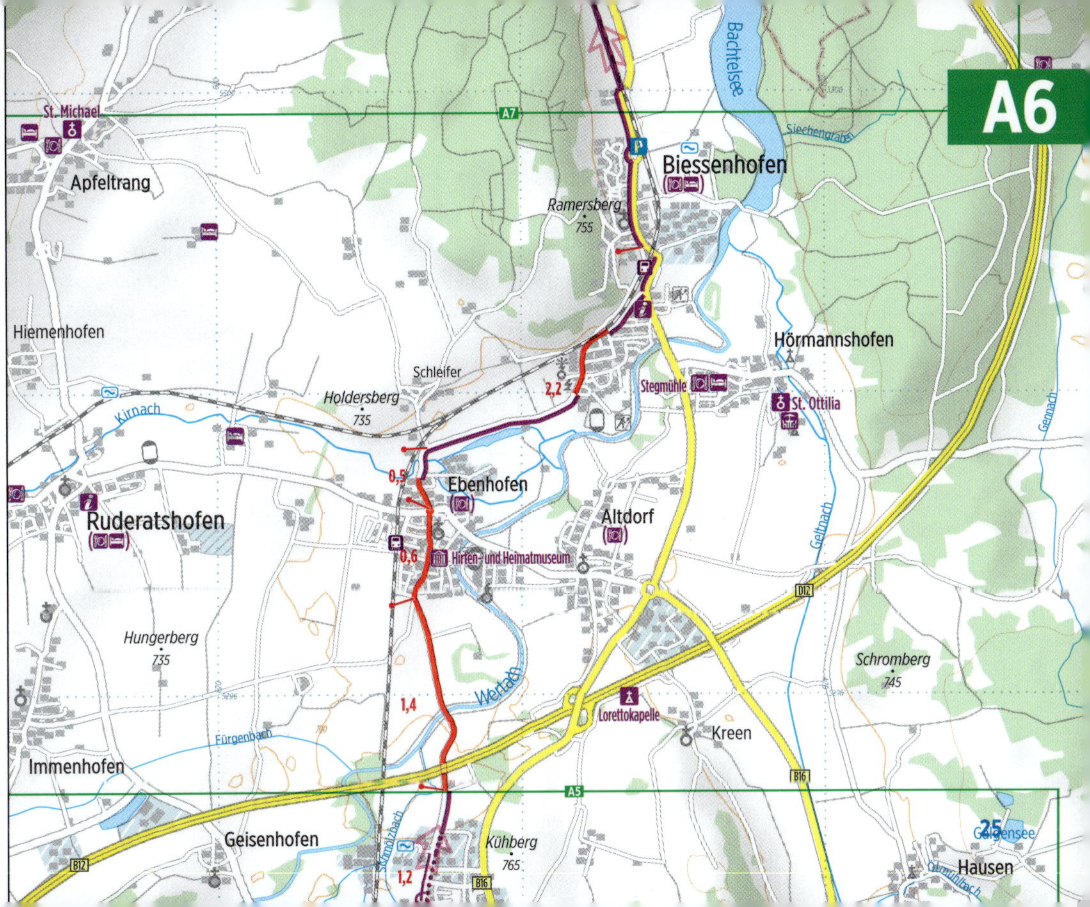

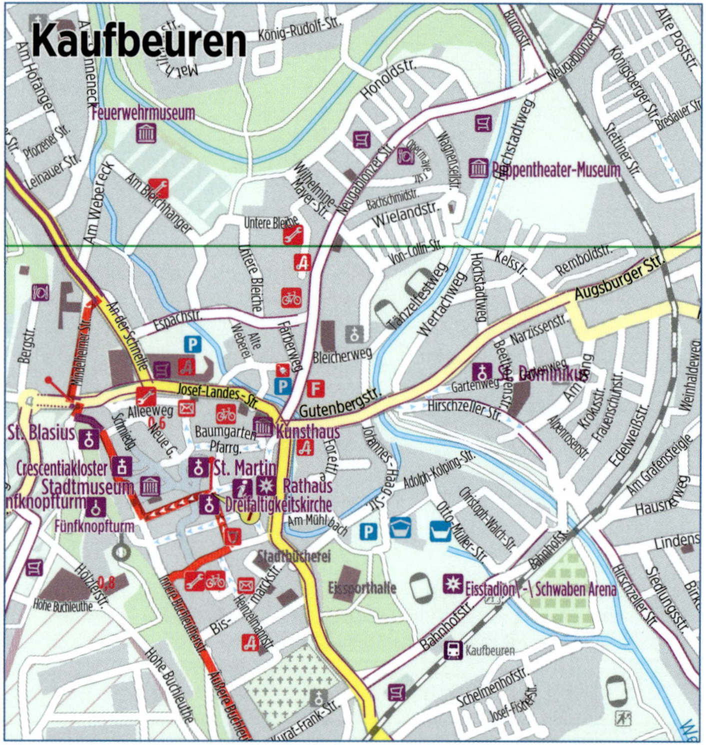

Nach etwas mehr als 3 km an der Gabelung links und hinein nach Kaufbeuren ⤳ von der **Inneren Buchleuthenstraße** rechts in die **Schraderstraße** ⤳ links in die Einbahn, **Sedanstraße**.

Kaufbeuren

Vorwahl: 08341

Kaufbeuren Tourismus- und Stadtmarketing, Kaiser-Max-Str. 3a, ✆ 437190, @ lbt667

Stadtmuseum, Kaisergäßchen 12-14, ✆ 9668390 Das 1879 gegründete Museum gilt als eines der ältesten in Schwaben. Hier gibt es u. a. eine Sammlung zur Stadtgeschichte, eine Kruzifixsammlung, Allgäuer Holzplastiken, Bauernstuben und protestantische Hinterglasmalerei zu sehen. Ein Stockwerk ist den hier geborenen Schriftstellern Hans Magnus Enzensberger, Ludwig Ganghofer, Sophie La Roche und Christian Jakob Wagenseil gewidmet. @ tih324

Kunsthaus Kaufbeuren, Spitaltor 2, ✆ 8644 Wechselnde Ausstellungen zur Kunst des 20. und 21. Jhs. @ pxs342

Feuerwehrmuseum, Am Bleichanger 50, ✆ 0173/8660010 Historische Großfahrzeuge, ein Nachbau vom Brandeinsatz in der Altstadt und Info- und Videostationen präsentieren in der Halle der ehem. Spinnerei und Weberei auf eindrucksvolle Art und Weise mehr als zwei Jahrhunderte Feuerwehrgeschichte. @ moo486

Kaufbeuren, Fünfknopfturm

Puppentheater-Museum, Wagenseilstr. 14a, ✆ 2555 Das 1987 gegründete Museum besteht aus der Sammlung von Alois A. K. Raab (1911–1989) und aus dem Nachlass des Puppenhistorikers Dr. Hans Purschke. Das Kleinod zeigt Figuren und Requisiten aus der Welt des Puppentheaters. @ sak153

Evang. Lutherische Dreifaltigkeitskirche, Kaiser-Max-Str. 21. Das ehemalige Kaiserhaus wurde 1604 zur Kirche umgebaut. Heute dominiert eine spätbarocke Innenausstattung. Der 44 m hohe Turm wurde 1820/21 hinzugefügt. @ xkk588

Katholische Stadtpfarrkirche St. Martin, Kirchpl. 9. Von der ursprünglichen romanischen Basilika sind noch das Südportal und der Taufstein erhalten. Der gotische Unterbau der heutigen Kirche stammt aus den Jahren 1438-43, mit dem 68,25 Meter hohen Turm wurde 1403 begonnen. Um 1700 erfolgte eine Barockisierung der Kirche, ehe sie von 1893-99 im Stile der Neugotik umgestaltet wurde.

St. Blasius, Blasiusberg 11, ☎ 952311 Die in direkter Nachbarschaft zum nordwestlichen Eckturm der Stadtbefestigung gelegene Kirche zeichnet sich durch Stilreinheit von Gebäude und Innenausstattung der Spätgotik des 15. und 16. Jhs. aus. Der Flügelaltar stammt von Jörg Lederer aus dem Jahr 1518, 66 Bildtafeln sind aus dem 15. Jh.

St. Dominikus, Augsburger Str. Die Kunst- u. Kulturkirche ist die älteste erhaltenen Kirche der Stadt Kaufbeurens. Seit der erstmaligen Erwähnung, 1182 als Leprosenkapelle, wurde das Kleinod mehrmals umgebaut und vereint romanische, gotische und barocke Elemente in ihrer Bausubstanz. @ dds585

Crescentiakloster, Obstmarkt 5, ☎ 9070 Das Kloster des Franziskanerinnen-Ordens war um die Mitte des 8. Jhs. ein fränkischer Königshof und somit die Urzelle Kaufbeurens. Mit Klosterladen und Crescentia-Gedenkstätte. Crescentia Höß ist die erste deutsche Heilige des 21. Jhs. @ vud551

Fünfknopfturm, Afraberg 9. Der Fünfknopfturm ist das Wahrzeichen der

Kaufbeuren

Stadt Kaufbeuren und wurde um 1420 erbaut. @ asd644

Gerberturm, Alleeweg. Die Gerberzunft hatte in dem um 1420 erbauten Wehrturm die Stadtmauer zu verteidigen.

Hexenturm, Am Breiten Bach. Der in die Stadtmauer integrierte Turm wurde um 1420 als Wehrturm erbaut.

Sywollenturm, Spitaltor. Um 1420 wurde der runde Turm als Wehrturm erbaut. Auf dem Gelände befand sich von 1249 bis 1964 das Heilig-Geist-Spital.

Stadttheater, Am Rosental 8. Das historische Schmuckkästchen beherbergt den ältesten noch benutzten Bühnenvorhang Deutschlands. Dieser stammt aus dem Gründungsjahr 1805, der Zuschauerraum mit hölzernen Balkonbrüstungen befindet sich noch im Zustand des Jahres 1866. @ vep761

Geburtshaus der Hl. Maria Crescentia (Anna) Höß, Neue Gasse 13, ✆ 437190 Ⓒ Die im Jahr 2001 in Rom heilig gesprochene Maria Crescentia wurde 1682 als Anna Höß in Kaufbeuren geboren. Sie trat den Franziskanerinnen bei, wurde 1741 zur Oberin gewählt und galt als einfühlsame und kluge Ratgeberin, bei der sich auch zahlreiche Fürsten Rat holten. Bereits kurz nach ihrem Tod entwickelte sich ihre letzte Ruhestätte zu einem beliebten Ziel für Pilger. @ nms172

Rathaus, Kaiser-Max-Str. 1, ✆ 4370. Das Rathaus wurde von 1879-1881 nach Plänen von Georg Hauberrisser im Stil der Neurenaissance erbaut. Nach einem Dachstuhlbrand wurde es 1960 umgestaltet.

DAV-Kletterzentrum, Buronstr. 99, ✆ 73016 Outdoor-Kletterturm und Indoor-Kletteranlage mit über 160 Routen. @ lhq154

Eisstadion - Schwaben Arena, Bahnhofstr. 11, ✆ 437777, @ gbd251

Kartbahn, Daniel-Kohler-Str. 2, ✆ 94959 In der 6.000 m² großen Halle erleben Sie die Faszination des Rennsports hautnah. @ djm727

Neptunbrunnen, Kaiser-Max-Str. Der Neptunbrunnen wurde 1753 von dem Augsburger Stadtsteinmetzmeister Johann Wolfgang Schindel erbaut.

Stadtmauer, An der Stadtmauer. Die Stadtmauer wurde um 1200 gebaut, um 1420 erhöht und mit einem überdachten Wehrgang versehen. Die Gesamtlänge der Stadtmauer betrug ca. 1.500 m. Drei Tortürme und neun Wehrtürme sicherten die Stadt.

Via Aqua - Der Weg des Wassers, Start: Schihüttenweg 2 Schautafeln im Quellgebiet dokumentieren die Geschichte der Kaufbeurer Wasserversorgung sowie die Wechselbeziehung mit der Umwelt. @ cyj668

Jordan Badepark, Berliner Pl. 4, ✆ 437743, @ vpm664

Die ehemalige Reichsstadt mit ihren knapp 45.000 Einwohnern ist vor allem von ihrem mittelalterlichen Stadtbild geprägt. Die Kaufleute hatten Kaufbeuren im Mittelalter wohlhabend gemacht, wodurch man sich die besten Künstler der Zeit leisten konnte, um prächtige und kunstvolle Gebäude errichten zu lassen. Als das Wahrzeichen der Stadt gilt der mittelalterliche Fünfknopfturm. Daneben ist aber auch das Kloster der Franziskanerinnen ein beliebtes Ziel. Viele Gäste unternehmen eine Wallfahrt zur Crescentia von Kaufbeuren, die am 20. Oktober 1682 hier geboren wurde. Durch Vermittlung des evangelischen Bürgermeisters gelang es der ärmlichen Familie, die Aufnahme ihrer Tochter in das Kloster der Franziskanerinnen durchzusetzen. Sie übernahm dort wichtige Aufgaben und wurde 1741 zur Oberin gewählt. Crescentia war darauf bedacht, dass die Ordensregeln eingehalten wurden, aber wichtiger war ihr das verständnisvolle Miteinander in der Gemeinschaft. Sie galt als lebenskluge Frau mit gesundem Menschenverstand und besaß die Fähigkeit, Probleme rasch zu erkennen und vernünftig zu lösen. Deshalb kamen viele Menschen aus nah und fern, um ihren Rat einzuholen. Sie starb am 5. April 1744 und wurde 2001 in Rom heilig gesprochen. Bis zu 70.000 Menschen kamen in manchen Jahren, um am Grab der Crescentia von Kaufbeuren zu beten.

Eine andere Besonderheit von Kaufbeuren findet sich im heutigen Stadtteil Neugablonz. In diesem damals noch bewaldeten Gebiet Kaufbeuren-Hart wurde zu Beginn des Zweiten Weltkrieges eine Sprengstofffabrik errichtet. Nach deren Zerstörung siedelten sich ab 1945 rund 18.000 Vertriebene aus der Region Jablonec nad Nisou (Gablonz in Tschechien) auf diesem Gelände an und gründeten den jüngsten Stadtteil Kaufbeurens. Sie bauten dort die in der alten Heimat zurückgelassene Modeschmuck- und Glasindustrie wieder auf. So wandelte sich der Name des Stadtteils von Hart zu Neugablonz. Heute existieren etwa 100 Betriebe, die Modeschmuck und Schmuckkomponenten herstellen. Die hier ansässige Staatliche Berufsfachschule für Glas und Schmuck bildet Glasmaler, Graveure sowie Gold- und Silberschmiede aus.

Ein besonderer Höhepunkt der Stadt Kaufbeuren ist das sogenannte Tänzelfest. Es ist das älteste historische Kinderfest Bayerns, bei dem mehr als 1.600 Kinder in zwei Festumzügen die Geschichte

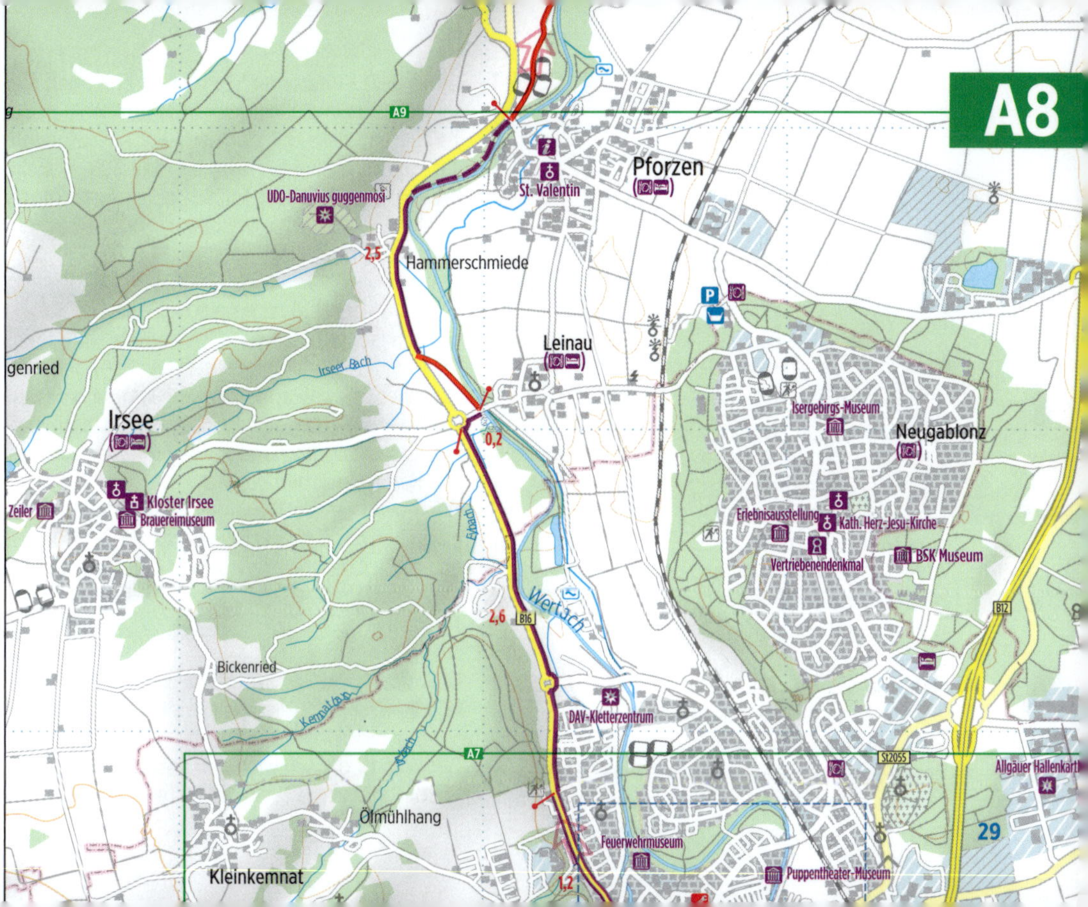

Bad Wörishofen, St. Justina

ihrer Stadt nachspielen. Kaiser Maximilian, der „letzte Ritter", dem vierzehn Aufenthalte in der Stadt nachgewiesen wurden, ist die zentrale Figur dieses Festes, welches alljährlich Mitte Juli stattfindet.

Von Kaufbeuren nach Bad Wörishofen 17,6 km

7 Links in die **Kaiser-Max-Straße** ⇝ rechts auf die Straße **Am Breiten Bach** ⇝ geradeaus in die für den Verkehr gesperrte Straße **Unter dem Berg** ⇝ am Kloster vorbei ⇝ rechts bergab zur Straße **Unter dem Kemptener Tor** ⇝ links abbiegen und sofort rechts in die **Mindelheimer Straße** ⇝ an der T-Kreuzung links auf den Radweg ⇝ Kaufbeuren auf der Mindelheimer Straße verlassen ⇝ beim Kreisverkehr geradeaus durch den kurzen Tunnel ⇝ am nächsten Kreisverkehr rechts ⇝ vor der Wertach links abbiegen.

Leinau (Pforzen)

Wieder an der **B 16** rechts auf den Radweg.

Hammerschmiede (Pforzen)

Die Tongrube ist die erste Menschenaffen-Fundstelle in Bayern. Hier wurden bei archäologischen Grabungen neben dem aufrecht gehende Menschenaffen - „UDO", Danuvius guggenmosi - über 116 Arten von Wirbeltieren gefunden.

Nach dem kleinen Ort entfernt sich der Radweg etwas von der B 16 und ist geschottert ⇝ die Wertachstraße überqueren ⇝ rechts über die Brücke geht's nach Pforzen.

Pforzen

Vorwahl: 08346

- **Gemeinde Pforzen**, Bahnhofstr. 7, ✆ 92090, @ bgs725
- **St. Valentin**, Kirchpl. 1. Chor und Turm stammen aus dem Jahr 1484, mit neugotischer Innengestaltung.

Der Weg ist danach wieder asphaltiert ⇝ an einem Fußballplatz vorbei ⇝ an der T-Kreuzung nach einer Hochspannungsleitung links ⇝ an der Kreuzung geradeaus und wieder auf Asphalt.

Schlingen (Bad Wörishofen)

Vorwahl: 08247

- **Puppenmuseum**, Allgäuer Str. 22/24, ✆ 2666 Ⓒ Sammlerstücke aus den Jahren 1920-2000. @ qrg548

8 An der Vorfahrtsstraße links ⇝ im Rechtsbogen an der Kirche vorbei ⇝ links zur **Allgäuer Straße** und rechts abbiegen ⇝ links in den **Schleipfweg** ⇝ die St 2015 überqueren und danach an der T-Kreuzung rechts ⇝ nach rund 1,5 km an der T-Kreuzung mit einem Wegkreuz links ⇝ an der ersten Möglichkeit rechts abbiegen ⇝ die Schlingener Straße überqueren ⇝ geradeaus in die **Ganghofer Straße** ⇝ den Kreisverkehr geradeaus überqueren und in die **Kaufbeurer Straße**.

Bad Wörishofen

Vorwahl: 08247

- **Gäste-Information im Kurhaus**, Hauptstr. 16, ✆ 993355, @ gbe746
- **Sebastian-Kneipp-Museum**, Klosterhof 1, ✆ 395613 Seit Mitte der 1980er Jahre informiert im Kloster der Dominikanerinnen das Kneipp-Museum über das Leben und Wirken von Johann Sebastian Kneipp. Dieser gab der schon vorher angewandten Therapiemethode seinen Namen und machte sie populär. @ yfq362
- **Fliegermuseum**, Kemptener Str. 1, ✆ 08341/9664002 Ⓒ In der historischen Segelfliegerhalle (1934) wird über die ehem. Fliegerstadt Wöris-

hofen und die Luftfahrt im Allgemeinen informiert. Unter den Exponaten befindet sich auch eine komplett erhaltene MIG 21 MF von der ehem. NVA (Nationale Volksarmee der DDR). @ xrm515

- **Kunsthaus „Kunstwerke"**, Kemptener Str. 3, ✆ 5543. Events und Ausstellungen von Bildern, Skulpturen und Fotografien. @ ity711
- **Kutschenmuseum**, Heimstr. 25, ✆ 4249, ✆ 0171/3735169 Ⓒ Über 100 verschiedene Kutschenmodelle von der noblen Luxuskutsche bis hin zum Bäckerwagen gibt es hier zu sehen. Es können auch Fahrten mit den historischen Kutschen gebucht werden. @ gqm281
- **Süddeutsches Fotomuseum**, Beethovenweg 1, ✆ 34136, Ⓒ Di 15-20 Uhr u. n. V. Hier wird die Geschichte der Fototechnik und dem damit verbundenen Industriezweig dargestellt. @ yan434
- **Stadtpfarrkirche St. Justina**, Hauptstr., ✆ 2736. Die in den Jahren 1519/20 erbaute Kirche wurde um 1700 barockisiert. Die kunstvollen Deckenfresken von Jakob Fröschle von 1780 stellen die Geschichte der antiken Märtyrerin Justina dar. Seit der Verlängerung der Kirche zu Beginn des 20. Jhs. ist auch Sebastian Kneipp in einem Fresko verewigt, er war hier zwischen 1881 und 1897 als Pfarrer tätig.
- **Dominikanerinnen-Kloster**, Klosterhof 1, ✆ 3040 Ⓜ Direkt gegenüber der Kirche befindet sich das Kloster von 1721, das von entsandten Mitgliedern des Augsburger Dominikanerordens St. Katharina gegründet wurde. Sehenswert ist die 1773 geweihte Klosterkirche mit ihren Fresken von Dominikus und Johann Baptist Zimmermann und den prächtigen Altären. In den 1980er Jahren wurde das Schul- und Internatsgebäude in ein Kurhaus umgewandelt, das seit 2005 als „Kuroase im Kloster" betrieben wird. @ epv277

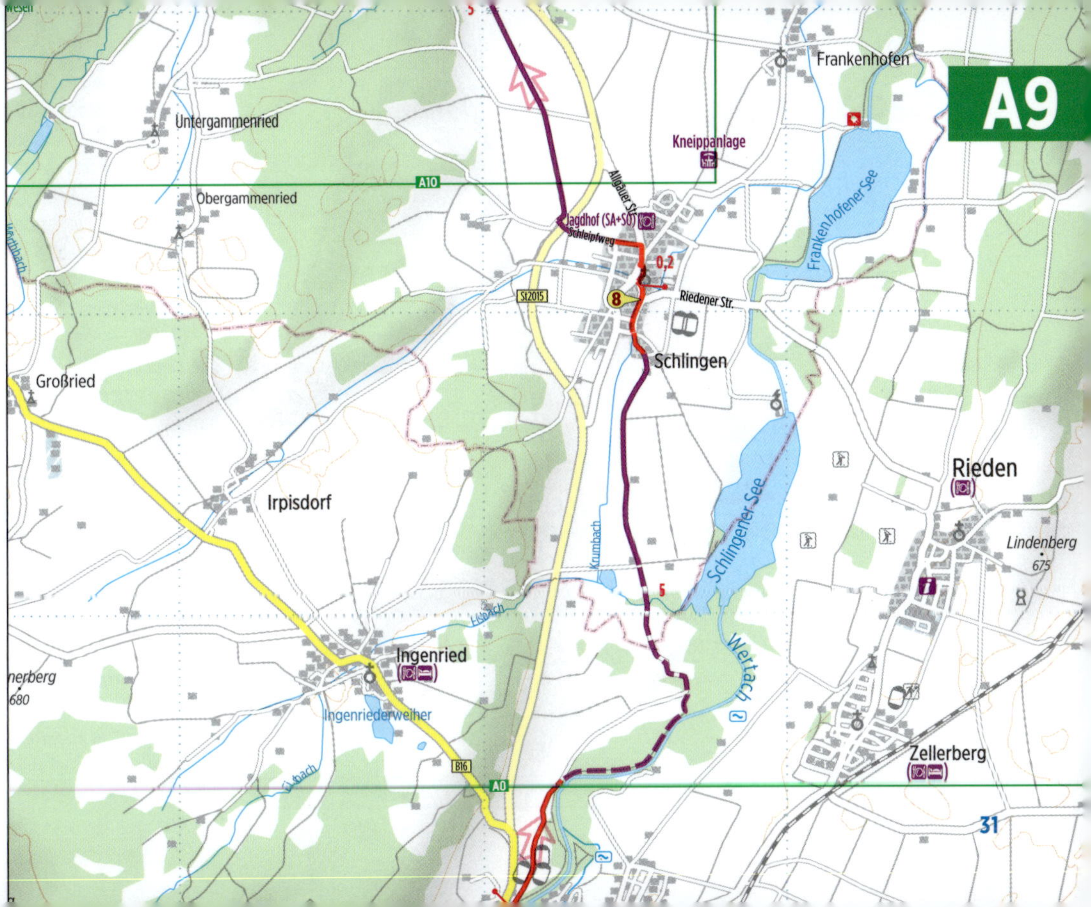

Kurpark. Auf einer Fläche von über 160.000 m² werden die unterschiedlichsten Stationen und Einrichtungen für das Wohlbefinden von Leib und Seele angeboten: Gradieranlage, Barfußweg, Duft- und Aromagarten, Heilkräutergärten, Rosengarten, etc. - eine sog. „Kneippanlage für Alle". @ mps111

Freibad Am Sonnenbüchl, Sonnenbüchl 2, ✆ 5124, @ xit747

Therme Bad Wörishofen, Thermenallee 1, ✆ 399300, @ bfj617

Das beschauliche Leben in Wörishofen änderte sich im ausgehenden 19. Jahrhundert, als der durch Pfarrer Sebastian Kneipp ausgelöste Kurbetrieb begann. Rege Bautätigkeit setzte ein, Hotels, Pensionen und Gasthäuser entstanden. 1920 wurde Wörishofen das Prädikat „Bad" verliehen. Nach dem Zweiten Weltkrieg erfolgte die Erhebung zur Stadt. Aufgrund von Einsparungen im Gesundheitswesen nahm gegen Ende des 20. Jahrhunderts die Zahl der Kurgäste ab, doch die 2004 neu eröffnete Therme wurde zu einem neuen Anziehungspunkt in Bad Wörishofen.

Von Bad Wörishofen nach Ottobeuren *33 km*

9 Links in die **Bahnhofstraße** ~ an der **Hauptstraße** links abbiegen ~ rechts in die **Bürgermeister-Stöckle-Straße** ~ in der Rechtskurve links abbiegen, **Hildegardstraße** ~ an der nächsten Gabelung rechts in die **Hermann-Aust-Straße** ~ an der Viererkreuzung rechts halten Richtung Kurpark ~ durch ein Waldstück und hinein nach Schöneschach.

Schöneschach (Bad Wörishofen)

Geradeaus durch den Ort ~ an der T-Kreuzung bei einem Wegkreuz links ~ an der **MN 4** links und bergab nach Altensteig.

Altensteig (Dirlewang)

10 Im Ort rechts abbiegen in die **Gartenstraße** ~ links in die **Bürgermeister-Mayr-Straße** ~ an einer einsamen Scheune vorbei ~ an der T-Kreuzung rechts und danach an der ersten Möglichkeit links ~ unter der B 16 hindurch und auf geradem Weg hinein nach Dirlewang.

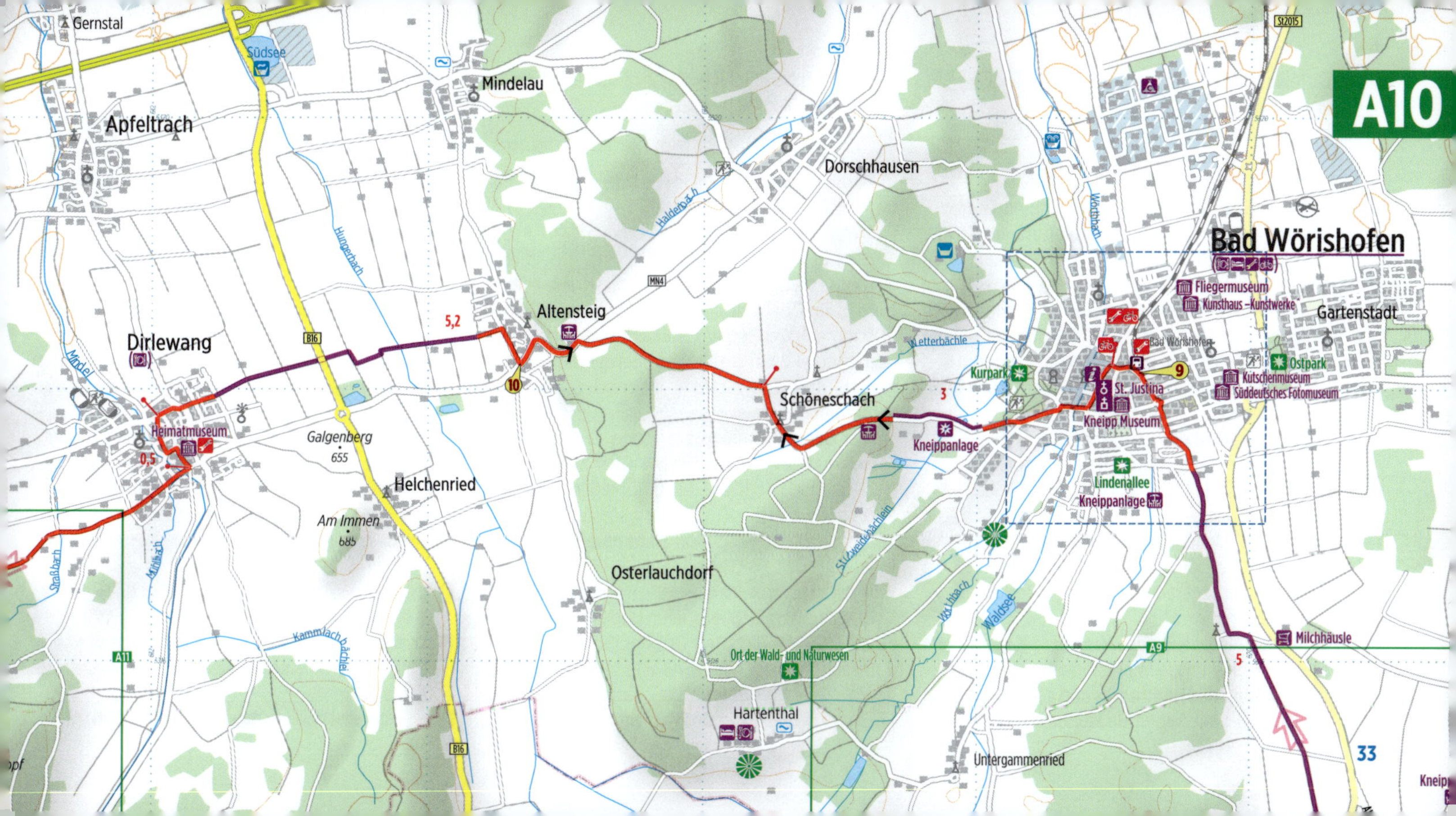
A10
Gernstal
Südsee
Mindelau
Apfeltrach
Dorschhausen
Haldenbach
Hungerbach
Bad Wörishofen
Fliegermuseum
Kunsthaus – Kunstwerke
Gartenstadt
MN4
St2015
Altensteig
5,2
Dirlewang
B16
Mindel
Wetterbächle
Bad Wörishofen
Ostpark
Kurpark
9
10
Schöneschach
3
St. Justina
Kutschenmuseum
Süddeutsches Fotomuseum
Kneipp Museum
Heimatmuseum
Galgenberg
655
Kneippanlage
0,5
Helchenried
Lindenallee
Kneippanlage
Am Immen
685
Stützweidebächlein
Osterlauchdorf
Straßbach
Mühlbach
Wörthbach
Waldsee
Kammlach bächle
A11
Ort der Wald- und Naturwesen
A9
Milchhäusle
5
Hartenthal
B16
Untergammenried
33

Dirlewang

Vorwahl: 08267

Heimathaus Taverne, Tavernenstr. 4, ☎ 1567, ☎ 9606277 Im ehem. Amtshaus aus dem 17. Jh. lassen zahlreiche Exponate historisches Handwerk lebendig werden. @ tvp123

Aus der **Josef-Striebel-Straße** kommend geradeaus und danach links in die **Saulengrainer Straße** ~ links in die **Bürgermeister-Dorn-Straße** ~ an einem Brunnen und einer großen Linde vorbei ~ links in die **Mühlbachstraße** ~ rechts in die **Mühlbachstraße** ~ rechts in die **Allgäuer Straße** ~ über einen kleinen Höhenrücken und durch den Weiler **Allesrain** ~ rechts abbiegen und hinein nach Köngetried.

Köngetried (Apfeltrach)

St. Stephanus, Südliche Bergstr. Teile des markanten schiefen Turms stammen aus dem 14. Jh., die Kirche wurde Ende des 15. Jhs. erbaut.

Über einen kleinen Bach ~ links in die **Südliche Bergstraße** ~ links in die **Dorfstraße** ~ rechts halten Richtung Eutenhausen und den Ort verlassen ~ die Vorfahrtsstraße geradeaus verlassen und am Weiler Katzbrui vorbei.

AUSFLUG Wenige Meter links des Weges in Katzbrui gibt es ein Mühlenmuseum. Hier kann man neben der Geschichte des Handwerks und seiner Bewohner die ländlich-bäuerlichen Baukultur erforschen und hausgemachtes Mühlenbrot und fangfrische Forellen aus dem Mühlenteich genießen.

Katzbrui (Apfeltrach)

Vorwahl: 08269

Mühlenmuseum, Katzbrui 7, ☎ 575 Das Museum befindet sich in der Katzbrui-Mühle aus dem 17. Jh. @ iqp475

Am Weiler **Neubuchenbrunn** vorbei.

Buchenbrunn (Markt Rettenbach)

Bei der Kapelle rechts auf die Vorfahrtsstraße ~ leicht bergab und dem Straßenverlauf folgen ~ **11** rund 200 m nach den letzten Häusern rechts abbiegen ~ nach rund 2 km die St 2013 überqueren ~ an der nahen T-Kreuzung rechts ~ links nach Gottenau.

Gottenau (Markt Rettenbach)

An der **Günztalstraße** rechts ~ dem Straßenverlauf folgen und den Ort verlassen ~ über einen kleinen Bach und 150 m danach rechts abbiegen ~ über ein kurzes Schotterstück ~ an der nächsten Kreuzung rechts ~ in der Nähe von **Hammerschmied** links abbiegen nach Frechenrieden.

Frechenrieden (Markt Rettenbach)

12 Die Hauptstraße überqueren und über eine kleine Brücke ~ links Richtung Ottobeuren ~ nach rund 3 km links abbiegen auf eine schmale Nebenstraße ~ am Weiler **Wetzlins** vorbei ~ an der T-Kreuzung links und nach Langenberg hinein.

Langenberg (Ottobeuren)

Den Ort auf der Hauptstraße durchfahren.

Halbersberg (Ottobeuren)

Im Ort rechts abbiegen nach Ottobeuren ~ die ST 2013 überqueren ~ aus der **Markt Rettenbacher Straße** kommend rechts und sofort links in die **Bahnhofstraße**.

Ottobeuren

Vorwahl: 08332

Touristikamt Kur & Kultur, Marktpl. 14, ☎ 921950, @ dmk717

Klostermuseum, Sebastian-Kneipp Str. 1, ☎ 7980, Wegen Umbau bis voraussichtlich Sommer 2022 geschlossen. Sakrale Kunstobjekte und Ausstattungsgegenstände vermitteln einen Eindruck von der kulturellen, religiösen und politischen Bedeutung des Reichsstiftes. @ fkd833

Museum für zeitgenössische Kunst - Diether Kunerth, Marktpl. 14a, ☎ 7969890 Werke des heimischen Künstlers Diether Kunerth und anderer renommierter, zeitgenössischer Künstler. @ uyu581

Virtuelles Museum. Über 500 Themen und 160 Kategorien eröffnen eine Zeitreise durch 1000 Jahre Geschichte der Marktgemeinde Ottobeuren. @ iav715

Basilika, Sebastian-Kneipp Str. 1, ☎ 7980 Erbaut 1737-66, eine der schönsten deutschen Barockkirchen. @ mfa261

Buschelkapelle, Fröhlins, auf dem Buschelberg nahe dem OT Fröhlins. (1714) Der oktogonale Putzbau wurde nach Plänen von P. Christoph Vogel errichtet. @ smf174

Benediktinerabtei Ottobeuren, Sebastian-Kneipp Str. 1, ☎ 7980 Das

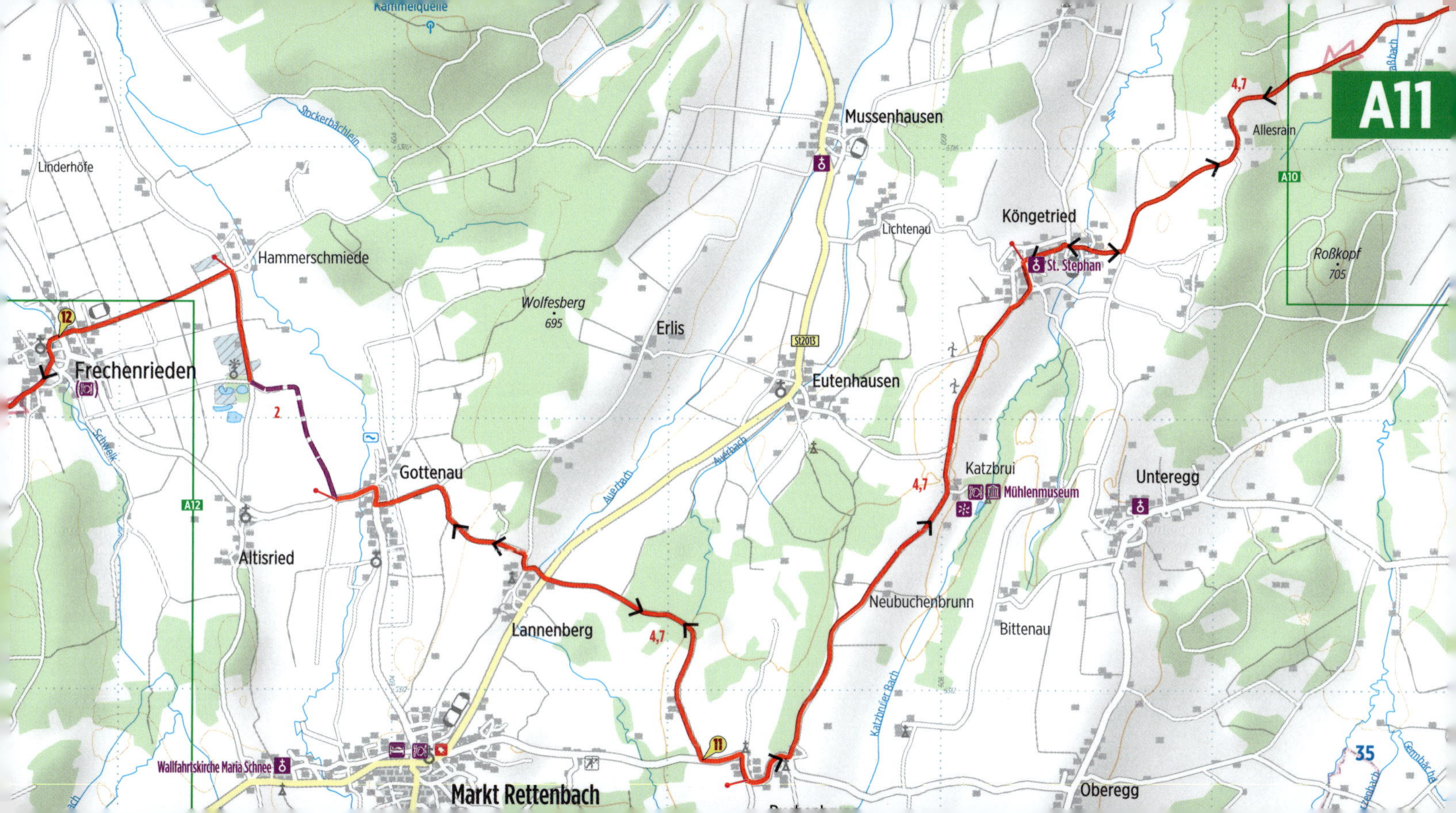
A11
Kammelquelle
Stockerbächlein
Mussenhausen
Linderhöfe
Hammerschmiede
Lichtenau
Köngetried
St. Stephan
Allesrain
A10
Roßkopf
705
4,7
Wolfesberg
695
Erlis
St2013
Eutenhausen
Frechenrieden
12
2
Schwelk
Gottenau
Auerbach
Katzbrui
Mühlenmuseum
Unteregg
A12
Altisried
Lannenberg
Neubuchenbrunn
Bittenau
Katzbrujer Bach
11
Wallfahrtskirche Maria Schnee
Markt Rettenbach
Oberegg
Gembach

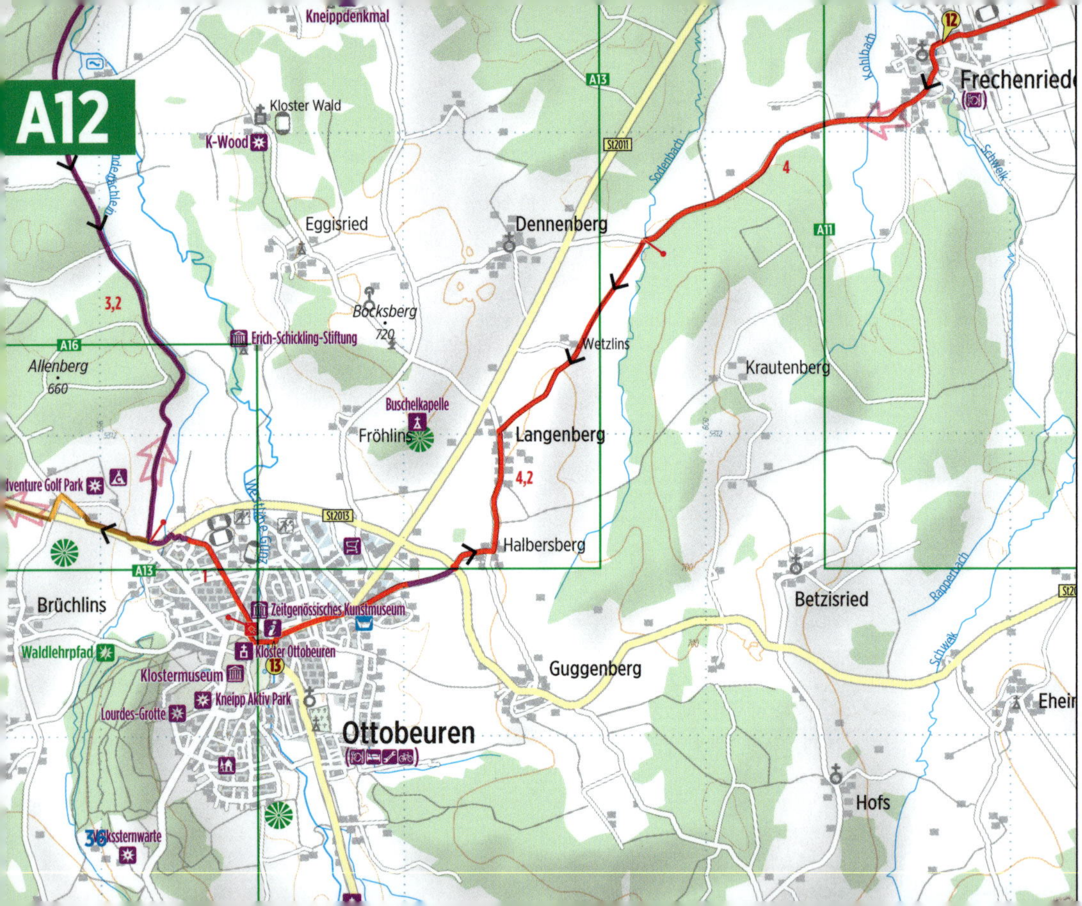

barocke Kloster repräsentiert den materiellen Reichtum und die politische Macht der Reichsabtei. @ aah825

- **Adventure Golfpark**, Hawanger Str. 18, ✆ 2989976 Mit 18 abwechslungsreichen Bahnen. @ brc615
- **Allgäuer Volkssternwarte**, Wolferts 40, ✆ 9366058 Im Observatorium erhalten Sie faszinierende Einblicke in die Welt der Gestirne. @ gae123
- **Kneipp-Aktiv-Park.** Mit Erlebnistreppe und Meditationswiese. Im Kurpark kann die Lehre Sebastian Kneipps ganzheitlich erfahren werden. @ riv142
- **Planetenweg**, Marktpl. (24) Entlang des 6 km langen Rundweges wird der Aufbau des Sonnensystems dargestellt. @ aom467
- **Freibad Ottobeuren**, Markt Rettenbacher Str. 2, ✆ 5352, ✆ 921914, @ wmr382

Seit der Gründung der Benediktinerabtei im Jahre 764 leben und wirken in Ottobeuren bis heute ununterbrochen Benediktinermönche. Die Abtei ist der größte und besterhaltene sakrale Komplex des 18. Jahrhunderts in Deutschland.

Von Ottobeuren nach Memmingen *23,5 km*

13 Rechts auf den **Marktplatz** ~ in einem Rechtsbogen an der Basilika vorbei ~ rechts in die **Bergstraße** ~ nach dem Schulzentrum wenige Meter vor der St 2013, links auf den Radweg ~ die Straße auf einer Brücke überqueren ~ an der St 2013 entlang.

Benediktinerabtei Ottobeuren

VARIANTE Hier bietet sich die Möglichkeit, die Tour um knapp 24 km abzukürzen, allerdings verpassen Sie dann die sehenswerte Stadt Memmingen. Fahren Sie dazu geradeaus über Moosbach nach Hetzlinshofen. Die Variante ist in der Karte in Orange dargestellt.

Bei der nächsten Möglichkeit rechts ~ auf dem Bahntrassen-Radweg geht es gemütlich durch Felder, Wiesen und schattige Waldstücke.

Eggisried (Ottobeuren)

Vorwahl: 08332

Erich-Schickling-Stiftung, Eggisried 29, ✆ 936424, ✆ 0171/9715083 Die Glasfenster und Hinterglasbilder des Künstlers Erich Schickling verbinden in ihrer Farbigkeit Natur, Architektur, Kunst und Religion. @ pom734

Sie rollen stetig bergab ~ **14** an der Kreuzung mit dem **Stephansrieder Weg** geradeaus ~ links kommen Sie nach Hawangen ~ zwischen **Ungerhauser Wald** und **Hundsmoor** entlang ~ rechter Hand schlängelt sich die

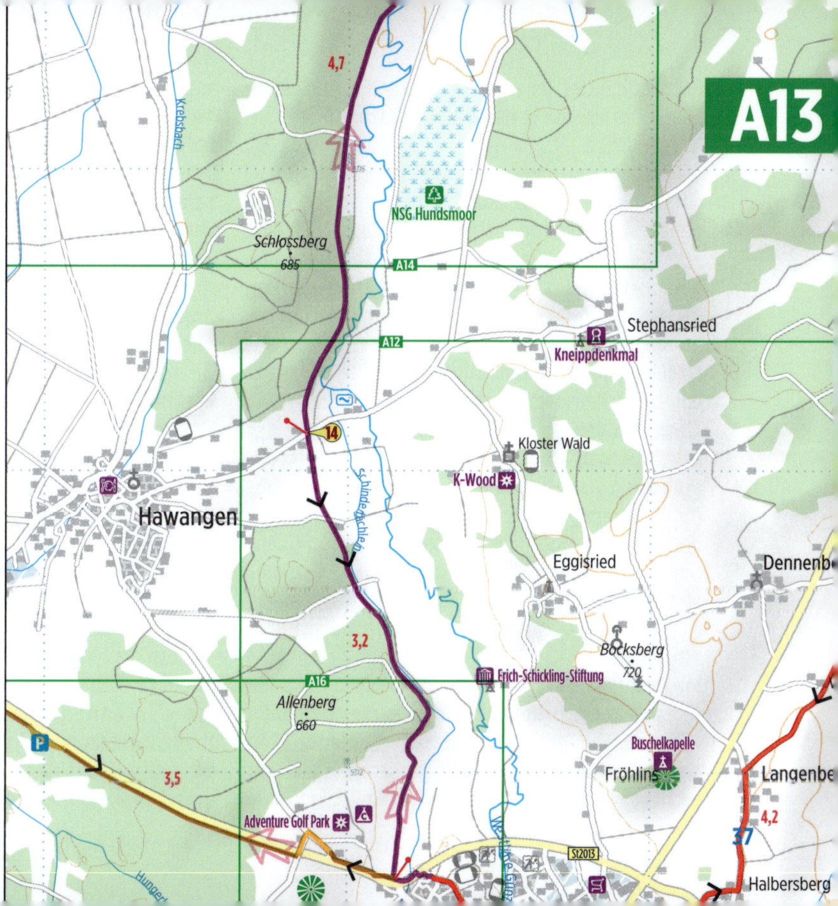

Günz durch das Tal ⤳ am Ortsbeginn von Westerheim dem Verlauf in den **Bahnweg** folgen.

Westerheim

An der T-Kreuzung links, **Ungerhauser Straße** ⤳ dem Linksbogen aus dem Ort hinaus folgen ⤳ es geht bergauf und der Asphaltweg endet ⤳ auf dem Forstweg ein Stück am Waldrand entlang ⤳ schnurgerade und stetig bergauf durch den Wald ⤳ an der Kreuzung geradeaus ⤳ bergab, aus dem Waldstück bis an die Vorfahrtsstraße ⤳ links und in die nächste Straße rechts, **Krebsbachstraße** ⤳ am Siedlungsrand von Ungerhausen entlang.

Ungerhausen

Leicht bergab bis zur Kreuzung mit dem **Schwellmahdweg** bzw. **Bergstraße** ⤳ diese geradeaus queren ⤳ parallel zum Krebsbach an der Teichanlage vorbei ⤳ unter den Bahngleisen und der A 96 hindurch ⤳ der Weg mündet in die **Obere Krebsbachstraße** ⤳ vor bis zur Kreuzung mit der Hauptstraße ⤳ links und gleich rechts, **Untere Krebsbachstraße**.

Holzgünz

Im Rechts-Linksschwenk dem Verlauf der Straße folgen ⤳ an der Kreuzung links in die **Hartstraße** ⤳ geradeaus und den Krebsbach queren ⤳ **15** an der T-Kreuzung links ⤳ die nächste Möglichkeit rechts in den **Talweg** ⤳ rechts halten ⤳ die Straße mündet in einen Radweg ⤳ vorbei am Dorfweiher nach Schwaighausen ⤳ geradeaus über die Kreuzung ⤳ am Ortsanfang mündet der Radweg in die **Schwaigstraße.**

Schwaighausen (Holzgünz)

Nach dem Linksbogen im spitzen Winkel rechts, **Unterharter Straße** ⤳ an der Gabelung links, **Gartenstraße** ⤳ stetig leicht bergauf ⤳ links in die **Höhenstraße** Richtung Eisenburg ⤳ schnurgerade über zwei Kreuzungen ⤳ entlang von Feldern erblicken Sie schon von Weitem Schloss Eisenburg ⤳ im Rechtsbogen bergauf nach Eisenburg.

Eisenburg (Memmingen)

Eisenburger Schloss, Schlossweg. Das Schloss (1567) wurde im Dreißigjährigen Krieg zerstört und danach 1653 wieder aufgebaut. Nach einem Brand in der Silvesternacht 1926/27 wurde es in der heutigen schlichten Form wieder aufgebaut.

Dem Verlauf der **Trunkelsberger Straße** folgen ⤳ stark bergauf an der Kapelle vorbei ⤳ an der Kreuzung mit der Vorrangstraße links, **Bergstraße** ⤳ diese geht in die **Amendinger Straße** über ⤳ Sie rollen nun stetig bergab und am Eisenburger Schloss vorbei ⤳ am Ende der Siedlung rechts auf den straßenbegleitenden Radweg ⤳ ein Stück am Wald entlang ⤳ über eine Brücke den Haienbach queren ⤳ im Linksbogen an Schloss Grünenfurt vorbei.

Amendingen (Memmingen)

Schloss Grünenfurt. Das 1737 erbaute Landschloss ist von einem englischen Landschaftsgarten umgeben. Es befindet sich in Privatbesitz und kann nicht besichtigt werden.

16 die Bahngleise unterfahren und bis zum Kreisverkehr ⤳ auf dem Radweg bei der zweiten Möglichkeit die Straße queren ⤳ folgen Sie der Beschilderung des Radwanderweges Bayerisch-Schwäbische Roth (BSR) ⤳ an dem großen Parkplatz und dem Firmengelände vorbei ⤳ unter der **A 96** hindurch ⤳ der Radweg verläuft durch das Gartenschaugelände **"Stadtpark Neue Welt"** ⤳ nach dem Biergarten den Schumacherring unterfahren ⤳ parallel zur Straße durch die Grünanlage ⤳ der Beschilderung "BSR" folgen.

Memmingen

Vorwahl: 08331

- **Stadtinformation**, Marktpl. 3, ✆ 850173, @ rbv332
- **MEWO Kunsthalle**, Bahnhofstr. 1, ✆ 850771 Zeitgenössische Kunst – neben Malerei werden auch Exponate der Grafik, Fotografie und auch der Bildhauerei präsentiert. @ yaj733
- **Antoniter-Museum**, Martin-Luther-Pl. 1, Museen im Antonierhaus, ✆ 850245 Dokumentation über das Leben und Wirken des Hospitalordens der Antoniter, die 1214-1562 in Memmingen wirkten. @ ulp811
- **Strigel-Museum**, Martin-Luther-Pl. 1, Museen im Antonierhaus, ✆ 850245 Mal- und Bildhauerkunst der Künstlerfamilie Strigel, die Kunstwerke

A14
Reutehof
Unterhart
Holzgünz
Hipp
Unterwesterheim
Westerheim
Ziegelberg
Schloss Eisenburg
Schwaighausen
Eisenburg
Grünenfurt
Schloss Grünenfurt
Amendinger Str.
Höhenstr.
Schwaigstr.
Hartstr.
Kohlbach
Krebsbach
Hajenbach
Memminger Ach
Kneippanlage
Ungerhausen
Oberweste
Amendingen
Trunkelsberg
Ehem. Bahntrasse
Stadtpark Neue Welt
Künersberg
Memmingen
Allgäu Airport Memmingen
NSG Hundsmoor
Schlossberg
685
St. Martin
MEWO Kunsthalle
Memmingerberg
A96
A15
A13
MN17
St2013
St2020
15
16
17
3
2,8
1,6
2
3
4,7
2,4
39

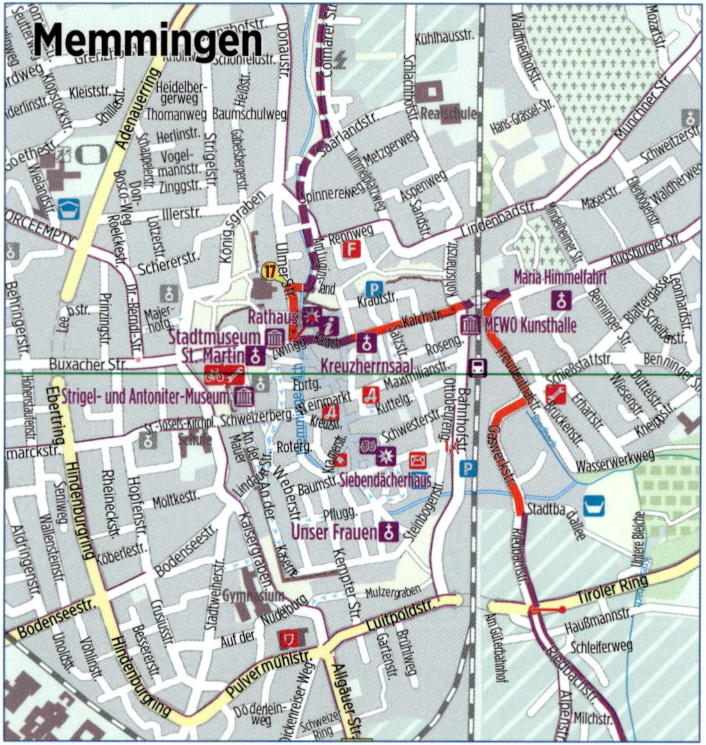

Rathaus und Marktpklatz in Memmingen

der Spätgotik und Frührenaissance geschaffen haben. @ fov645

Parishaus, Ulmer Str. 9, ✆ 856733 Ⓔ Patrizierhaus von 1736 mit Repräsentationsräumen, wechselnde Ausstellungen. @ tgk352

Stadtmuseum mit Heimatmuseum Freudenthal/Altvater, Zangmeisterstr. 8, im Hermansbau, ✆ 850134 Ⓔ Die in dem spätbarocken Stadtpalais untergebrachte Sammlung gibt Einblick in Geschichte und Kultur der Stadt. Besonders sehenswert sind die Barockgalerie mit Gemälden von Johann Heiss (1640-1704) und die Stücke der Fayencemanufaktur Künersberg aus dem 18. Jh. Das Heimatmuseum Freudenthal zeigt eine Ausstellung über die Heimatvertriebenen aus dem Altvatergebirge im Sudetenland. @ tmq453

St. Martin, Martin-Luther-Pl. 8, ✆ 856920 Ⓣ Die spätgotische Kirche aus dem 14./15. Jh. mit dem 66 m hohen Turm ist das Wahrzeichen der Stadt. Im Inneren sind die barocke Kanzel, das wertvolle spätgotische Chorgestühl (1501-1507) und viele weitere Kunstwerke sehenswert. @ aul578

Unser Frauen, Frauenkirchpl. 4, ✆ 2253 Ⓣ In der dreischiffigen Basilika (15. Jh.) sind v. a. die Fresken aus dem 15. und 16. Jh. und die Hawanger Madonna sehenswert. @ myr565

- **Rathaus**, Marktpl. 1. Das Gebäude wurde 1589 im Stil der Renaissance erbaut und im 18. Jh. im Rokoko-Stil umgestaltet.
- **Siebendächerhaus**, Gerberpl. Das Siebendächerhaus im Gerberviertel ist eines der markantesten Häuser der Stadt. Der hohe Giebel mit aufklappbaren Seitenluken diente einst den Gerbern zum Trocknen der Felle.
- **Steuerhaus**, Marktpl. 16. Sehenswert am dreigeschossigen Haus aus dem 15. Jh. sind der Laubengang und die Fassadenmalerei.
- **Kreuzherrnsaal mit ehem. Kloster**, Hallhof 5, ✆ 850131 Anf. des 13. Jhs. als Kloster des Heilig-Geist-Ordens gegründet, wurde ein Teil der Anlage ab dem 14. Jh. reichsstädtisches Hospital. Die spätgotische Hallenkirche war ehemals Klosterkirche und wurde ab 1709 im Stil des Barock umgestaltet. Besonders sehenswert sind die Fresken von Johann Friedrich Sichelbein und der Wessobrunner Stuck von Matthias Stiller. Es werden wechselnde Ausstellungen gezeigt. @ hgv432
- **Stadtbefestigung**. Von der ursprünglich 2.850 m langen Stadtmauer sind heute noch 1.400 m erhalten. Sehenswert sind u. a. das Kempter Tor (1339), das Ulmer Tor (1445), das Lindauer Tor und der Betteltürm.
- **Freibad**, Stadtbadallee 1, ✆ 494029, @ moq246
- **Hallenbad**, Dr.-Berndl-Pl. 3, ✆ 64304, @ qxs266

Von Mammo über Mammingin zu Memmingen – die Entwicklung des Namens lässt ahnen, wie sich die Stadt über die Jahrhunderte hinweg gewandelt hat. Memmingen reift von einer kleinen Siedlung in spätrömischer Zeit zur Freien Reichsstadt, zur urbanen Perle im schwäbisch-bayerischen Voralpenland heran. Sie ist eine der wenigen Städte Schwabens, die sich einen

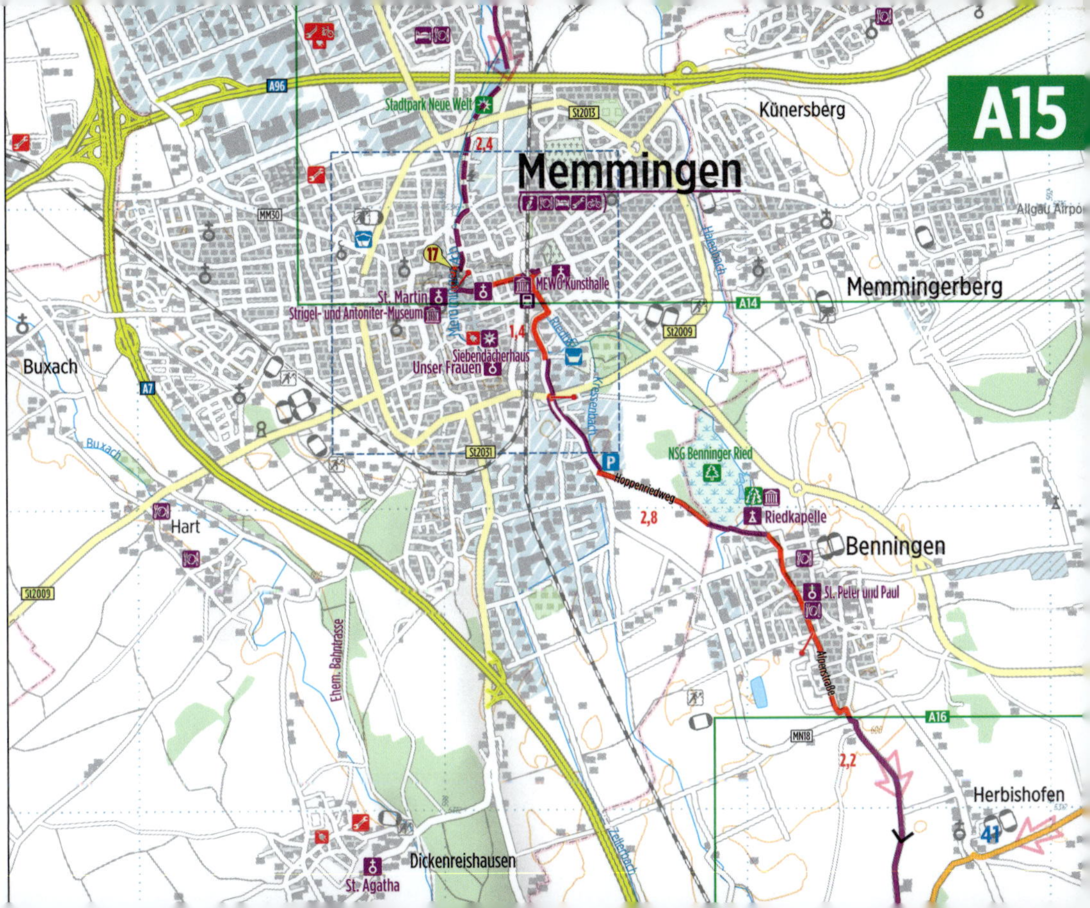

geschlossenen mittelalterlichen Kern erhalten konnten. Gotische Bauwerke, mittelalterliche Zunfthäuser und die Rokoko-Bauten vermitteln ein buntes Bild von mehr als 850 Jahren Stadtgeschichte.
Eine besondere touristische Anziehungskraft hat Memmingen auch durch die Kreuzherrnkirche. Die ehemalige Spitalkirche gehörte zum Kloster des Heilig-Geist-Ordens, der sich der Armen- und Krankenpflege verschrieben hatte. Die Mitglieder des Ordens wurden auch Kreuzherrn genannt. Im Jahr 1709 wurde die zweischiffige chorlose Kirche barock umgestaltet. Dabei entstand die wertvolle spätbarocke Stuckdecke mit den Fresken von Johann Friedrich Sichelbein. Heute wird der als Konzert- und Ausstellungsort genutzte Kreuzherrnsaal als Perle an der Oberschwäbischen Barockstraße bezeichnet.

An der Ampelanlage die Straße **An der Neumühle** queren ~ weiter geradeaus auf dem Rad- und Fußweg ~ mittels Ampel die Straße **Am Kuhberg** queren ~ auf Kopfsteinpflaster fahren Sie durch das Tor der Stadtmauer ~ zwischen Memminger Ach und alter Stadmauer am **Betteltum** vorbei ~ beim nächsten Einlass rechts über den Steg ~ **17** der Radweg endet.

TIPP: Nehmen Sie sich etwas Zeit und genießen Sie die vielfältige Gastronomie und lassen sich vom mittelalterlichen Charme verführen.

Von Memmingen nach Illerbeuren — *29,6 km*

17 An der Kreuzung mit der **Ulmer Straße** links ~ vorbei an der **St. Johann Baptistkirche** erreichen Sie den **Marktplatz** ~ links durch die **Fußgängerzone** ~ geradeaus über die **Kalchstraße** bis zur Kreuzung mit der **Kohlschanzstraße** ~ diese linksseitig queren und in den Radweg, der sich unter den Bahngleisen durchschlängelt ~ im Spitzen Winkel rechts in die **Freudenthalstraße** ~ an der Kreuzung rechts, **Gaswerkstraße** ~ an den Stadtwerken vorbei und über eine kleine Brücke ~ auf der **Riedbachstraße** durch das Gewerbegebiet ~ die große Ampelkreuzung queren und auf den linksseitigen Radweg ~ beim zweiten Firmenparkplatz links, **Hoppenriedweg**, Richtung Benninger Ried ~ der Weg mündet in einen Radweg ~ über den Riedbach bis zur Kreuzung ~ hier rechts halten, **Kapellenweg**.

TIPP: Links kommen Sie zum Naturschutzgebiet mit Museum und Kapelle.

Benningen

Benninger Ried Museum, Riedkapelle 2, 08331/86358 Wechselausstellungen, Kräutergarten und ein Themenpark dokumentieren den Lebensraum Moor und geben Auskunft über die Geologie und Entstehungsgeschichte des Benninger Rieds. @ xgx483

St. Peter und Paul, Riedstr. 1. 1725-29 von Simpert Kraemer erbaut, mit barocker Ausstattung.

Riedkapelle, Kapellenweg, 08331/2538, 08331/86358. Die Kapelle wurde nach dem Benninger Hostienwunder, das im Inneren auf acht Tafeln dargestellt wird, erbaut. Im 17. Jh. wurde die Kapelle erweitert und der heutige Turm errichtet. @ rwx325

Naturschutzgebiet Benninger Ried, Hammerschmiede 4 (24) Das 22 ha große Quellgebiet beheimatet eine bedrohte Tier- u. Pflanzenwelt. Die Nasswiesen sind der weltweit einzige Platz, an dem die Riednelke wächst. @ alk255

An der Weggabelung rechts halten ~ die Memminger Straße queren, **Raiffeisenstraße** ~ dem Straßenverlauf folgen ~ zwei Straßen queren ~ an der Kreuzung bei der Kirche geradeaus in die **Alpenstraße** ~ geradewegs durch Benningen ~ nach der Linkskurve am Ortsende rechts ~ vor zur Kreisstraße **MN 18** ~ diese queren und geradeaus in den Radweg ~ entlang von Wiesen und Feldern fahren sie leicht bergauf nach Hetzlinshofen ~ linker Hand sehen Sie den Kirchturm von Herbishofen ~ der Radweg endet.

Hetzlinshofen (Lachen)

18 Bei einer Rastbank mit drei Linden rechts halten

~ geradeaus in die **Woringer Straße** ~ hier trifft die Variante der Abkürzung auf die Hauptroute ~ unter einer Hochspannungsleitung hindurch ~ für rund 450 m an einer Bahnlinie entlang ~ beim Bahnübergang die Straße queren und rechts halten ~ der Rechtskurve folgen ~ nach der Linkskurve rechts in den **Haldenweg** ~ geradewegs nach Dietratried.

Dietratried (Wolfertschwenden)

Linksbogen zur Kirche ~ **19** an der **Ortsstraße** rechts und an der ersten Abzweigung rechts in die **Wiesenstraße** ~ vor der Bahnunterführung links abbiegen auf einen Radweg ~ an der Bahn entlang.

Niederdorf (Wolfertschwenden)

Aus dem **Stadtweg** kommend halb rechts auf die **Allgäuer Straße** ~ beim Bürger- und Schützenhaus rechts in die **Lindenstraße** ~ auf einem Radweg nach Wolfertschwenden.

Wolfertschwenden

An der **Hauptstraße** links und durch den Ort ~ rechts in die **Kellerstraße** ~ unter einer Hochspannungsleitung hindurch und unter der Bahnlinie ebenso ~ nach der Unterführung links und an der Bahn entlang ~ beim Bahnübergang rechts und unter der A 7 hindurch ~ halb links über den Kreisverkehr in die **Bahnhofstraße** ~ links in die **Sonnenstraße.**

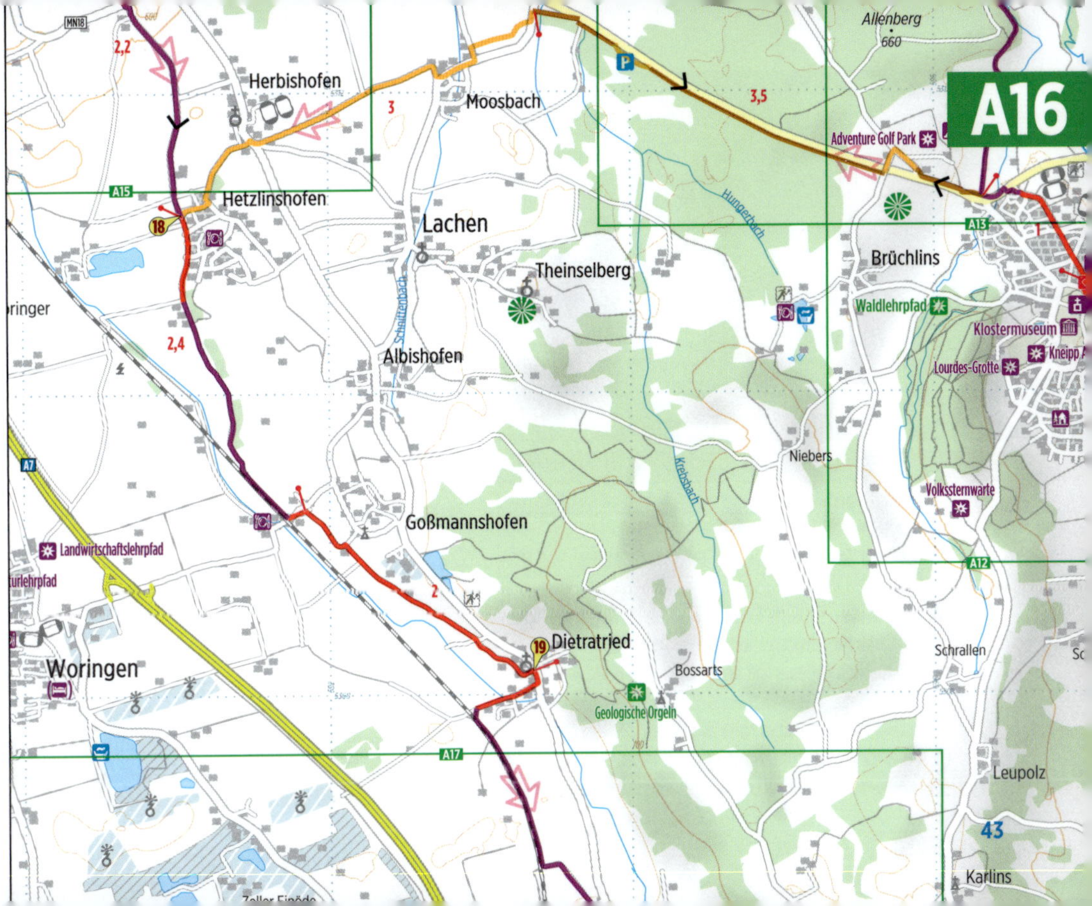

Bad Grönenbach

Bad Grönenbach

Vorwahl: 08334

- **Kur- und Gästeinformation Bad Grönenbach**, Marktpl. 5, ✆ 60531, @ dox511
- **Evangelische-reformierte Kirche**, Marktpl. 10, ✆ 271. Eine der ältesten ev.-ref. Kirchengemeinden Deutschlands. @ rnw368
- **Stiftskirche St. Philippus und Jakobus**, Stiftsberg 15, ✆ 215. Von der ursprünglich romanischen Bergkirche (1136) sind noch die Krypta und das Untergeschoss des Turmes vorhanden. @ hdv128
- **Hohes Schloss**, Pappenheimerstr. 1, ✆ 60531. Das im 13. Jh. erbaute Hohe Schloss wurde im Verlauf einiger Besitzerwechsel mehrfach um- und ausgebaut. Führungen lassen Sie in die Welt der Ritter, Adeligen, Kaufleute und Ordensschwestern eintauchen. @ xui727
- **Kneipptretanlagen**, Sonnenstr. (24) Die Kneippanlagen in der Nähe vom Marktplatz, im Kurpark und beim Schlossweiher bringen an warmen Tagen wohltuende Erfrischung.
- **Schloss Aktiv Park**, Rothensteiner Str., westlich des Hohen Schlosses, ✆ 60531. Auf einem weitläufigen Parcours können Sie spezielle Bewegungsabläufe und Ihr Gleichgewicht trainieren. Zudem regen Outdoor-Geräte zum Muskeltraining an. @ brv715
- **Kräuter- u. Kreislehrgarten**, Pappenheimerstr. 2, vor dem Hohen Schloss, ✆ 60531 (24) Enorme Sortenvielfalt auf 4.000 m^2 an heimischen und fremdländischen Zier-, Nutz- und Kräuterpflanzen. @ rqm447
- **Walderlebnispfad**, Rothensteiner Str., Waldparkplatz am Ortsende von Bad Grönenbach, ✆ 60531. 2,8 km langer Rundweg mit Informationen zum Ökosystem Wald. @ utg368
- **Naturfreibad „Bad Clevers"**, Memminger Str. 51, ✆ 1300, @ awb152

Bad Grönenbach kann auf eine langjährige Geschichte zurückblicken. Begonnen hat alles mit den Franken, die sich im 7. und 8. Jahrhundert an der Hangkante angesiedelt haben. Vor 900 Jahren wurde die Siedlung „am grünen Bach" – Grönenbach – erstmals in einer Urkunde für das Kloster Ochsenhausen erwähnt. Das Hohe Schloss hatte über das Dorf geherrscht, und war sehr eng mit der Entwicklung des Ortes verbunden. Das Schloss ist seit Dezember 1996 im Besitz der Gemeinde. Ein ganz bedeutendes Datum ist für Bad Grönenbach jedoch das Jahr 1842, als ein junger Webergeselle – Sebastian Kneipp – nach Grönenbach kam und beim Kaplan Matthias Merkle seine Lateinkenntnisse erlernte. Seit dieser Zeit schwören die Grönenbacher auf das Wasser und seine Heilkraft. Noch heute basiert das Konzept des Naturheilverfahrens von Pfarrer Sebastian Kneipp auf den 5 Säulen: Lebensordnung, Wasser, Bewegung, Ernährung und Pflanzenheilkunde. 1954 erhielt der Markt die Anerkennung als Kneippkurort und 1996 dann die Verleihung des Prädikates Kneippheilbad

20 Am **Marktplatz** mit dem Brunnen in der Mitte links daran vorbei in eine Wohnstraße ~ links auf die **Marktstraße** ~ rechts in die **Rothensteiner Straße** ~ steil bergauf und nach kurzer Abfahrt rechts abbiegen ~ bergab und durch den Weiler **Rothmoos** ~ an der nahen Gabelung links.

Oberbinnwang (Kronburg)

- **Rundweg Illerschleife.** (3,6 km) Einer der schönsten Wanderwege im gesamten Unterallgäu bietet sowohl Blicke von oben auf die Illerschleife, führt aber auch auf urigen Pfaden direkt an der Iller entlang. Den Weg erreicht man, indem man in Oberbinnwang oder Rothmoos rechts Richtung Iller abbiegt. Das Fahrrad kann man z. B. am Naturfreundehaus bei Rechberg abstellen.

Im Ort rechts Richtung Kronburg ~ unter einer Hochspannungsleitung hindurch nach Unterbinnwang.

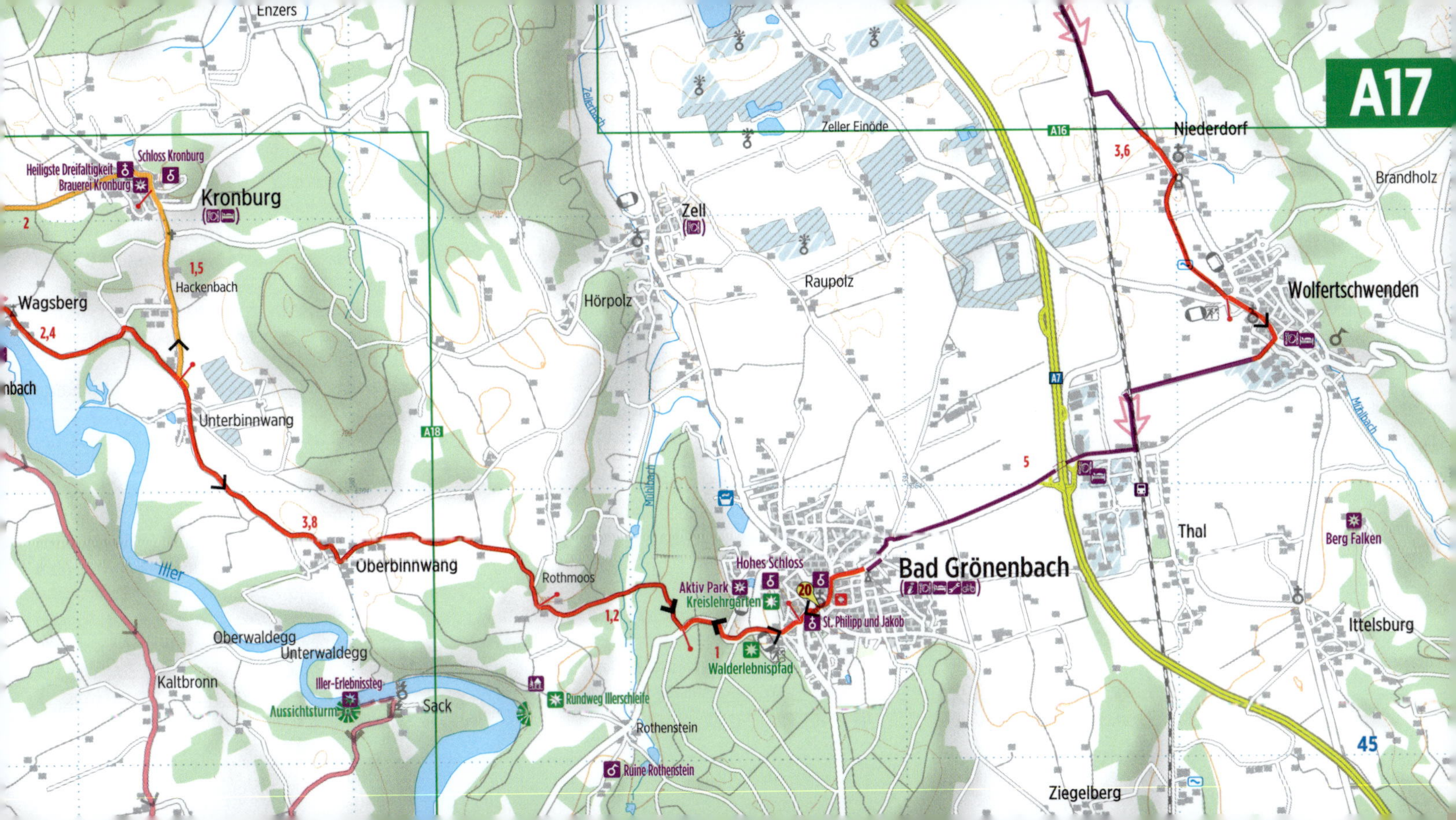
A17
Enzers
Zellerbach
Zeller Einöde
A16
Niederdorf
3,6
Brandholz
Heiligste Dreifaltigkeit
Schloss Kronburg
Brauerei Kronburg
Kronburg
2
Zell
Raupolz
1,5
Hackenbach
Hörpolz
Wolfertschwenden
Wagsberg
2,4
A7
Unterbinnwang
A18
Mühlbach
5
Mühlbach
3,8
Thal
Berg Falken
Iller
Oberbinnwang
Rothmoos
Hohes Schloss
Bad Grönenbach
Aktiv Park
Kreislehrgarten
20
1,2
St. Philipp und Jakob
Ittelsburg
Oberwaldegg
Unterwaldegg
1
Walderlebnispfad
Kaltbronn
Iller-Erlebnissteg
Aussichtsturm
Sack
Rundweg Illerschleife
Rothenstein
Ruine Rothenstein
Ziegelberg

Illerbeuren, Illermühle

Unterbinnwang (Kronburg)

Geradeaus Richtung Illerbeuren ⤳ an der T-Kreuzung links.

AUSFLUG Hier bietet sich ein Ausflug nach Kronburg an. Kurz vor Illerbeuren treffen Sie wieder auf die Hauptroute.

Kronburg

Vorwahl: 08394

Heiligste Dreifaltigkeit, Illerbeurer Str. 11. Die Kirche stammt aus dem Jahr 1583. Das Innere wurde 1786 klassizistisch umgestaltet und 2015 renoviert.

Schloss Kronburg, Burgstr. 1, ✆ 271. Das Schloss ist eines der schönsten Renaissance-Schlösser in Bayern. Bereits im 13. Jh. wurde eine gleichnamige Burg an diesem Standort erwähnt. Die heutige Schlossanlage stammt aus dem Anfang des 18. Jhs. und ist in Privatbesitz. Der Schlosshof ist ganzjährig geöffnet, das Schloss selbst kann von Mai-Okt. nur im Rahmen von Gruppenführungen nach tel. Anm. besichtigt werden. @ eri878

Brauerei Kronburg, Hauptstr. 21, ✆ 237 Die Traditionsbrauerei mit Gasthof und Biergarten wird seit 1891 von der Familie Schweighart geführt und ist ein beliebtes Ausflugsziel. Brauerei-Führung auf Anfrage. @ iln318

Wagsberg (Kronburg)

Vorwahl: 08394

Illerfähre Wagsberg, ✆ 665. Fährzeiten: Mai-Okt., 10-12 u. 13-17 Uhr. Zur Nutzung der kleinen Ruderboot-Fähre ist eine Anmeldung am Vortag ab 18 Uhr notwendig. Fähre nimmt nur Personen und keine Fahrräder mit. @ yck671

Auf geradem Weg durch den Ort ⤳ Sie kommen auf der **Kronburger Straße** nach Illerbeuren.

Illerbeuren (Kronburg)

Vorwahl: 08394

Gemeindeamt, Museumstr. 1, ✆ 206, @ fdk745

Schwäbisches Bauernhofmuseum, Museumstr. 8, ✆ 1455, ✆ 9260119 Das Museum informiert über die ländliche Baukultur und zeigt mehr als 30 alte Bauernhäuser aus 4 Jahrhunderten sowie Möbel und Hausrat. Auch selten gewordene Haustierrassen und alte Kulturpflanzen sind zu sehen. @ cdr557

Maria Himmelfahrt, Schlotterg. 2, ✆ 224. Die römisch-kath. Kirche wurde ursprünglich im 14. Jh. errichtet und im 18. Jh. barock umgestaltet sowie mit einem Anbau versehen. Anfang des 20. Jhs. erfolgte eine neugotische Umgestaltung.

Gromerhof, Museumstr. 4, ✆ 594. Der Gromerhof wurde bereits 1373 urkundlich erwähnt. Heute ist das Gebäude in Teilen wieder in den ursprünglichen Zustand versetzt und zum Museumsgasthaus ausgebaut worden. Es werden schwäbische Speisen serviert. Mit Biergarten. @ vnd561

Historische Eisenbahnbrücke. Die 90 m lange Illerbrücke wurde 1903/1904 erbaut und im Jahr 2019 völlig neu saniert. Der Radweg führt direkt über das historische Bauwerk.

Illerbeuren ist ein Ortsteil von dem westlich gelegenen Kronburg. Im Zentrum des recht kleinen Ortes befindet sich das Schwäbische Bauernhofmuseum – es wurde bereits 1955 gegründet und ist eines der ältesten Freilichtmuseen Deutschlands. Gründer des Museumsdorfes war Hermann Zeller. Die ältesten der hier zu besichtigenden Häuser und Höfe stammen aus dem 17. Jahrhundert. Mit den Gebäuden, dem Interieur, den Handwerksstätten und Landmaschinen sowie Spezialsammlungen und Ausstellungen wird ein anschaulicher Eindruck vom bäuerlichen Leben über 4 Jahrhunderte vermittelt. Zudem kann Handwerkern über die Schulter geschaut werden, alte Haustierrassen und Kulturpflanzensorten sind

A18
Illerbeuren
Schwäbisches Bauernhofmuseum
Gromerhof
Maria Himmelfahrt
Kronburger Str.
Historische Eisenbahnbrücke
Schloss Lautrach
Schlosspark
St. Peter und Paul
Lautrach
Kneipp-Anlage
Dilpersrieder Str.
Heiligste Dreifaltigkeit
Schloss Kronburg
Brauerei Kronburg
Kronburg
Hackenbach
Wagsberg
Fischtreppe
Maria Steinbach
Wallfahrtskirche
Wallfahrtsmuseum
Unterbinnwang
Oberbinnw
Iller
Ampo
Oberwaldegg
Unterwaldegg
Kaltbronn
Iller-Erlebnissteg
Aussichtsturm
Engelharz
Witzenberg
Legau
Rapunzel-Museum
St. Gordian und Epimachus
Lehenbühl
Wallfahrtskirche
Hub
Graben
Haid
Aichstetten
Altmannshofen
Schloss Altmannshofen
Eschach
Blutsberg
715
Rochuskapelle
Sommerstall
Altmannspeier
Laubener Brunnen
Baden-Württemberg
Bayern
Hofcafé Bernhard
Ottmannshofen
Dilpersried
Rotis
Hochberg
745
Kohlstattbach
Reichenbach
Kummerbach
Aitrach
Ach
Legauer Ach
Mühlbach
L260
St2009
A17
A19
47
0,5
0,2
0,2
0,8
1,2
0,8
1,4
3,5
2
1,5
2,4
3,8
21

zu sehen und Feste sowie Veranstaltungen lassen das Museum lebendig werden. Für viele Besucher sind die Bauerngärten sogar ein besonderer Anziehungspunkt.

Im Ort rechts Richtung Kirche, **Museumsstraße** ~ nach der Museumsgaststätte im spitzen Winkel links, **Schmiedbergstraße** ~ an der Kreuzung rechts ~ weiter auf der **Illerstraße** ~ **21** links auf den Radweg entlang der alten Bahntrasse.

Von Illerbeuren nach Leutkirch

14,1 km

Lautrach

St. Peter und Paul, Kirchtalstr. 4. Die denkmalgeschützte röm. kath. Pfarrkirche aus dem 18. Jh. ist als Langhaus mit vier Fensterachsen und zwei Kapellen angelegt. Sie ist sowohl von außen als auch von innen sehenswert. Die Glocke stammt aus dem Jahr 1092.

Schloss Lautrach, Schlossstr. 1. Als Ersatz für das abgebrannte „Alte Schloss" entstand zwischen 1781 und 1784 auf Anordnung des Fürstabtes von Kempten das „Neue Schloss". Zuerst prunkvolle Residenz, Jagdschloss und Demonstration fürstäbtlicher Macht, fiel es 1803 im Zuge der Säkularisation an den bayerischen Staat. 1838 wurde das Schloss zu einer Bildungsanstalt für höhere Töchter ausgebaut, später in den 1920er Jahren als Treffpunkt und Wirkungsstätte der modernen Wissenschaft genutzt. Heute ist das imposante dreistöckige Gebäude ein Tagungs- und Seminarhotel. @ uyf241

Schlosspark, Schlossstr. Weitläufige Parkanlage mit barocken Figuren, einem Wasserspiel, Bänken und schmucken Blumenrabatten.

Auf dem Radweg über die Iller ~ leicht bergauf geht es durch den Wald ~ Sie gelangen an eine Asphaltstraße ~ hier rechts zur Vorfahrtsstraße ~ diese geradeaus überqueren ~ quer über die Felder an die **Dilpersrieder Straße** ~ links abbiegen und an der Straßengabelung rechts halten ~ dem Straßenverlauf folgen ~ stetig bergauf erreichen Sie Dilpersried.

Dilpersried (Lautrach)

Weiter der **Dilpersrieder Straße** folgen ~ bergauf kommen Sie an die Vorfahrtsstraße und halten sich links ~ auf der Kreisstraße bergab ~ im

Wald bergauf ⤳ **22** am Waldrand gelangen Sie an eine Kreuzung und biegen rechts ab ⤳ erst am Waldrand entlang ⤳ an den Höfen von Hasenberg vorbei ⤳ bergauf ⤳ mit einem wunderbaren Ausblick auf die Berge geht es bergab ⤳ am Hang entlang auf der Kreisstraße ⤳ im Linksbogen der Straße geradeaus Richtung Balterazhofen ⤳ bergauf kommen Sie nach Balterazhofen.

Balterazhofen (Leutkirch im Allgäu)

Waldkapelle. Nach einem kurzen Fußweg eröffnet sich ein imposanter Blick auf die Nagelfluhkette mit dem markanten Hochgrat bis hin zur Zugspitze.

Rechts an der Kapelle vorbei und danach gleich wieder links ⤳ Sie verlassen Balterazhofen und folgen dem Straßenverlauf Richtung Leutkirch ⤳ auf der breiten Asphaltstraße durch das Waldstück ⤳ nach der Linkskurve geht es bergab ⤳ bei der sternförmigen Kreuzung links halten und weiterhin auf der breiten Asphaltstraße ⤳ zur Linken befindet sich der Stadtweiher ⤳ am Waldrand entlang ⤳ an der Vorfahrtsstraße rechts, **Kemptener Straße** ⤳ bei der Ampelkreuzung rechts Richtung Stadtmitte ⤳ entlang der gepflasterten Einbahnstraße gelangen Sie in die Fußgängerzone ⤳ halten Sie sich links über den **Marktplatz**.

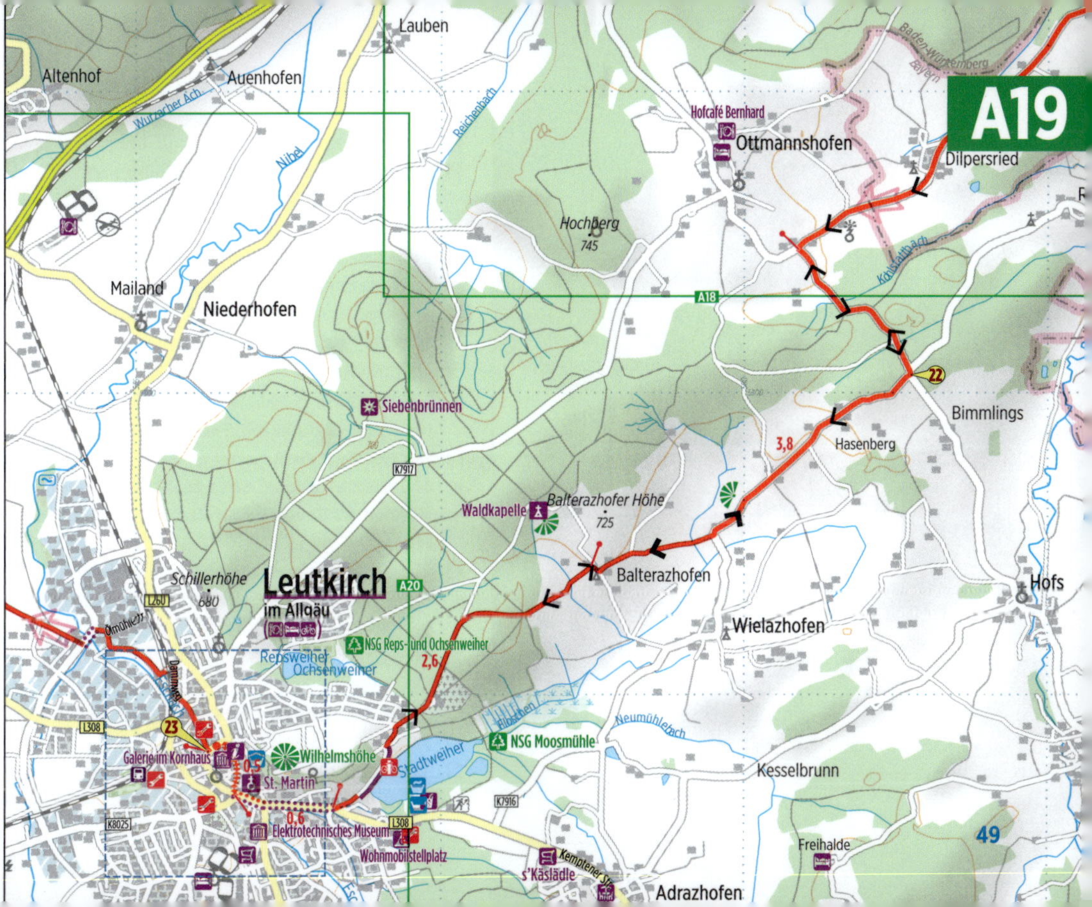

Innenstadt von Leutkirch, Schneegasse und Bockturm

Leutkirch im Allgäu

Vorwahl: 07561

- **Touristinfo**, Marktstr. 32, Gotisches Haus, 87154, @ sbt668
- **Elektrotechnisches Museum**, Eichenstr. 3, 912047, 985349 Zeitreise durch die Entwicklung des elektrischen Stromes. @ hpc738
- **Galerie im Kornhaus**, Kornhausstr. 1, 87171 Die Galerie zeigt wechselnde Ausstellungen überregionaler zeitgenössischer Kunst sowie Ausstellungen regionaler Künstler. @ ggh856
- **Museum im Bock**, Gänsbühl 9, 87154 Das Museum erzählt die Geschichte der Stadt, ihrer Bewohner und der umliegenden Voralpenlandschaft. @ ror521
- **Dreifaltigkeitskirche**, Evangelische Kirchg. 19. Die Kirche (1613-15) war im überwiegend katholischen Oberschwaben die erste Predigtsaalkirche.
- **Stadtpfarrkirche St. Martin**, Marienpl. 2, 8489570. Die Kirche (1519) ist als „Leutekirche" namensgebend für die Stadt und beherbergt neben Resten der gotischen Ausstattung Kunstwerke von Albert Burkart. @ ehw424
- **Galluskapelle**, Winterberg, an der A 96, 71187. Die Autobahnkapelle auf dem 745 m hohen Winterberg wurde im Jahr 2000 eingeweiht und bietet eine grandiose Bergsicht von der Aussichtsplattform. @ hpk256
- **Pulverturm**, Oberer Graben. Der Turm aus dem 17. Jh. diente zur Lagerung von Schießpulver.
- **Gotisches Haus**, Marktstr. 32, 87154. Das mächtige Gebäude wurde im ausgehenden Mittelalter (1377-1379) erbaut.
- **Historische Stadtführung**, Marktstr., 87154. Im Mittelpunkt der Führung durch die historische Altstadt Leutkirchs stehen das Rokoko-Rathaus mit seinem prächtig ausgestatteten historischen Sitzungssaal, der mittelalterliche Bockturm und das Gotische Haus sowie das geistliche Viertel mit dem alten Kloster und der früheren „Leutekirche" Sankt Martin. @ eki584
- **Kneipp'sche Wassertretanlage**, Balterazhofer Str. 24 Tretbecken mit natürlichem Quellwasser. @ cax278
- **Naturpfad Stadtweiher**, Beim Freibad, 87172 24 Auf dem 2,25 km langen Rundgang wird die Geschichte des Weihers, die Nutzungen, Naturschutzaspekte sowie der Stadtwald vorgestellt. @ tgd511
- **Freibad Stadtweiher**, Kemptener Str. 65, 3204, @ vhn125
- **Schwimmhalle Oberer Graben**, Oberer Graben, 87154, @ cvd845

Mit ihren acht Ortschaften und 175 Quadratkilometern Ausdehnung bildet die Große Kreisstadt eine der größten Gemeinden Baden-Württembergs. Schmuckstück der Stadt an der Oberschwäbischen Barockstraße ist das aus dem Jahr 1740 stammende Rathaus mit seinem beeindruckenden Ratssaal und den besonderen Stuckarbeiten. Die sanierte Altstadt mit ihren gemütlichen Gasthäusern und Cafés lädt zu einem entspannenden Bummel ein.

Radrunde Allgäu - Von Leutkirch nach Stiefenhofen 159,4 km

HM/km: ⬀ 7,6 (1.206m) ⬂ 6,6 (1.057m) **Radweg:** 28 % **Unbefestigt:** 3 % **Verkehr:** 5 %

Der zweite Abschnitt führt Sie von Leutkirch durch das Naturschutzgebiet Herrgottsried nach Bad Wurzach, wo es das sehenswerte Schloss zu besichtigen gilt! Durch die Seen-, Weiher- und Moorlandschaft um Immenried und Rötsee, bieten sich interessante Ausblicke auf die Riedlandschaft. In Kißlegg erwarten Sie das Alte und das Neue Schloss, in Wolfegg ein weiteres sehenswertes Schloss sowie ein am Ortsrand gelegenes Bauernhaus-Museum. Durch das Naturschutzgebiet Füremoos kommen Sie nach Waldburg mit seiner weithin sichtbaren Wehrburg, danach geht es größtenteils bergab nach Wangen im Allgäu. Hier beginnt ein wunderschöner Streckenabschnitt durch die Landschaft von Argenbühl bis Isny, wo es allerlei Sehenswürdigkeiten zu bestaunen gibt. Sie passieren auf Ihrem weiteren Weg den berühmten Argentobel und erreichen auf einem bestens ausgebauten Radweg Lindenberg im Allgäu. Über die Orte Scheidegg, Weiler und Simmerberg erreichen Sie auf reizvollen Wegen Stiefenhofen und somit das Ende dieses Abschnittes.

Der gesamte Abschnitt ist äußerst steigungsreich und von andauerndem Auf und Ab geprägt. Besonders starke Steigungen erwarten Sie vor Wolfegg, zwischen Wolfegg und Waldburg, hinter Amtzell von Wangen hinauf nach Argenbühl und von Weiler nach Oberreute. Die Route verläuft zum Großteil auf Wirtschaftswegen und verkehrsarmen Kreisstraßen, auf Radwegen entlang der Landstraßen und auf einem wunderbar ausgebauten Radweg zwischen Bahnhof Oberhäuser und Scheidegg. Es gibt nur kurze unbefestigte Abschnitte, ein etwas längerer erwartet Sie durch das Naturschutzgebiet Füremoos.

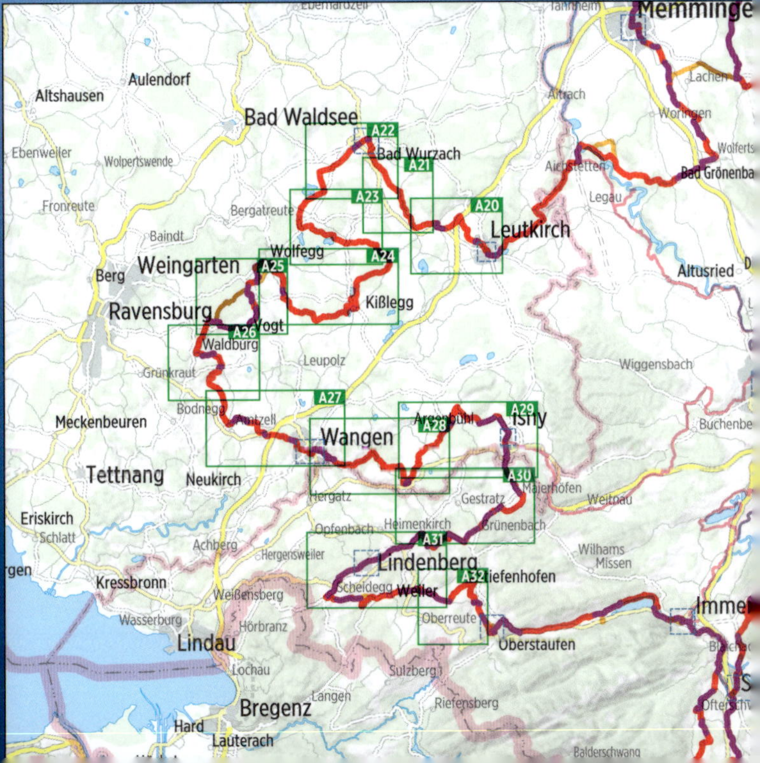

Leutkirch im Allgäu s. S. 50

Von Leutkirch nach Bad Wurzach *17,6 km*

Von der **Kornhausstraße** rechts in die **Bachstraße** ~ wo die Wohnstraße endet, links Richtung Kißlegg und Bad Wurzach ~ den Radschildern folgend **23** rechts in die **Brühlstraße** ~ durch die Wohnstraße bis an die Vorfahrtsstraße ~ hier geradeaus Richtung Bad Wurzach ~ durch die Kleingartenanlage ~ in der Rechtskurve der Straße links hinunter ~ auf dem Rad- und Fußweg unter der Eisenbahn hindurch ~ an der T-Kreuzung rechts halten ~ an der Wiese entlang ~ im Rechtsbogen und an der folgenden T-Kreuzung bei dem riesigen Werk links ~ an der **Zeppelinstraße** links über die Brücke ~ gleich danach rechts Richtung Reichenhofen ~ am Parkplatz entlang und durch den kleinen Kreisverkehr ~ weiter auf dem schnurgeraden Weg durch die Wiesen und Felder ~ im weiten Rechtsbogen ~ links abbiegen bei **24** ~ an einem Hof vorbei ~ geradeaus vor Ihnen liegt Schloss Zeil oben am Berg ~ über die A 96 und an der folgenden Kreuzung links, am Waldrand entlang ~ nach der Linkskurve vor dem einzelnen Hof rechts in den Anliegerweg ~ an den Streuhöfen von **Rostall** entlang und danach an Viehweiden ~ an der **B 465** rechts auf den straßenbegleitenden Radweg ~ an der folgenden Kreuzung in Reichenhofen endet der Radweg und Sie biegen rechts ein zur Kirche.

Reichenhofen (Leutkirch im Allgäu)

An der Kirche vorbei ~ an der Häuserzeile entlang ~ über die Wurzacher Ach ~ links in die **Lorenz-Hengler-Straße** und gleich wieder links ~ mit einem Links-Rechts-Schwenk in den **Laurentiusweg** ~ an der Kreuzung rechts und danach im Linksbogen weiter ~ es geht leicht bergauf am Fuß des Berges entlang ~ Sie kommen nach Diepoldshofen auf der **Pfarrer-Lamprecht-Straße**.

Diepoldshofen (Leutkirch im Allgäu)

Vorwahl: 07561

- **Pferdles Museum**, Pfarrer-Lamprecht-Str. 4, ✆ 984154 Sammlung der Künstlerin Dorothea Schrade von Spielzeug-Pferden, Kunst und auch Bildern zum Thema „Pferd". @ hjk625
- **St. Johann Baptist**, Achtalstr. 14, ✆ 1303. Neugotische Kirche, erbaut 1846 mit altem Turm.
- **Galerie im Pfarrhaus**, Pfarrer-Lamprecht-Str. 1, ✆ 984154 Wechselnde Gemäldeausstellungen der Künstlerin Dorothea Schrade und Besichtigung des barocken Pfarrhauses. @ pwd368

An der **Achtalstraße** rechts, immer Richtung Bad Wurzach ~ an der Baumreihe entlang verlassen Sie den Ort auf der schmalen Kreisstraße ~ bergauf durch den Diepoldshofer Wald ~ bergab aus dem Wald hinaus ~ auf der **Diepoldsho-**

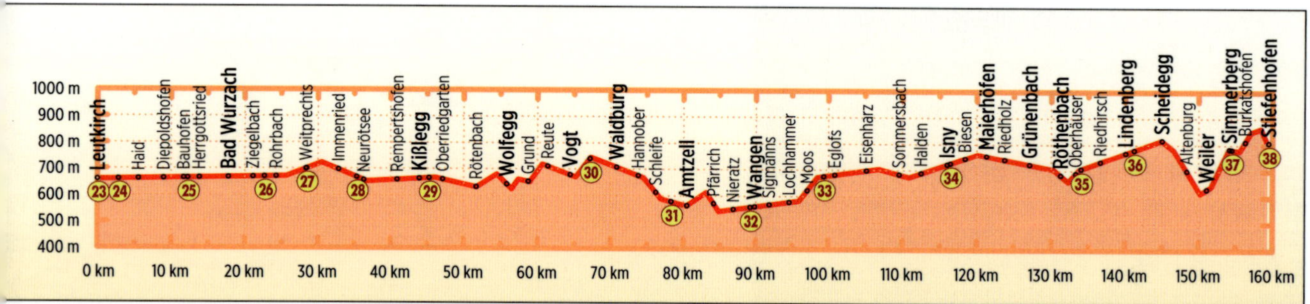

Ausblick von Schloss Zeil auf Leutkirch im Allgäu

fer Straße geht es auf den nächsten Ort zu.

Bauhofen (Bad Wurzach)

Im Rechts-Links durch den kleinen Ort Richtung Bad Wurzach ~ **25** links einbiegen Richtung Bad Wurzach und Truschwende ~ Sie radeln durch das Naturschutzgebiet Herrgottsried ~ danach durch den Weiler **Herrgotts**, an einigen vereinzelten Häusern vorbei ~ es geht bergauf und Sie haben einen wunderbaren Ausblick auf die Landschaft entlang der Wurzacher Ach ~ leicht bergab kommen Sie nach Truschwende ~ auf dem **Prozessionsweg** durch das Örtchen.

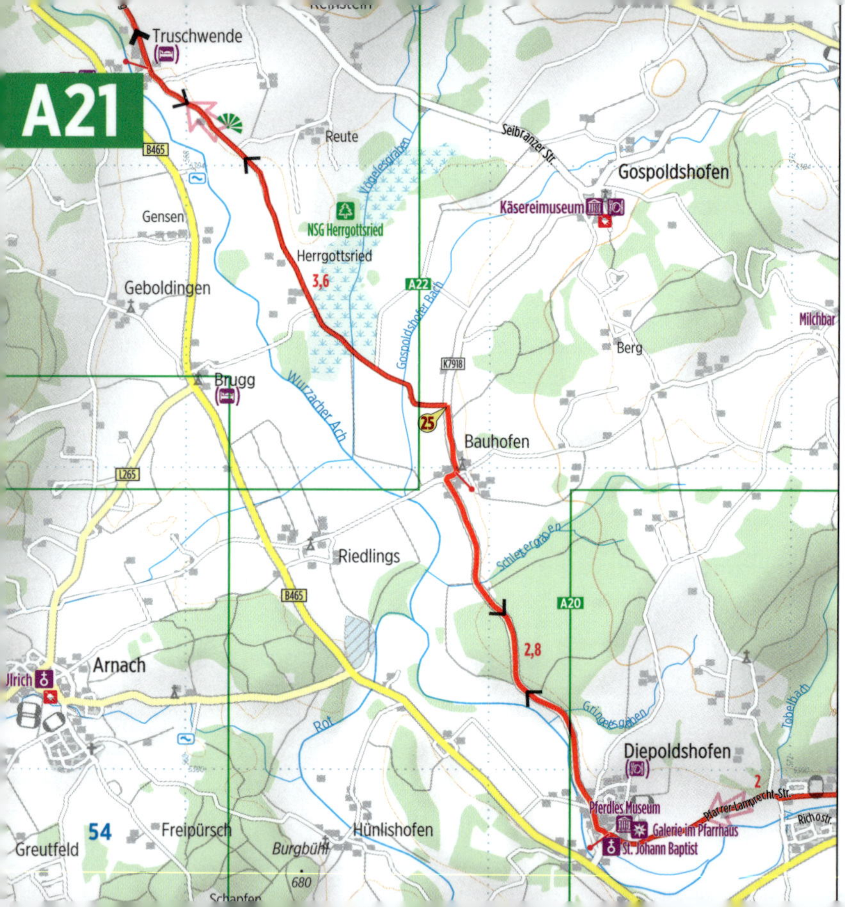

Truschwende (Bad Wurzach)

In Truschwende bergauf ~ Richtung Bad Wurzach über die Kuppe und danach wieder bergauf ~ am **Josenhof** vorbei ~ ein Blick zurück lohnt bei klarer Sicht – Alpenpanorama ~ am Ende des Sträßchens links und die Umgehungsstraße geradeaus überqueren ~ vorbei an der Wallfahrtskirche auf dem **Gottesberg** ~ bergab zur Hauptverkehrsstraße ~ gegenüber befindet sich die Stadtkirche St. Verena ~ dort links abbiegen stadteinwärts ~ vorbei am Naturschutzzentrum und der Bad Wurzach Info in Richtung Rathaus und Schloss auf der **Marktstraße**.

Bad Wurzach

Vorwahl: 07564

- **Bad Wurzach Info**, Rosengarten 1, ✆ 302150, @ yik851
- **Oberschwäbisches Torfmuseum**, Dr. Harry-Wiegand-Str. 4/1, Am ehemaligen Zeiler Torfwerk, ✆ 3167. Das Museum mit Torfbahn und der Lehrpfad (1,5 km) im Wurzacher Ried bringen Ihnen die unterschiedlichen Lebensräume im Moor und den Torfabbau näher. Die Fahrzeiten des Torfbähnle

Ehem. Kloster Maria Rosengarten mit MOOR EXTREM und Bad Wurzach Info

erfahren Sie hier: @ hgj288

- **Sepp-Mahler-Museum**, Ravensburger Str. 21, Leprosenhaus, ✆ 1728 Der Maler und Autor Sepp Mahler wurde 1901 in der Wohnstube des Leprosenhauses geboren. Neben dem originalen Mobiliar werden Bilder, Zeichnungen, Texte, Handschriften und Dokumente aus 60 Schaffensjahren gezeigt. @ ewx536
- **Uhrmacher-Museum**, Marktstr. 20, ✆ 91157 Historische Uhrmacherwerkstätte und Uhren verschiedener Epochen dokumentieren das Handwerk um 1900. @ qsv677
- **Kath. Pfarrkirche St. Verena**, Rosengarten 2. Erbaut 1775-1777, mit markanter Turmfassade, im Innenraum ein bedeutendes Deckenfresko des Malers Andreas Brugger aus Langenargen. @ nnx688
- **Wallfahrtskirche auf dem Gottesberg**, Gottesberg 1, ✆ 948920. In einer Seitenkapelle der Barockkirche (1709) befindet sich die Heilig-Blut-Reliquie. @ qsw213
- **Schloss Bad Wurzach**, Marktstr. 9, ✆ 302150 Sehenswert sind vor allem das barocke Treppenhaus (1723-28) und das schöne Deckenfresko, beides Juwele der Oberschwäbischen Barockstraße. Die Schlosskapelle wird erstmals 1422 urkundl. erwähnt. Wahrzeichen von Bad Wurzach. @ xjk435
- **Galerie im ehem. Kloster Maria Rosengarten**, Rosengarten 3, ✆ 302150 Mehrmals jährlich wechselnde Kunstausstellungen. @ faf634
- **Leprosenhaus**, Ravensburger Str. 59, ✆ 302150 Das Haus vor den Toren der Stadt diente im 13. Jh. als Isolierstation für Leprakranke und später als Lazarett. Es ist ein seltenes Denkmal der Sozial- u. Medizingeschichte aus dem Mittelalter. Am Leprosenberg fanden einst Hexenverbrennungen statt. Im 17. Jh. wurde das Gebäude abgerissen und als

Unterkunft für die Torfstecher neu aufgebaut. Im ältesten Gebäude der Stadt befinden sich ein Museum zur Geschichte des Hauses, das Sepp-Mahler-Museum und eine Gartenanlage mit Kräutern. @ sks355

Naturschutzzentrum Wurzacher Ried, Rosengarten 1, ✆ 302190 Die interaktive Erlebnisausstellung „MOOR EXTREM" bringt dem Besucher die Besonderheiten des Wurzacher Rieds und die Extreme der Moorlandschaft auf einzigartige Weise näher. Modern, interaktiv, multimedial... Lassen Sie sich überraschen! @ mfy844

Hallenbad Bad Wurzach, Kirchbühlstr. 3, ✆ 302270. Mit Kinderbecken und Ruheliegen.

feelMOOR Therme, Karl-Wilhelm-Heck Str. 8, ✆ 3042300 Gesundresort mit Thermalbad, Sauna und Wellnessoase. @ ghu232

In Bad Wurzach hat Gesundheit Geschichte gemacht. Das vielfältige Angebot des Kurortes reicht von klassischen Mooranwendungen in Deutschlands modernster Moorbadeabteilung bis zur Entspannungs- und Bewegungstherapie. Und das nicht erst seit kurzem – Bad Wurzach ist das älteste staatlich anerkannte Moorheilbad in Baden-Württemberg und zugleich eines der jüngsten Thermalbäder. Auch kulturell hat die Stadt einiges zu bieten. So besticht das einstige Residenzstädtchen mit seinem Schloss, das für sein barockes Treppenhaus berühmt ist, und eine der „schönsten Hauskapelle der Welt" im ehemaligen Kloster Maria Rosengarten.

Von Bad Wurzach nach Kißlegg *26,3 km*

Auf der **Marktstraße** am Schloss vorbei ~ im Rechtsbogen der Straße fahren Sie geradeaus in den **Breiteweg** ~ am Stadtrand rechts zur Brücke über die B 465 ~ von dieser blauen Brücke im Linksbogen wieder hinunter ~ durch die Allee stetig bergauf auf dem Breiteweg ~ am Hang entlang, schöner Blick zurück auf Bad Wurzach ~ schließlich leicht bergab nach **Krattenweiler** ~ an den Höfen vorbei auf der **Krattenweiler Straße** ~ an der Kreuzung mit der **Oberziegelbacher Straße** rechts und gleich an der Vorfahrtsstraße, **Barockstraße**, links nach Ziegelbach.

Ziegelbach (Bad Wurzach)

Vorbei an der Kirche durch den Ort ~ am Ortsende beim Wegkreuz rechts Richtung Kißlegg ~ vorbei an den Häusern von **Bechtingers** ~ an der folgenden Kreuzung **26** links in den mit 6 t beschränkten Weg ~ an der Vorfahrtsstraße in der Ortsmitte von Rohrbach rechts, **Am Rohrbach**.

Rohrbach (Bad Wurzach)

Im Rechtsbogen leicht bergauf ~ rechts Richtung Rohr und Kißlegg ~ an den Feldern entlang geht es wellig dahin ~ nach rechts haben Sie einen schönen Ausblick auf den Rohrsee ~ Sie kommen nach Rohr und fahren geradeaus hindurch.

Rohr (Bad Wurzach)

Vogelschutzgebiet Rohrsee. Der Rohrsee ist Landschafts- und Naturschutzgebiet und große Brutstätte für Möwen. Das seichte, 55 ha große Gewässer ist in der Kalteiszeit in einem Toteisloch entstanden.

Auf der **Franziskusstraße** gelangen Sie zum Hof **Einöde Franziskus** und gleichzeitig an die Vorfahrtsstraße ~ hier geradeaus auf den **Wiesenweg** ~ an der folgenden Kreuzung fahren Sie im Linksbogen an die Vorfahrtsstraße ~ an der Kreuzung dann rechts auf die **L 317** ~ bergauf nach Weitprechts.

Weitprechts (Bad Wurzach)

Im Linksbogen und bergauf ~ **27** links in den Weg **Am**

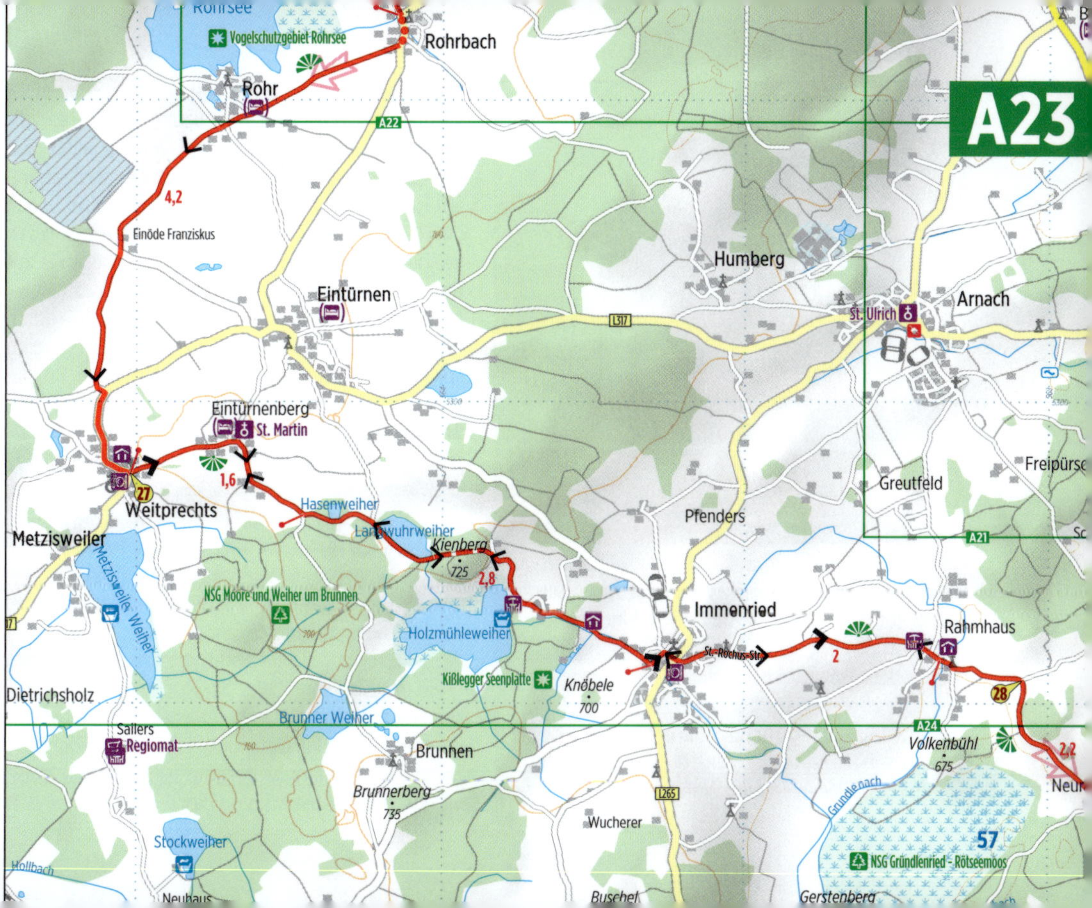

Neues Schloss in Kißlegg

Kreuzberg, stark bergauf ⇝ es eröffnet sich ein wunderbarer Ausblick auf die Westallgäuer Landschaft und auf die imposante Kirche von Eintürnenberg.

Eintürnenberg (Bad Wurzach)

♁ **St. Martin**, Rathausstr. 1. Die von Weitem sichtbare barocke Pfarrkirche blickt auf eine 1.000-jährige Geschichte zurück.

An der Kreuzung rechts, **Klarenstraße** ⇝ bergauf verlassen Sie den Ort ⇝ über die Kuppe und bergab ⇝ durch die Wiesen ⇝ am Waldrand links halten dem Wurzacher Radweg E folgend ⇝ am **Hasenweiher** vorbei ⇝ an der folgenden Kreuzung rechts ⇝ es geht am **Langwuhrweiher** entlang ⇝ auf der schmalen Allee in der Linkskurve weiter ⇝ der Asphalt endet, auf Kies am Waldrand entlang ⇝ bergab und nach der Rechtskurve wieder auf Asphalt ⇝ Sie lassen den Wald hinter sich und radeln durch die Wiesen ⇝ zur Rechten der Holzmühleweiher (Bademöglichkeit) ⇝ leicht bergab an einem einzelnen Hof vorbei ⇝ durch ein Waldstück auf Immenried zu ⇝ am Ortsbeginn links in die **Hohlgasse** ⇝ über eine kleine Brücke und danach kurz steil bergauf ⇝ rechts hinunter, **St.-Ursula-Straße**.

Immenried (Kißlegg)

✳ **Kißlegger Seenplatte**, ✆ 07563/936142. Von Immenried aus entdeckt man Holzmühle-, Langwuhr-, Hasen- und Brunner Weiher. Zwei Radrouten u. ein Wanderweg durch die facettenreiche Landschaft mit Bademöglichkeit lassen Sie die Kißlegger Seenplatte hautnah erleben. Hinweistafeln liefern Informationen zur Entstehungsgeschichte, Ökologie und dem Sanierungsprogramm der Seen. @ qex872

An der Hauptstraße links und gleich rechts abbiegen ⇝ an der Gabelung links, **St.-Rochus-Straße** ⇝ auf dem Landwirtschaftsweg verlassen sie den Ort Immenried ⇝ an der Gabelung links weiter Richtung Rahmhaus ⇝ es geht bergauf ⇝ Sie haben einen wunderbaren Ausblick von hier ⇝ vor allem rechts auf die Berge ⇝ bergab kommen Sie nach **Rahmhaus** und rollen hier durch ⇝ bei der Kapelle rechts und dann links ⇝ der Weg schlängelt sich durch die Wiesen ⇝ **28** starke Rechtskurve ⇝ wiederum ein wunderbarer Ausblick ⇝ zur Rechten erstreckt sich das Naturschutzgebiet **Gründlenried-Rötseemoos** ⇝ durch den Weiler **Neurötsee** ⇝ in der Rechtskurve gelangen Sie an die Vorfahrtsstraße und biegen rechts ab ⇝ es geht bergauf nach Rötsee.

Rötsee (Kißlegg)

♁ **Maria Königin der Engel**, Rötsee 2, ✆ 07563/91330. Der St. Jakob-Pilger Ratperonius hat auf einem Landstrich im Ried im 10. Jh. eine Klause und eine Kirche errichtet. Seit dieser Zeit ist die Wallfahrtskirche das Ziel vieler Pilger. @ pls426

Vorbei an der Kirche ⇝ auf der Kreisstraße geht es stark bergauf ⇝ in **Weitershofen** dann bei der ersten Möglichkeit rechts auf den Feldweg ⇝ im stetigen Auf und Ab über Wiesen und durch Wälder am Weiler **Hasenfeld** vorbei ⇝ Linkskurve und durch den verfallenen Hof hindurch auf dem **Stolzenseeweg** ⇝ zur Rechten befindet sich der Obersee ⇝ an einem Zaun entlang kommen Sie nach Kißlegg ⇝ bei den ersten Häusern halten Sie sich rechts ⇝ auf dem gekiesten Weg an der Lagerhalle vorbei Richtung Strandbad ⇝ der Linkskurve am Parkplatz vorbei folgen ⇝ an der T-Kreuzung rechts ⇝ an der Vorfahrts-

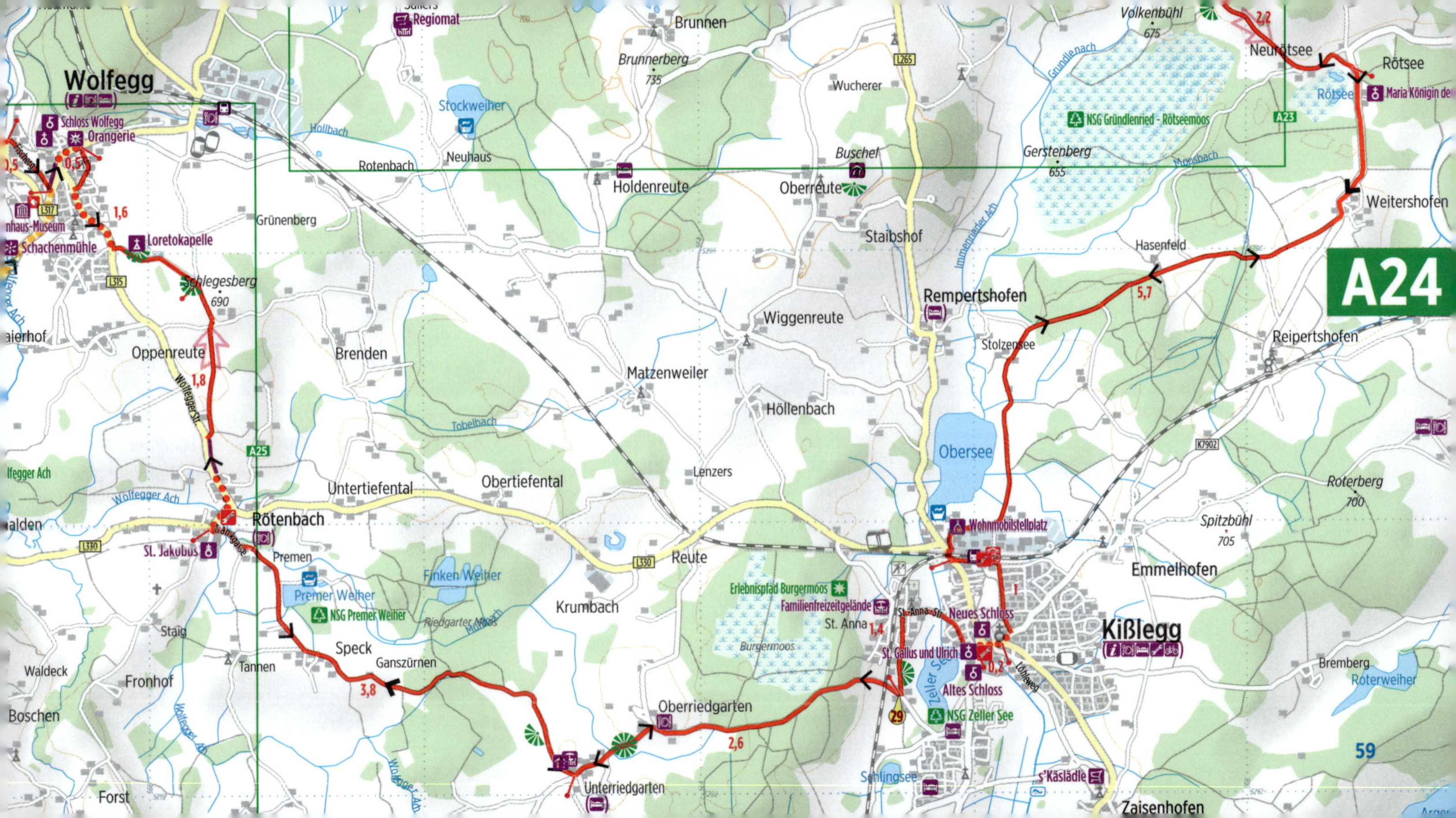
A24
Wolfegg
Schloss Wolfegg
Orangerie
Regiomat
Brunnen
Brunnerberg
735
Stockweiher
Neuhaus
Rotenbach
Holdenreute
Buschel
Oberreute
Wucherer
Volkenbühl
675
Neurötsee
Rötsee
Maria Königin de
NSG Gründlenried - Rötseemoos
Gerstenberg
655
Weitershofen
Hasenfeld
Staibshof
Rempertshofen
Wiggenreute
Stolzensee
Reipertshofen
Matzenweiler
Höllenbach
Obersee
Lenzers
Roterberg
700
Spitzbühl
705
Emmelhofen
Loretokapelle
Schachenmühle
Schlegesberg
690
Grünenberg
Brenden
Oppenreute
Wolfegger Str.
Untertiefental
Obertiefental
Rötenbach
St. Jakobus
Premen
Reute
Premer Weiher
NSG Premer Weiher
Finken Weiher
Riedgarter Mühlbach
Krumbach
Erlebnispfad Burgermoos
Familienfreizeitgelände
Burgermoos
St. Anna
Neues Schloss
St. Gallus und Ulrich
Altes Schloss
NSG Zeller See
Zeller See
Kißlegg
Wohnmobilstellplatz
Bremberg
Roterweiher
Staig
Tannen
Speck
Ganszürnen
Waldeck
Fronhof
Boschen
Forst
Oberriedgarten
Unterriedgarten
Schlingsee
s'Käslädle
Zaisenhofen
Hollbach
Tobelbach
Grundlenach
Moosbach
Immenrieder Ach
Wolfegger Ach
Löhleweg
Tränkgasse
L265
L317
L315
L330
K7902
A23
A25
0,5
0,5
1,6
1,8
3,8
2,6
1,4
0,2
1
5,7
2,2
29

straße, **Schlossstraße**, links Richtung Ortsmitte ⇝ die Bahn queren und gleich links in die **Bahnhofstraße** ⇝ im Rechtsbogen weiter auf der **Parkstraße** ⇝ zur Rechten befindet sich der Schlosspark.

Kißlegg

Vorwahl: 07563

- **Gäste- und Bürgerbüro**, Schloßstr. 8, Neues Schloss, ✆ 936142, @ kkh584
- **Heimatmuseum im Neuen Schloss**, Schloßstr. 8, ✆ 936142 Hier werden neben sakralen Kunst- und Kulturgütern bäuerliche Arbeitsgeräte und Gebrauchsgegenstände zur Käseherstellung gezeigt. (ÖZ: So 14-17 Uhr) @ kqi287
- **St. Gallus und Ulrich**, Herrenstr. 9 Barocke Pfarrkirche aus 1548 mit dem Augsburger Silberschatz. @ mlg753
- **Altes Schloss**, Fürst-Maximilian Str. 8. Das Schloss wurde in der zweiten Hälfte des 16. Jhs. erbaut. Es ist im Besitz der gräflichen Familie zu Waldburg-Wolfegg und Waldsee. Eine Besichtigung ist nicht möglich. @ vhx133
- **Neues Schloss**, Schloßstr. 8, ✆ 936142 Der dreigeschossige Bau wurde in den Jahren 1721-27 nach einem Entwurf des Füssener Baumeisters Johann Georg Fischer errichtet. Es können die barocken Räumlichkeiten und wechselnde Kunstausstellungen besichtigt werden. Öffentliche Schlossführungen finden Sa, So u. Feiertagen jeweils um 15 Uhr statt. @ lym424
- **Kaffeerösterei Cafésito**, Friedrich-List-Str. 16, ✆ 1802444 Traditionelle handwerkliche Kaffeerösterei mit Café, Werksverkauf und Röstereiführungen der OWB-Werkstätten. @ tcv742
- **s' Käslädle**, Wangener Str. 42, Zaisenhofen, ✆ 9092639 Neben dem Mozzarella aus dem Allgäu, ein Produkt der Kißlegger Käsefreunde, gibt es viele Käsesorten zu schmecken und entdecken. @ fme345
- **Arrisrieder Moos**, Südlicher Einstieg bei Hilpertshofen Ein Naturpfad über Holzbohlen durch das Moor erläutert anhand von Erlebnisstationen 10.000 Jahre Moorgeschichte, Flora und Fauna, den Torfabbau und die Wiedervernässung des Gebietes. Hier ist kein Radfahren erlaubt! @ lny285
- **Erlebnispfad Burgermoos**, Le-Pouliguen-Str. 4, ✆ 936142 Über Holzbohlenwege führt der 3,9 km lange Naturerlebnispfad mit Mitmachstationen und Aktionsfeldern an Resten der Torffabrik vorbei. Radfahren ist auf dem Pfad nicht erlaubt! @ oyh257
- **Strandbad Obersee**, Am Obersee 2, ✆ 180967, ✆ 936142 Naturbadesee mit Tretboot-, Ruderboot-, Kajak- u. SUP-Verleih, Warmwasser- und Kleinkinderbecken, Umkleide, Kiosk, Spielplatz u.v.m. @ usg773
- **Seebühne**, Am Obersee 2, ✆ 936142 In den Sommermonaten finden auf der Seebühne im Kißlegger Strandbad regelmäßig Veranstaltungen statt.

Loretokapelle bei Wolfegg

Von Kißlegg nach Wolfegg — *11,6 km*

Am Ende der **Emmelhofer Straße** fahren Sie rechts in die **Herrenstraße** ⇝ an der Kirche vorbei und rechts Richtung Wolfegg auf der **Kirchmoosstraße** ⇝ über die Brücke verlassen sie Kißlegg auf der **St.-Anna-Straße** ⇝ beim Friedhof und der St.-Anna-Kirche biegen Sie links ein in die **Seestraße** ⇝ links der Zeller See und dazu die Ansicht von Kißlegg – ein schönes Bild ⇝ **29** an der Kreuzung rechts Richtung Wolfegg/Rötenbach ⇝ über die Bahn, leicht bergauf zum Wald hin ⇝ auf der Asphaltstraße im leichten Auf und Ab durch den Wald ⇝ nach der Rechtskurve kommen Sie nach **Oberriedgarten** ⇝ bei dem großen Hof links halten Richtung Unterriedgarten ⇝ leicht bergab nach **Unterriedgarten** ⇝ bei den ersten Häusern bergauf ⇝ am Ortsendeschild an der Kreuzung rechts ⇝ mit einem wunderbaren Ausblick auf die Alpen bergab an den Wiesen entlang ⇝ am Waldrand links halten ⇝ erst am Waldrand entlang und danach durch ein Waldstück ⇝ hinter dem Wald geht es bergauf ⇝ am Hof **Ganszürnen** vorbei

~ nach den folgenden Höfen rechts hinunter ~ hier verläuft auch der Donau-Bodensee-Radweg ~ Sie radeln am **Premer Weiher** vorbei und an einigen Streuhöfen ~ über die Wolfegger Ach kommen Sie nach Rötenbach.

Rötenbach (Wolfegg)

St. Jakobus Maior, Dorfstr. 28. Katholische Pfarrkirche (18. Jh.), deren Ursprünge auf eine Kapelle aus dem 15. Jh. zurückreichen. Interessant sind das spätgotische Vesperbild und die spätgotische Sebastiansfigur im Inneren der Kirche.

Im Ort rechts Richtung Wolfegg ~ abermals über die Wolfegger Ach ~ an der Vorfahrtsstraße links ~ es geht bergauf ~ am Ortsende beginnt rechts entlang der Straße ein Rad- und Fußweg ~ bei der nächsten Möglichkeit biegen Sie rechts ein ~ der Weg ist mit 6 t beschränkt und führt leicht bergauf ~ es geht am **Bühlhof** entlang ~ geradeaus durch ein Waldstück leicht bergauf ~ an der folgenden Gabelung mit Baum links ~ auf die Loretokapelle zu ~ an der Vorfahrtsstraße rechts nach Wolfegg ~ auf der **Rötenbacher Straße** in den Ort hinein ~ nach dem Spielplatz rechts in den **Sennereiweg.**

Wolfegg

Vorwahl: 07527

Wolfegg Information, Am Hofgarten 1, ✆ 960151, @ row727

Automuseum, Fritz-B. Busch-Weg 1, ✆ 9210390, Autoausstellung mit

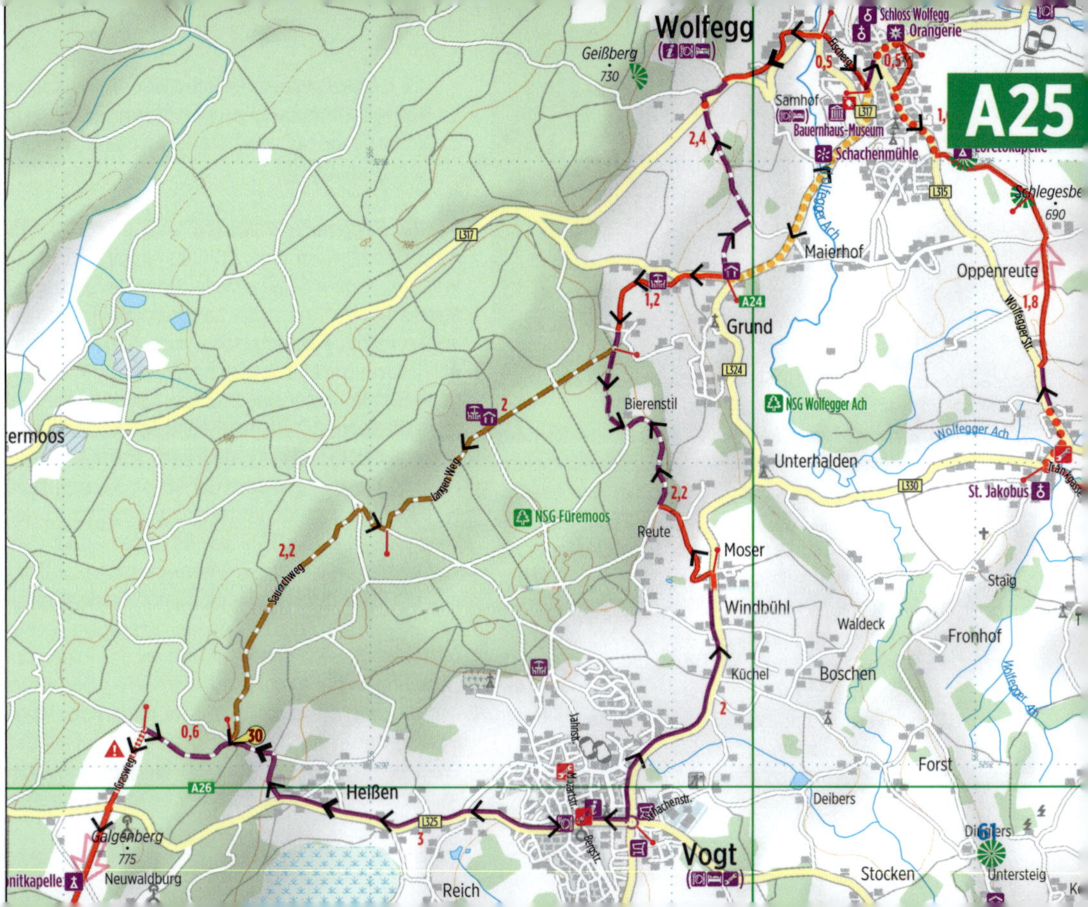

Backhaus aus Bergatreute im Bauernhaus-Museum

Schwerpunkt 60er, 70er und 80er Jahre. @ ybf136

Bauernhaus-Museum, Vogter Str. 4, ✆ 95500 Das lebendige Freilichtmuseum mit historischen Bauernhäusern, Ausstellungen und verschiedenen Programmen widmet sich dem ländlichen Leben vergangener Jahrhunderte. @ eet815

Pfarrkirche St. Katharina, Chorherreng. 5, ✆ 6213 Eine der prachtvollsten Barockkirchen in Oberschwaben. @ lgb155

Loretokapelle, Rötenbacher Str., ✆ 960151. Seit 1711 wurde die Kapelle baulich nicht mehr verändert. @ dtd417

Schloss Wolfegg, Schloss 1, ✆ 9680. Renaissance-Schloss aus dem 16. Jh., in Privatbesitz. @ xqf281

Schachenmühle, Schachenmühle 1, ✆ 6263 Die Ursprünge der Mühle gehen in das 13. Jh. zurück. @ lxp214

Orangerie & Arboretum, Alttannerstr. 9, im Fürstlichen Hofgarten. Die im 18. Jh. erbaute Orangerie war Teil eines um 1628 bezeugten Lustgartens. Heute wird sie für Veranstaltungen und Ausstellungen genutzt. Das Arboretum mit alten exotischen Bäumen zeugt von der einstigen Pracht des Hofgartens. @ ofe133

Von Wolfegg nach Waldburg 15,3 km

An der Vorfahrtsstraße **L 317** links hinunter Richtung Wassers ~ dem Straßenverlauf der **Ravensburger Straße** folgen ~ nach der Landbäckerei im spitzen Winkel rechts, **Fischergasse** ~ es geht bergab ~ an der Kreuzung links und gleich rechts in die **Weingartener Straße** ~ über eine Brücke ~ an der Gabelung rechts in die mit 30 km/h beschränkte **Altdorfstraße** ~ bergauf dem Straßenverlauf im Linksbogen folgen ~ stetig bergauf aus dem Ort bis an die Kreuzung ~ links und vor der Vorrangstraße rechts in den Weg parallel zur **L 317** ~ rechts halten ~ auf dem Wirtschaftsweg bis zur Viererkreuzung ~ links und die **L 317** queren ~ entlang von Feldern rollen Sie bergab bis **Grund** ~ an der Kreuzung rechts, **Altdorfer Straße** ~ bergauf und an der folgenden Gabelung links halten ~ auf dem Weg **Greutbühl** geht es bergauf ~ an der Hecke und in der Folge an den Wiesen entlang ~ weiterhin bergauf auf den Wald zu ~ geradeaus über die Wegkreuzung, der Asphalt endet ~ auf einem Kiesweg mit Grasstreifen in der Mitte fahren Sie in den Forst hinein.

VARIANTE **Hier bietet sich eine Abkürzung durch den Forst an. Die Route ist in der Karte in Orange eingezeichnet.**

Geradeaus stetig leicht bergauf durch den Wald ~ Sie kommen an eine Lichtung mit dem Streuhof **Bierenstil** ~ an der Weggabelung links und im Rechtsbogen wieder in den Wald hinein ~ leicht bergab bis zur Kreuzung mit der Asphaltstraße ~ links und an der Gabelung rechts halten ~ bergab erreichen Sie nach der starken Linkskurve den Weiler **Moser** ~ an der **L 324** rechts ~ am Ortsende auf dem rechtsseitigen Radweg geht's bergab durch **Windbühl** und **Küchel** bis Vogt.

Vogt

Vorwahl: 07529

Gästeamt Vogt, Kirchstr. 11, ✆ 2090, @ euq776

Ehem. Rittergut Mosisgreut, Rittergut Mosisgreut 1. Das Jagdschlösschen mit mittelalterlichem Vorgängerbau aus dem 16. Jh. wurde originalgetreu restauriert und befindet sich in Privatbesitz. Es ist umgeben von einem historischen Gebäudeensemble mit ehem. Ziegelei-, Käsereigebäude, Burggraben sowie einer gotischen Kapelle.

Naturfreibad Holzmühleweiher, ✆ 20928. Moorsee mit Liegewiese und Sanitäranlagen.

Beim Kreisverkehr dem Rechtsbogen des Radweges folgen ~ es geht wieder bergauf, parallel zur **Wage-**

ner Straße ~ ab der Ortsmitte leicht bergab ~ am Ortsende beginnt wieder eine sportliche Etappe ~ auf dem rechtsseitigen Radweg nach **Heißen** in der Linkskurve rechts ab Richtung Wald ~ der Asphalt endet ~ am schattigen Waldrand bergauf ~ nach der Linkskurve noch einmal stark bergauf ~ nach der Lichtung führt der Forstweg wieder in den Wald ~ **30** an der Viererkreuzung links ~ hier trifft die Variante wieder auf die Hauptroute ~ der Beschilderung RRA folgen ~ am Waldrand biegen Sie links in den **Grasweg** ~ ⚠ Schiebestück! ~ bergauf und über die Kuppe ~ bei einem einzelnen Hof kommen Sie wieder auf Asphalt ~ an der Kreuzung mit der Vorfahrtsstraße geradeaus ~ hier an den Streuhöfen von **Neuwaldburg** vorbei ~ es geht bergauf ~ beim Wegkreuz geradeaus weiter ~ durch ein Waldstück, weiter im Rechtsbogen ~ kurz bergauf und dann mit Ausblick auf die Waldburg bergab ~ an einem Obstlehrpfad entlang ~ nun eröffnet sich ein unglaublich schöner Ausblick auf das Allgäu und genau hier eignet sich der Rastplatz um diesen zu genießen ~ nach der Rast rollen Sie rechts hinunter nach Waldburg, **Am Schlossberg**.

Waldburg

Vorwahl: 07529

Gästeamt Waldburg, Hauptstr. 20, Rathaus, ✆ 971710, ✆ 971711, @ jyj663

Blick auf Amtzell

Waldburg, Schloss 1, 0170/3867302 Die Ursprünge der Burg gehen auf das 12. Jh. zurück. Die gut erhaltene mittelalterliche Burganlage beheimatet ein Museum zur Geschichte des Hauses Waldburg und der Landesvermessung. Die Burg kann ohne Führungen besichtigt werden. @ ykn646

Sternwarte & Planetenweg, Amtzeller Str., bei der Schule Waldburg, 07502/2624 Die Sternwarte bietet öffentliche Führungen mit Diavorträgen und Beobachtungsmöglichkeit an. Beim Wandern durch das Sonnensystem verraten Info-Tafeln viel Wissenswertes über die Planeten. Der Planetenweg ist frei zugänglich. @ ouh482

Straußenfarm, Hinterwiddum 2, 913335 Auf der Farm erkunden Sie den größten Laufvogel der Welt. Sie erfahren Interessantes von der Aufzucht über die Lebensweise bis hin zu den verschiedenen Straußenprodukten. @ eel422

Obstlehrpfad, Schädlers Kreuz 24 Lehrpfad mit 40 verschiedenen Obstbäumen und Info-Tafeln.

Von Waldburg nach Amtzell 9,7 km

An der Vorfahrtsstraße links ~ im Rechtsbogen weiter auf der **Amtzeller Straße** Richtung Amtzell und Hannober ~ Sie radeln am Kohlenberg vorbei ~ bergab verlassen Sie Waldburg ~ nach der Feuerwehr rechts ~ auf den Fußweg, der für Radfahrer frei ist ~ auf dem Begleitweg kommen Sie nach Edensbach.

Edensbach (Waldburg)

Damwildgehege, Edensbach 71, 07529/3675. 7 ha großes Damwildgehege. @ pgt537

Durch den Ort hindurch in der Rechtskurve Richtung Wangen und Amtzell ~ auf der Straße verlassen Sie den Ort und fahren nach Hannober.

Hannober (Waldburg)

Vorwahl: 07529

Adrian-Genussmanufaktur, Am Langholz 17, 974546, 974574 Erlebniswelt durch die einzelnen Produktionsstufen der Spezialitäten oberschwäbischer Streuobstkulturen. @ gac356

Baggersee Grenis, 20931, @ rtc365

An der Stoppstraße kurz rechts ~ Sie biegen in die erste links ein Richtung Wangen bei den Häusern von **Widmannsbronn** ~ es geht durch den Wald hindurch und bergab ~ rechts unten sehen Sie einen Teich ~ in der Rechtskurve zu den Höfen von **Hecker** ~ an der Kreuzung rechts Richtung **Appen** ~ diesen Hof erreichen Sie nach einem kurzen Bergauf und Bergab ~ folgen Sie den weiß-grünen Schildern ~ in einer Schleife an den Viehweiden entlang ~ bergab zu den Höfen von **Schleife**, an der Gabelung links halten ~ bei der **Füglesmühle** im leichten Linksbogen ~ weiter Richtung Füßinger und Amtzell ~ stetig leicht bergauf ~ 31 an der Kreuzung geradeaus Richtung Wangen - 11 km ~ bergauf zu dem Hof von **Hanser** ~ hier geradeaus und bergab ~ beim Hof **Schmitten** geradeaus hindurch ~ auf der **Bergstraße** erreichen Sie die ersten Häuser von **Amtzell** ~ es geht bergab an die Vorfahrtsstraße ~ hier rechts Richtung Wangen ~ an der **Wangener Straße** links abbiegen.

Amtzell

Vorwahl: 07520

Gästeservice, Waldburger Str. 4, 95012, @ gtg338

Voglersche Hammerschmiede, Waldburger Str. 23, 95012 Hammerschmiede 18 Jh.) mit originalgetreuer Werkstätte. Führung auf Anfrage. @ uus385

Altes Schloss, Haslacher Str. 14. Der dreigeschossige Rechteckbau mit zwei Rundtürmen und Walmdach stammt aus dem 15. Jh. Das Schloss wurde unter Freiherr Reichlin von Meldegg von 1752 - 1754 im Stil des Barock

A27
Eggerts
Oberhelbler
Reibeisenmühle
Reibeisen
A26
31
Unterhelbler
Bio-Hof Unterstotzen
Pfaffenweiler
Burkhardtshaus
Ungerhausen
Schindelberg
665
Saamen
Großweiher
Krottental
Weiler
Hanser
Korb
Luppenmühle
Schmitten
Tobel
Reutstock
Ahegg
A96
B32
Eggenbach
Goppertshäusern
Schlössle
Lehrwangen
Voglersche Hammerschmiede
Heilig-Kreuz Kapelle
Streuobstlehrpfad
Hinterberg
Lourdesgrotte
Amtzell
2,4
Büchel
Wohnmobilstellplatz
Steinach
Weißenbach
Direktvermarkter Herbst
Hungerberg
635
Herfatz
Praßberg
Beutelsau
Oflings
Freibad Stefanshöhe
Hammerweiher
Pfärrich
Karbach
Untere Argen
Mariä Geburt
Marien- u. Bibelgarten
Oberau
Geiselharz
Spiesberg
Schnabelau
Schattbuch
2,2
Nieratz
Bürsten
Brentantann
Zimmerberg
Fidelershof
Praßberger Str.
Deuchelried
L320
St. Petrus
Wangen
im Allgäu
Bahnhofstr.
Durrenberg
Sigmanns
32
Franziskanerklösterle
Obere Argen
Lindauer Str.
Isnyer Str.
A28
L321
Wohnmobilstellplatz
Atzenberg
590
Schwarzenberg
Epplings
65
Rembrechts
Siglisberg
Schauwies
Ettensweiler
Schomburg
Humbrechts
Schlauchen
Berg
Heuberg
595
K8002
Ruhe-Christi-Kapelle
Kernaten
St. Stephanus
Böhen
Dr.-Hehle-Weg
Kalvarienberg-Kapelle

umgebaut. Seit 1839 befindet sich das Gebäude im Besitz der Gemeinde Amtzell und wird als Kulturzentrum genutzt. @ lol563

- **Reibeisenmühle**, ✆ 95012 Ⓒ Museumsmühle (1711) mit komplett erhaltener Einrichtung und oberschlächtigem Wasserrad. @ bau624
- **Bio-Hof Unterstotzen**, Unterstotzen 1, ✆ 9667557 Neben Edelbränden und Cidre werden dekorative Accessoires angeboten. @ bjj715
- **Technischer Denkmallehrpfad**, ✆ 95012 Ⓒ Führungen durch die Reibeisenmühle, die Hammerschmiede, das Sägewerk Hagmühle und die Alte Käserei Pfärrich. Original erhaltene technische Anlagen, Werkzeuge, Möbel und Alltagsgeräte geben einen lebendigen Einblick ins Leben der ehemaligen Bewohner und Handwerker. @ rer634
- **Streuobstlehrpfad**, Kapellenberg. Der Pfad hoch zur Kapelle informiert über die biologische Vielfalt von Streuobst und eröffnet eine wunderbare Sicht in die Alpen.
- **Singenberger Weiher**, ✆ 95017. Liegewiese, Sanitäranlagen. @ fhu131

Von Amtzell nach Wangen 9,4 km

Nach der Kirche links auf die **Pfärricher Straße**, dem R 3 Schild folgen ⁓ in der Linkskurve bergauf ⁓ Sie kommen von Amtzell nach **Goppertshäusern** auf dem linksseitigen Radweg ⁓ bergab, der Radweg endet ⁓ in der Rechtskurve über die Brücke mit dem Holzgeländer ⁓ stark bergauf ⁓ Sie verlassen Goppertshäusern ⁓ am Ortsende beginnt auf der rechten Seite ein Begleitweg ⁓ auf diesem Weg radeln Sie nach **Büchel** ⁓ bergab vorbei an einem kleinen Teich und einem Gasthof ⁓ bergauf auf dem Radweg entlang der Straße ⁓ der Radweg endet und Sie erreichen die Kuppe ⁓ vorbei an der Siedlung **Steinach** mit schönen alten Häusern ⁓ in der Rechtskurve bergauf ⁓ vorbei an den Häusern von **Weißenbach** ⁓ in der Linkskurve rechts halten Richtung Pfärrich ⁓ bergab kommen Sie nach Pfärrich.

Pfärrich (Amtzell)

Wallfahrtskirche Maria Geburt, Pfärrich 7, ✆ 07520/95012, ✆ 07520/5524. Die ursprüngl. gotische Kirche erfuhr nach dem Dreißigjährigen Krieg eine bauliche Erweiterung im frühbarocken Stil. Sehenswert sind die reiche Innenausstattung und der angrenzende Marien- und Bibelgarten. Rosen, Kräuter, Bäume, Apothekerpflanzen,Texte aus der Bibel und Schautafeln erklären die symbolische Bedeutung der Pflanzen im Christentum und deren Nutzungsmöglichkeiten. @ bly536

Durch die Linkskurve ⁓ an der Kirche vorbei ⁓ rechts halten an der Kreuzung ⁓ in der Rechtskurve stark bergab durch den lichten Wald ⁓ rechts ab auf den Radweg unter der B 32 hindurch ⁓ über eine kleine Brücke kommen Sie nach **Oberau** ⁓ über die Wiese ⁓ im Rechtsbogen über die Untere Argen ⁓ unter der A 96 hindurch ⁓ Sie folgen dem Wegverlauf Richtung Nieratz und Wangen ⁓ es geht leicht bergab ⁓ am Waldrand entlang ⁓ bergauf durch das Waldstück ⁓ Rechtskurve bergauf ⁓ links Richtung Wittwaiß und Nieratz ⁓ an den Häusern von Nieratz vorbei.

Nieratz (Wangen im Allgäu)

Bei der Kapelle rechts Richtung Wangen Stadtmitte/Bahnhof ⁓ schnurgerade über die Felder auf dem **Ruth-Storm-Weg** ⁓ rechts am Spielplatz vorbei ⁓ an der T-Kreuzung links und gleich die nächste rechts, **Prato-Straße** ⁓ im Links-Rechts an die **Gustav-Freytag-Straße** und rechts ⁓ geradeaus über die Kreuzung ⁓ im Linksbogen auf den **Uhland-Weg** ⁓ geradeaus Richtung Stadtmitte ⁓ auf der **Boelckestraße** gelangen Sie an die Vorfahrtsstraße, Ampelkreuzung ⁓ hier geradeaus unter der Bahn hindurch auf die **Immelmannstraße** ⁓ an der T-Kreuzung beim Parkplatz rechts Richtung Stadtmitte, **Bahnhofstraße** ⁓ an der Ampelkreuzung rechts **32** ⁓ geradeaus entlang der Vorfahrtsstraße ⁓ weiter im Linksbogen ~ vor der Brücke links in die gepflasterte Wohnstraße **Argenufer**.

Wangen im Allgäu

Vorwahl: 07522

- **Gästeamt - Tourist Information**, Bindstr. 10, ✆ 74211, @ fgf616
- **Wangener Museumslandschaft**, Eselberg 1, ✆ 912682, ✆ 74211 Die Eselmühle beherbergt das „Wangener Heimatmuseum", das „Museum für Mechanische Musikinstrumente" und das angegliederte „Käsereimuseum". Entlang der Stadtmauer gelangt man zu den literarischen Museen und Archiven von Joseph Freiherr von Eichendorff und Gustav Freytag. Durch den Pulverturm gelangt man zum „Badstuben-Museum" mit der „Städtischen Galerie". @ puc437
- **Evangelische Kirche**, Bahnhofpl. 6, ✆ 2324. Die evangelische Kirche wurde in den Jahren 1890-1893 nach den Plänen des Stuttgarter Architekten Theophil Frey erbaut. Zur Einweihung war der König von Württemberg zu Gast. Zur 100-Jahr-Feier im September 1993 wurde das Kirchengebäude gründlich renoviert. @ sve218
- **Spitalkirche**, Spitalstr. 16, ✆ 707990. Sie wurde 1719 bis 1723 anstelle einer mittelalterlichen Kapelle erbaut. @ fgj224
- **St.-Martins-Kirche**, Marktpl. 4. Die Kirche gehört zu den ältesten Baudenkmälern der Stadt. Ihr Turm reicht bis in die Hohenstaufenzeit zurück und ist bis zur Glockenstube mit unregelmäßigen Findlingssteinen im romanischen Stil erbaut worden. Auf dem Kirchplatz, dem früheren Friedhof von St. Martin, steht seit Juli 2002 die sechs Meter hohe Skulptur des „Seelenmals" von Ubbo Enninga. @ rvw834
- **Franziskanerklösterle**, Am Klösterle 1, ✆ 913600. Die Franziskaner leben seit 1930 in einem ehem. Bauernhof, der umgebaut und erweitert wurde, in Wangen. Der liebevoll angelegte Klostergarten ist frei zugänglich und für viele ein Ort der Ruhe, Einkehr und „Natur-Tankstelle". @ rcf226
- **Burgruine Praßberg** (24) Die sagenumwobene Burg wurde 1123 erbaut und durchlebte eine bewegte Zeit mit zahlreichen Besitzwechseln. Obwohl die Burg seit Beginn des 19. Jhs. verfiel, war sie bis 1835 bewohnt. Von der Anlage sind noch der Bergfried und die Ringmauer erhalten.
- **Pulverturm**, Argenufer. Der Turm wurde früher auch als Wasser- oder Färberturm bezeichnet und stammt ursprünglich aus dem 15. Jh. @ ndl641
- **Frauentor**, Herrenstr. 40. Die heutige Form des Tores stammt aus 1608. @ lgd774
- **St. Martins Tor**, Paradiesstr. 10. Heute wird es auch

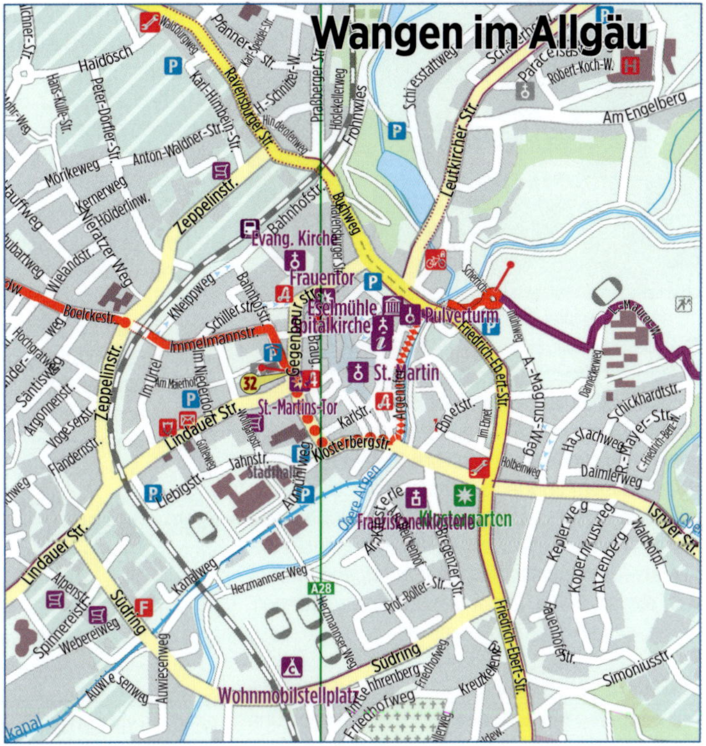

Am Saumarkt, Wangen im Allgäu

Lindauer Tor genannt. @ oix273

- **Freibad Stefanshöhe**, Burgelitz 15, ✆ 1225, @ quo611
- **Großweiher Röhrenmoos.** Dieser Weiher ist 11 ha groß und 53 Meter tief und lädt im Sommer zu einer kühlen Erfrischung ein.

Die ehemalige freie Reichsstadt besticht durch ihre mittelalterlichen Türme und Tore. Zu den schönsten Straßenbildern Süddeutschlands zählen der Marktplatz, die Herren- und die Paradiesstraße. Gebäude wie das Rathaus, das Hinderofenhaus oder die St.-Martins-Kirche lohnen einen Stadtrundgang. Ebenso lädt die reizvolle Umgebung zu Spaziergängen, Wanderungen oder Radtouren ein.

Von Wangen nach Isny 27,8 km

Auf dem Weg radeln Sie an der Oberen Argen und am historischen Stadtkern Wangens entlang ⇝ vor der Straßenbrücke rechts über die Argen ⇝ links unter der Straßenbrücke hindurch und geradeaus zwischen Parkplatz und Fluss entlang ⇝ an der Kreuzung rechts bis zum Kreisverkehr ⇝ hier links auf den Radweg Richtung Isny ⇝ an der Schule und den Sportplätzen vorbei ⇝ ⚠ Achtung Engstelle ⇝ dem Wegverlauf zu dem Wäldchen folgen ⇝ über den Fußgängersteg und an den Wiesen entlang ⇝ abermals über einen Steg und rechts über die nächste Brücke ⇝ an der Vorfahrtsstraße links auf den Begleitweg zur **Isnyer Straße** ⇝ links über die Brücke Richtung Gießen ⇝ rechts ab auf die Landstraße Epplings ⇝ Sie radeln im Verkehr am Argendamm entlang ⇝ leicht bergab ⇝ an **Lochhammer** vorbei ⇝ die Straße wird schmaler und zur Allee ⇝ zur Linken das Naturschutzgebiet Gießenmoos ⇝ Sie kommen nach Gießen.

Gießen (Argenbühl)

Im Rechtsbogen Richtung Eglofs durch den Weiler ⇝ wiederum rechts ⇝ vorbei an der Bushaltestelle, über die Brücke ⇝ es geht stark bergauf Richtung Isny ⇝ links zum Weiler **Moos** ⇝ in **Aschen** links ⇝ in der Rechtskurve geradeaus weiter Richtung Isny ⇝ auf dem Asphaltweg über die Wiesen ⇝ Sie kommen zu den Häusern von **Steinberg** und zu einer Kreuzung ⇝ **33** hier rechts dem Radschild folgend ⇝ an der folgenden Kreuzung geradeaus ⇝ an der Siedlung **Waibelhof** vorbei ⇝ rechts halten nach Eglofs ⇝ bergab der Rechtskurve folgen, **Strickers Höhe** ⇝ an der Vorfahrtsstraße, **Alpgaustraße**, links Richtung Isny.

Eglofs (Argenbühl)

Vorwahl: 07566

- **Museum Eglofs**, Dorfpl. 3, ✆ 1513 Musikmuseum – ein Spiegelbild der Entwicklungen heimischer Volkskunst. Steine, Fossilien und Mineralien – Einblicke in den Untergrund und in seine Entstehung, Ofenkacheln – aus fünf Jahrhunderten, von der Romanik bis zum Jugendstil. @ smh686
- **St. Martin**, St. Martinsweg 1. Im Jahre 1766 als Barockkirche erbaut. Deckenbilder mit Heiligen, die vom Bauernstand verehrt werden, zeigen den Charakter einer bäuerlichen Gemeinde. Der Eglofser Hochaltar, so Kunstkenner, sei der schönste Hochaltar des gesamten Westallgäus. Eine Kostbarkeit stellt die Madonna mit Kind dar, vom Eglofstaler Künstler Anton Stiefenhofer etwa 1790 geschaffen.
- **Historischer Dorfplatz.** Der repräsentative Platz mit neugotischem Brunnen ist von schmucken Profanbauten, wie dem ehem. Amtshaus der Vogtei und späteren Rathaus, den Gasthäusern Zur Rose und Hofwirtschaft sowie dem Museum, umgeben.
- **Lourdes Grotte**, Eglofstal 55. Die Grotte erinnert an die Toten des 1. Weltkrieges.
- **NSG Staudacher Weiher.** Während der letzten Würm-Kaltzeit, als sich das

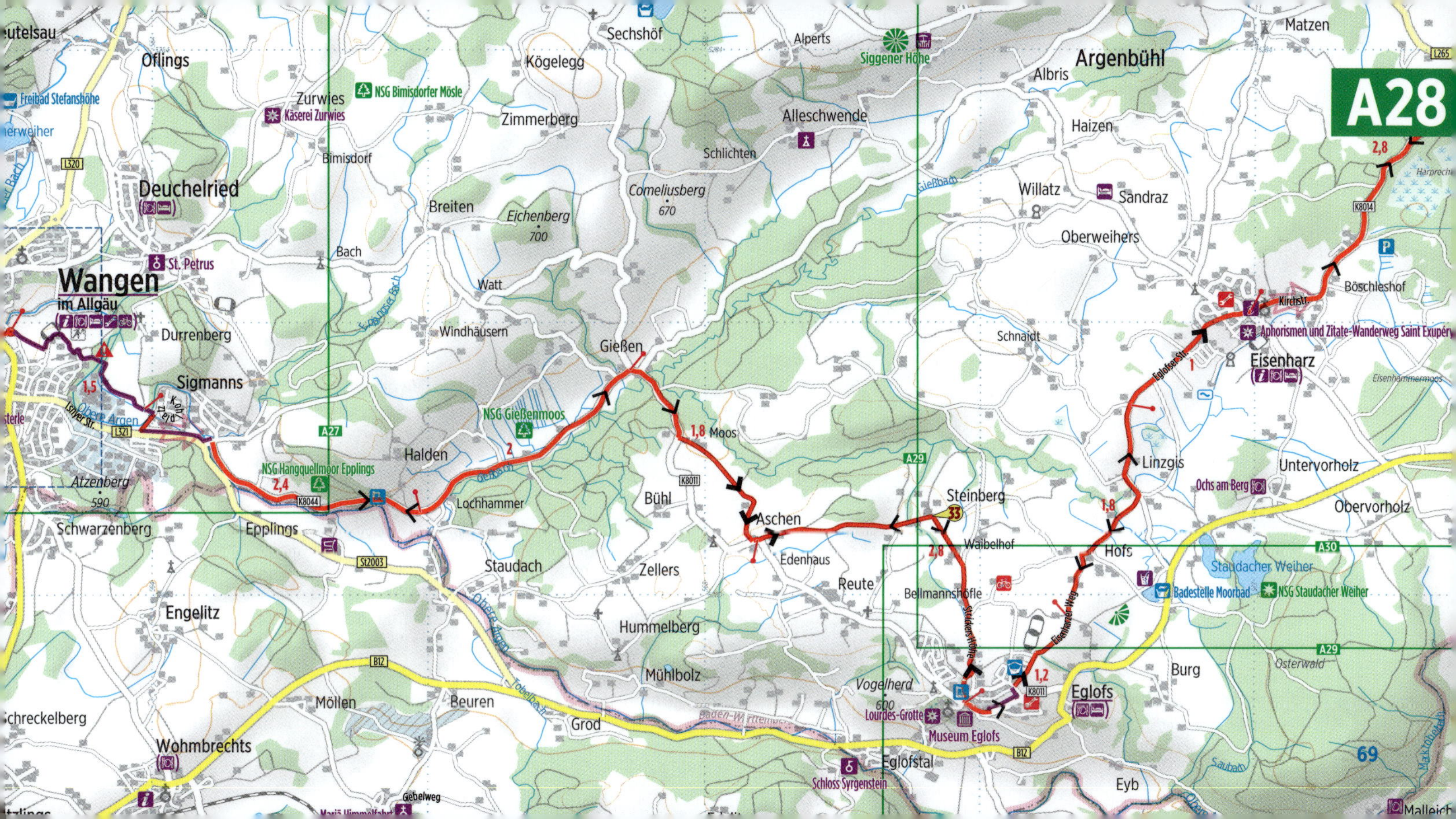

A28
Wangen
im Allgäu
Deuchelried
Oflings
Zurwies
Käserei Zurwies
NSG Bimisdorfer Mösle
Kögelegg
Sechshöf
Zimmerberg
Bimisdorf
Breiten
Eichenberg
700
Corneliusberg
670
Schlichten
Alleschwende
Alperts
Siggener Höhe
Argenbühl
Albris
Haizen
Matzen
Willatz
Sandraz
Oberweihers
Bach
Watt
St. Petrus
Durrenberg
Sigmanns
Windhäusern
Gießen
Schnaidt
Eisenharz
Böschleshof
Kirchstr.
Aphorismen und Zitate-Wanderweg Saint Exupéry
Eglofser Str.
Freibad Stefanshöhe
L320
L321
Isnyer Str.
Obere Argen
Atzenberg
590
NSG Gießenmoos
NSG Hangquellmoor Epplings
Halden
Lochhammer
K8044
Moos
K8011
Bühl
Aschen
Edenhaus
Steinberg
Waibelhof
Linzgis
Untervorholz
Obervorholz
Ochs am Berg
Hofs
Staudacher Weiher
Badestelle Moorbad
NSG Staudacher Weiher
Schwarzenberg
Epplings
St2003
Staudach
Zellers
Reute
Bellmannshöfle
Engelitz
Hummelberg
Mühlbolz
Vogelherd
600
Lourdes-Grotte
Museum Eglofs
Eglofs
Burg
Osterwald
Schreckelberg
Möllen
Beuren
Grod
B12
Eglofstal
Schloss Syrgenstein
Eyb
Wohmbrechts
Gebelweg
K8014
L265
A27
A29
A30
33
2,4
2
1,8
2,8
1,2
1,8
1
2,8
1,5
69

Isny im Allgäu

Gletschereis des Rheingletschers zurückzog, bildete sich hier ein Gletscherrandsee, der später großteils verlandete und zu einem Moorgebiet wurde. Das heutige Naturschutzgebiet besteht aus zwei Weihern und deren bewaldetem Randbereich.

- **Schuhmichelbrunnen**, Sennereiweg. Ein echtes Allgäuer Original erbaut von „Schuhmichel" Michael Netzer.
- **Badestelle Moorbad Eglofs-Burg**, Burg, ✆ 382, @ fto654
- **PanoramaBad Eglofs**, Eisenharzer Weg 9, ✆ 607, @ bca573

Links auf den Radweg entlang der **Alpgaustraße** und bergauf ~ links und die nächste rechts ~ dem Radschild Richtung Turnhalle/Sportplatz/Hallenbad, folgen ~ auf dem **Eisenharzer Weg** geht es vorbei am Panoramabad Eglofs ~ bergauf aus Eglofs hinaus weiter Richtung Eisenharz ~ **Hofs** im Rechtsbogen durchfahren ~ Sie erreichen in **Linzgis** die Vorfahrtsstraße und biegen links ab ~ über die Brücke und weiter in der Rechtskurve Richtung Eisenharz ~ es geht bergauf ~ auf der **Eglofser Straße** durch das Siedlungsgebiet von Eisenharz.

Eisenharz (Argenbühl)

Vorwahl: 07566

- **Gästeamt**, Kirchstr. 9, ✆ 940210, @ spu524
- **St. Benedikt**, Kirchstr. 8, ✆ 1556. Die Kirche wurde 1852 erbaut und im Jahre 1956 wurde das Kirchenschiff unter Einbeziehung des alten spätgotischen Turmes erweitert.
- **Aphorismen- und Zitate Wanderweg St. Exupéry**, Dorfpl., ✆ 940210. 7,8 km lang, Start am Dorfplatz Eisenharz, der „Lehrpfad für die Seele". @ evc731
- **NSG Bodenmöser**. Hier entstand während der Würm-Kaltzeit ein Moorkomplex aus großflächigen Hoch-, Zwischen- und Niedermooren. Durch intensiven Torfabbau in der Vergangenheit trockneten Teile des Hochmoores aus und zerstörten Lebensräume. Heute leben in den Bodenmösern seltene Arten wie Kreuzotter oder Sumpfschrecke. @ kxg838

An der Vorfahrtsstraße rechts und schnurgerade auf die Kirche zu ~ am Ortsende in der Linkskurve weiter auf der **K 8014** ~ stetig leicht bergauf durch den Wald ~ am Waldrand bei der Bushaltestelle erreichen Sie die Vorfahrtsstraße ~ an der **L 265** links abbiegen ~ gleich rechts Richtung **Oberharprechts** ~ bergab rollen Sie bis zur Kapelle ~ an der T-Kreuzung links ~ rechts halten und die Untere Argen queren ~ an der Kreuzung mit der Vorfahrtsstraße, **K 8016**, rechts ~ am bewaldeten Ufer entlang und am Weiler **Neumössingen** vorbei ~ dem Straßenverlauf folgen ~ einen Bach und die Untere Argen queren ~ vor der Kreuzung mit der **L 265** im spitzen Winkel links Richtung Kläranlage ~ nach der Kläranlage wird der Weg schmaler ~ kurz durch den Wald und danach am Waldrand entlang ~ rechts zur Vorfahrtsstraße hin und an dieser links abbiegen ~ rechts entlang der L 265 auf dem Begleitweg Richtung Isny ~ beim Kreisverkehr geradeaus ~ auf der **Riedstraße** durch Neutrauchburg.

Neutrauchburg (Isny im Allgäu)

Vorwahl: 07562

Adventure-Golf, Kurweg, ✆ 975144. Die abenteuerliche Variante des Minigolfs wird im naturnahen Gelände auf Kunstrasen gespielt. @ fxs346

Isny Oval (24) Die Plattform in der Stadteinfahrt gewährt einen herrlichen Blick auf Isny und die Berglandschaft.

Therapeutisches Bewegungszentrum, Schlossstr. 8, ✆ 711151. Schwimmbad, Sauna & Salzlounge. @ syd441

Der Kurort Neutrauchburg hieß bis 1788 „Mechensee". Durch Erbschaft gelangte Graf Franz Anton von Waldburg-Zeil im Jahre 1772 in den Besitz der Grafschaft Trauchenburg und bestimmte Mechensee als Verwaltungsmittelpunkt. Er ließ ein Amtshaus erbauen, das heutige Schloss, und benannte den Ort in „Neutrauchburg" um. Das kleine architektonische Juwel wurde erst seit dem 19. Jahrhundert als Wohnsitz der erbgräflichen Familie genutzt und beherbergt heute ein stilvolles Hotel. Mit der „Sonne Neutrauchburg" begann der Aufstieg Neutrauchburgs zum Heilklimatischen Kurort. Die Gründung erfolgt 1686 in Zusammenhang mit den Wallfahrten zur Lorettokapelle. Ab den 1950er-Jahren entwickelte sich die kleine Ortschaft zum anerkannten Kurort und Rehastandort. Der Schwerpunkt der drei ortsansässigen Kliniken liegt auf Innerer Medizin, Orthopädie und Psychosomatik. Aber auch gesundheitsbewusste Einheimische und Gäste können die Angebote im Therapeutischen Bewegungszentrum nutzen.

Auf der **Schlossstraße** gelangen Sie ans Ortsende, wo links ein Radweg beginnt ~ dieser bringt Sie nach Isny ~ auf dem Radstreifen in die Stadt entlang der **Neutrauchburger Straße** ~ geradeaus über die Querstraße ~ vom Kreisverkehr rechts in die **Bahnhofstraße** ~ nach dem Brauereigasthof in der Rechtskurve links der Bahnhofstraße folgen ~ über den **Burgplatz** ~ an der Kreuzung geradeaus und durch das Stadttor hindurch ~ auf Pflaster auf der **Wassertorstraße** durch die Fußgängerzone.

Isny im Allgäu

Vorwahl: 07562

Büro für Tourismus, Marktpl. 2, ✆ 9999050, @ lym613

Mobilitätszentrale u. DB-Agentur Isny, Unterer Grabenweg 18, ✆ 97354-03. Beratung rund um Bus und Bahn, Ticketverkauf von DB-Fahrscheinen, Fahrscheine des Baden-Württemberg-Tarifs, bodo-Tickets und Isny-Tickets. @ svv275

Kunsthalle Schloss Isny, Schloss 1, ✆ 914100 Im ehemaligen Benediktinerkloster wird das umfangreiche Œuvre des Künstlers Friedrich Hechelmann präsentiert. Visionäre Bilder, Illustrationen und Skulpturen fügen sich harmonisch in das historische Ambiente. @ aif684

Käsküche in Isny

Städtische Galerie im Schloss, Schloss 1, 99990-65 In den Räumen der ehem. Remise vereint sich zeitgenössische Kunst mit historischer Architektur. @ dfp262

Städtische Galerie im Turm (Espantor), Espantorstr. 23, 99990-65 In den Räumen des Stadttors aus dem 13. Jh. werden neben moderner Kunst in den Bereichen Malerei, Fotografie und Skulpturen wechselnde Ausstellungen von Künstlern der Region präsentiert. @ wyq373

Stadtmuseum Isny, Schloss 1, Schloss Isny, 93434 In sechs Themenräumen gibt es die spannende Isnyer Stadtgeschichte zu entdecken. Was die Stadt Isny seit ihrer Gründung bis heute prägt, sind ihre Bewohner. Geschichten und Erinnerungen werden hier wieder lebendig. @ eks847

Wassertor-Museum, Wassertorstr. 52, 93434 Teil der Stadtmauer, ehemaliger Wehrturm mit Gefängnis und Türmerwohnung. Neben der Feuerwehrgeschichte und dem Wintersport widmet sich jedes der fünf Stockwerke einem anderen Thema. @ djx274

Kirche St. Georg und Jakobus, Kirchpl. 1. Die ursprünglich aus dem 11. Jh. stammende ehemalige Klosterkirche wurde nach dem Stadtbrand 1631 neu erbaut, der Innenraum erst im 18. Jh. vollendet. Besonders sehenswert ist die Ausstattung im Stil des feudalen Rokokos mit plakativen Deckenfresken, kunstvollen Stuckarbeiten und prunkvollen Altären. @ ssr736

Nikolaikirche, Kirchpl. 1 Mit Predigerbibliothek. 1288 als Leute-Kirche unter dem Patronat des Klosters vollendet. Mit der Reformation wurde die Kirche im 16. Jh. evangelische Stadtpfarrkirche. Über der Sakristei befindet sich eine original erhaltene Stiftungsbibliothek aus dem 15. Jh. Die Predigerbibliothek ist nur im Rahmen einer Führung zu besichtigen. @ hmk223

Gottesackerkapelle St. Josef, Senngutweg 34. Der Rundbau aus dem 18. Jh. besticht mit seiner barocken Architekturmalerei zum Thema Himmel und Hölle.

Marienkapelle, Kirchpl. 1. Das Kleinod befindet sich in einem Seiteneingang der Kirche St. Georg und Jakobus. Eine Holzkassettendecke mit eingelassenen Leinwandölgemälden ziert neben dem ehemaligen Chorgestühl der Mönche und den Altären im späten Rokoko den abgeschiedenen Ort. @ ddw562

Ölbergkapelle, Schlossstr. 1. Die ehem. Friedhofskapelle aus dem 15. Jh. wurde beim vernichtenden Stadtbrand 1631 verschont und ist heute Gedächtnisstätte für Opfer des Krieges und der Gewaltherrschaft. @ its423

Schloss Isny, Schloß 3. Die ehem. Klosteranlage der Benediktinerabtei wurde 1096 gegründet und nach dem großen Stadtbrand 1631 im barocken Stil wiederaufgebaut. Nachdem die Stadt und das Kloster 1803 an Graf Otto Wilhelm von Quadt-Wykradt fielen, diente es danach als gräfliche Familienresidenz. Durch einen Verkauf an die Stadt Stuttgart wurde das Schloss 1942 zu einem Krankenhaus und später zu einer Klinik und Pflegeheim umfunktioniert. Heute sorgt eine Privatstiftung für den Erhalt der barocken Gebäude und sie bilden einen wichtigen Ort für Kunst und Kultur.

Blaserturm, Marktpl. 1. Der Turm stammt aus dem 15. Jh. und diente als Hochwacht. Bei Gefahr blies ein Wächter ins Horn, daher der Name Blaserturm. @ bne682

Bike Park Max Wild Arena, Zur Ludwigshöhe 3, 07564/858930. Mit dem Lift nach oben, mit dem Bike downhill durchs Gelände. Geeignet für alle Altersgruppen, mit Equipment-Verleih. @ dqx728

Käsküche Isny, Maierhöfener Str. 78, 912700 Die Besucher der Schaukäserei erhalten Einblick in die Kunst der Käseherstellung und der Käsereifung. Für ihre Arbeit erhielt die Käsküche zahlreiche Preise. @ kqm862

Rathaus, Wassertorstr. 1-3. Das Rathaus aus dem 15. Jh. ist eine Verbindung von drei ehemaligen Patrizierhäusern. Im 17. Jh. wurde es im frühbarocken Stil umgebaut. @ ave846

Bodenmöser Die Moorlandschaft zählt zu einer der großflächigsten Moorkomplexe Süddeutschlands und reicht bis an die Stadtgrenze von Isny. Ein Naturpfad und mehrere Wanderwege durch das Niedermoor bieten reichhaltige Informationen über die Landschaft und die Artenvielfalt der hier beheimateten Tier- und Pflanzenwelt. @ eoe156

Waldbad, Lohbauerstr. 59-69 Badestelle mit Umkleiden und Sanitäranlagen am Felderholzweiher.

Die Stadt Isny kann auf eine 1.000-jährige Geschichte

A29
Sommersbach
Unterharprechts
Oberharprechts
Kapelle Sankt Maria
Neumössingen
Berghotel Jägerhof
Peterhof
Maxbauer
Dengeltshofen
Dengeltshofer Berg
725
Neutrauchburg
Adventure-Golf
Rengers
Rohrwies
Zell
Untere Argen
Bühlberg
720
Buchweiher
Siggen
Schlossweiher
Matzen
Argenbühl
Albris
Haizen
Eschen
690
2,8
3,2
1,2
3
A28
L265
K8014
Unterried
Halden
Reidbach
Riedmüllermoos
Isny
im Allgäu
L318
Römerkastell Vemania
Kleinhasl
Burkwang
NSG Schächele
Sägeweiher
Nägelsweiher
Gottesackerkapelle
Naturlehrpfad Bodenmöser
Espantor
Gästeinformation
0,4
34
Harprechtser Moos
Rieder Moos
NSG Bodenmöser
Gründelsmoos
Rotmoos
Ach
Willatz
Sandraz
Oberweihers
Böschleshof
Kirchstr.
Aphorismen und Zitate-Wanderweg Saint Exupéry
Schnaidt
Eisenharz
Gründels
Schweinebach
Max Wild Arena
1,8
Käsküche
B12
Anwanden
Thomasberg
780
Haslachholz
Linzgis
Ochs am Berg
Untervorholz
Obervorholz
Dorenwaid
Hochberg
Rauen
Ehrhafts
Biesen
0,8
Wolfbühl
Waibelhof
Hofs
1
Staudacher Weiher
Badestelle Moorbad
NSG Staudacher Weiher
A30
Isnerberg
Altringenberg
Hochstädt
St1318
Schweineburg
Lengersau
Rutzenbach
Bodenweiherbach
Eisenharzer Weg
73

zurückblicken. Graf von Altshausen-Veringen stiftete 1042 eine Kirche, die gegen Ende des 11. Jahrhunderts von Benediktinermönchen in ein Kloster umgewandelt wurde. Die Stadt gelangte durch die Herstellung und den Handel von Leinwand zu Ansehen und Reichtum. 1631 zerstörte ein verheerender Brand einen Großteil der Häuser in der Stadt. Diese Katastrophe war einschneidender als der Dreißigjährige Krieg.

Im ausgehenden 19. Jahrhundert entstanden erste Vereine, die den Tourismus förderten. 1924, im Jahr der ersten Olympischen Winterspiele, war Isny Austragungsort der Ersten Deutschen Nordischen Skimeisterschaften.

Eingebettet in die idyllische Landschaft mit Blick auf die markante Bergkette der Allgäuer Alpen liegt der heilklimatische Kurort. Isny ist ein mittelalterliches Oval mit Stadtmauer, Wehrtürmen, Bürgerhäusern und Schloss. Geschichte ist Teil der Gegenwart. Das zeigt sich beim Streifzug auf dem Wehrgang oder beim Spaziergang durch die mit Patrizierhäusern gesäumte Wassertorstraße. Das Berg- und Hügelland um Isny formten vor 10.000 Jahren mächtige Gletscher. Die „junge" Landschaft prägen heute Naturräume, wie die Adelegg mit Schwarzem Grat, die Eistobelschlucht und die Moore Bodenmöser und Taufach-Fetzach-Moos.

Von Isny nach Lindenberg 23,9 km

Am Ende der Fußgängerzone über den **Marktplatz** ~ nach dem Blaserturm links ~ in einer Rechtskurve vor zur Stadtmauer ~ links durch die Stadtmauer, **Grabenstraße 34** ~ leicht nach links versetzt weiter auf der **Wilhelmstraße** ~ beim letzten Haus geradeaus auf den Radweg ~ an den Gärten entlang ~ an der **Maierhöfener Straße** links halten und dem Begleitweg folgen ~ am Ende des Weges rechts über die Straße, an der Sennerei vorbei und weiter auf dem Asphaltweg parallel zur B 12 ~ bergauf und links auf der Brücke über die Bundesstraße ~ rechts bergab auf dem Asphaltweg an die Landstraße ~ rechts auf den straßenbegleitenden Radweg Richtung Maierhöfen ~ vorbei an einem Gasthaus und in weiterer Folge an den Häusern von **Biesen** und **Hochstädt** ~ danach radeln Sie auf dem Radweg durch **Beeren** und **Anderhalbs** ~ bei **Vorholz** links unter der Straße hindurch ~ links zu den Häusern von Vorholz ~ im Rechtsbogen wieder an die Straße und links auf den Radweg ~ Sie kommen nach Maierhöfen ~ am Sportplatz vorbei und links in den **Ibergweg** Richtung Eistobel.

Maierhöfen

Vorwahl: 08383

Gästeamt, Brunnenweg 2, ✆ 98040, @ fsy257

Skulpturenweg, Brunnenweg 2 (24) Der knapp 5 km lange Rundweg verbindet Natur- und Kunsterlebnis. @ ayg681

Infoplattform Vorholz (24) Der Blick über die von Eiszeiten geprägte Landschaft reicht bis zu den in der Schweiz liegenden Bergen des Alpsteinmassivs.

An der folgenden Kreuzung rechts in die Sackgasse Richtung Ferienzentrum ~ rechts halten ~ auf dem idyllischen Weg kommen Sie an einigen Streuhöfen vorbei und schließlich nach Riedholz.

Riedholz (Maierhöfen)

Im Ort rechts, vorbei am Gasthof ~ es geht bergauf ~ bergab im Rechtsbogen zur Vorfahrtsstraße hin ~ an der Vorfahrtsstraße links Richtung Eistobel auf dem Begleitweg ~ ⚠ Schiebestrecke über die Argenbrücke ~ gleich nach der Brücke die Straße überqueren und rechts einbiegen Richtung Eistobel.

Eistobel (Grünenbach)

Vorwahl: 08383

Argentobelbrücke. Von der 230 m langen Bogenbrücke über die Schlucht des Eistobels lohnt ein Blick auf die mehr als 50 m tiefer fließende Obere Argen.

Eistobel Argen, Eingangspavillon Argentobelbrücke, ✆ 7265. Entstanden ist der Eistobel vor ca. 15.000 Jahren, als gegen Ende der letzten Eiszeit allmählich wieder wärmeres Klima herrschte. Im Talbecken der heutigen Ortschaft Ebratshofen bildete sich ein Schmelzwassersee, dessen Abfluss sich immer mehr in das Gestein einschnitt. Heute zählt die Schlucht

A30
Hofs
Staudacher Weiher
Badestelle Moorbad
NSG Staudacher Weiher
Altringenberg
Hochstädt
St1318
1,8
Rutzenbach
Schweineburg
Lengersau
A29
Osterwald
Burg
Hochglend
Rothentöbele
Infoplattform Vorholz
Maierhöfener Bach
Eglofs
1,2
K8011
Museum Eglofs
B12
Saubach
Eyb
Obere Argen
A28
Malleichen
Hochtobelbach
Brugg
Säntisweg
Hubers
Happach
0,8
Neppen
Maierhöfen
Ringenberg
In der Höll
Altenburg
Horben
Eggen
Flucken
Skulpturenweg
Harratried
Sennereiweg
Gestratz
Schwarzen
Heimathaus
Grünenbacher Str.
Zwirkenberg
Untersteig
Bauschwanden
Riedholz
2,2
Wolfershofen
Thalendorf
Eistobel
Argentobelbrücke
K8011
Altensberg
Au
Riedholzer Kugel
Steinegaden
NSG Eistobel
Iberg
Hohenegger Berg
Schneit
St2001
Sennerei
Minigolf
Hohenegg
Ansitz Hohenegg
Egg
Grünenbach
St2001
A31
Lindauer Str.
Ruine Altlaubenberg
35
3,6
Kapf
Schüttentobel
75
Riedhirsch
Oberhäuser
St. Martin
Schönau
St2001

Lindenberg Stadtpfarrkirche

„Eistobel" zu den schönsten Geotopen Bayerns, die Vegetation erinnert manchmal an tropischen Regenwald. Auch die Fauna ist ganz speziell an diesen Standort angepasst. Gut zu sehen sind diese Spezialisten des Tierreiches und vieles andere in den Kurzfilmen, die Sie im Infopavillon beim Eingang sehen können. Im eigentlichen Tobel wandern Sie an folgenden besonders markanten Punkten vorbei: Die „Ersten Wasserfälle" werden durch eine Barriere aus hartem Nagelfluh gebildet. Der „Große Wasserfall" rauscht 18 m über eine schräge Felswand in ein tiefes Becken. Der „Zwinger" ist ein enger Abschnitt mit einer Menge an verstreuten Felsblöcken. Die „Hohe Wand" besteht aus Sandstein und ist fast 50 m hoch. Der dritte große Wasserfall heißt „Wasserfall am Eissteg", etwas oberhalb befindet sich noch die „Große Nagelfluhwand", wo die Argen zu einem kleinen See aufgestaut ist. @ dnw722

Erst rechtsherum und danach links ~ beim Eingang zum Eistobel im Linksknick weiter ~ es beginnt ein Radweg ~ rechts an der Straße entlang im ständigen leichten Auf und Ab ~ Sie kommen nach Grünenbach und biegen bei der ersten Möglichkeit rechts ein, **Auf der Au** ~ gleich wieder links in den **Sennereiweg** ~ leicht bergab zwischen den Häusern hindurch.

Grünenbach

Vorwahl: 08383

- **Gästeamt Grünenbach**, Hauptstr. 49, ✆ 929981, @ roe762
- **Minigolf am Laubenberg**, Riederweg 9a, ✆ 7622. Minigolf und Biergarten. @ dyc158
- **Sennerei**, Sennereiweg 2, ✆ 929991. Im Kupferkessel der kleinen Käseküche entstehen aus naturbelassener und silagefreier Rohmilch jährlich stattliche 150.000 kg leckere Schnittkäse-Spezialitäten. Zum Teil werden je nach Saison auch frische Kräuter wie Bärlauch oder Bergschnittlauch beigemischt. @ nva243

An der Sennerei vorbei und links halten ~ an der **Hauptstraße** rechts abbiegen ~ an der Kirche vorbei ~ es beginnt ein Radweg links entlang der Hauptstraße und führt aus Grünenbach hinaus ~ am Sägewerk vorbei ~ am Ortsbeginn von Schönau endet der Radweg.

Schönau (Grünenbach)

Sie gelangen an die Vorfahrtsstraße, **Lindauer Straße** ~ hier rechts Richtung Röthenbach ~ ab Ortsende gibt es einen Rad- und Fußweg ~ bei der starken Linkskurve endet der Radweg und es geht stark bergab auf der Straße mit gutem Ausblick auf Röthenbach ~ nach der Rechtskehre kommen Sie in den Ort auf der **Kemptener Straße**.

Röthenbach im Allgäu

Vorwahl: 08384

- **Gästeamt**, Mühlenstr. 1, ✆ 1816, @ iem242
- **Pfarrkirche St. Martin**, Kirchweg 4, ✆ 517. Vor der Kirche aus dem 13. Jh. befindet sich der Heiligenbrunnen (1566). @ ily774

Von der Durchfahrtsstraße biegen Sie links ab Richtung Oberhäuser auf die **Montfortstraße** ~ an der Kirche vorbei ~ am Ortsende beginnt rechts entlang

Opfenbach
Litzis
Engenberg
Kemptener Str.
Riedhirsch
Oberhäuser
St. Mar
Montfortstr.
Osterholzstr.
Rentershofen
A31
A30
Heimen
Goßholz
Auers
Baldauf's Käs- und Weinkeller
St2378
Ehem. Bahntrasse
Mühlbach
Weihers
Hofgut Ratzenberg
Goßholzer Str.
Kappenbach
Moosbach
Waldsee
Moorlehrpfad
Dt. Hutmuseum
Manzen
Ellhofen
Findling
St. Peter und Paul
Hauptstr.
Lindenberg
im Allgäu
Allmannsried
Ellhofer Moos
Blättla
Heimatstube
Ellhofer Tobel
Kinberg
B308
Ruppen
St2001
Berbrugg
Balzer Berg
Reptilienzoo
Haus
Scheidegger Wasserfälle
Bieslings
Hammermühle
Burgberg
Simmerberg
Rickenbach
Scheidegg
Rohrach
Gräbenbach
Bräustatt und Taferne
Balzhofen
Postbrauerei Weiler
Alte Salzstr.
Nagelshub
Heimathaus
Bahnhofstr.
Heimatmuseum
Bremenried
Kornhaus
Weiler
im Allgäu
Döserscheidegg
Sennerei
Rieder
Burkats
A32
Ihlingshof
Hochseilgarten
Minigolfplatz Scheidegg
Forstenhäuser
Hausbachklamm
Hasenried
35
36
37
77
3,6
2,4
3
0,8
1
3,8
1,5
2

Scheidegger Wasserfälle

der Straße ein Radweg ~ leicht bergab und dann hinauf nach Rentershofen (Freibad).

Rentershofen (Röthenbach im Allgäu)

Freibad, Rentershofen 8, ✆ 08384/452

Es folgt ein kurzes, fast ebenes Stück ehe es auf der Straße steil nach Oberhäuser hinauf geht ~ nach der Bahnunterführung rechts auf den Radweg Richtung Bahnhof.

Oberhäuser (Röthenbach im Allgäu)

Kurz vor dem Bahnhof links ~ über den Parkplatz am Bahnhof vorbei 35 ~ parallel zu den Gleisen ~ der Linkskurve folgen ~ auf dem mittleren Weg unter der Straße hindurch und nun immer auf dem Radweg rechts der Staatsstraße bleiben ~ in Höhe der Straßenabzweigung nach Weiler steigt der Radweg leicht an ~ er bringt Sie bald zur Radwegbrücke bei einem Kreisverkehr, hier ein schöner Rundblick auf die Berge und Oberschwaben ~ es geht stetig leicht bergauf durch Wald und Wiesen ~ vorbei an einem Rastplatz ~ leicht bergauf kommen Sie zu den ersten Häusern von Lindenberg im Allgäu ~ auf dem Radweg kommen Sie zur Vorfahrtsstraße **Goßholzer Straße** ~ Sie queren diese leicht links versetzt ~ weiter auf dem Radweg bis zur **Nadenbergstraße** ~ leicht rechts in die **Bgm. Schmitt-Straße** am Ende des Werksgebäudes links auf den Radweg ~ am Werksgelände entlang ~ die Poststraße überqueren ~ vor dem Supermarkt rechts und gleich links ~ auf dem Radweg am Supermarkt entlang und durch den **Stadtpark** ~ im Park auf der kleinen Brücke über den Moosbach.

Lindenberg im Allgäu

Vorwahl: 08381

Tourist Information, Museumspl. 1, in der Kulturfabrik, ✆ 9284310, @ tbj648

Hutmuseum, Museumspl. 1, ✆ 9284320 Die Huttradition Lindenbergs geht auf das 16. Jh. zurück, in der Biedermeierzeit wurden die ersten Hutfabriken gegründet. Im 20. Jh. erlebte dieser Industriezweig seine Blüte und Lindenberg wurde sogar „Klein-Paris der Hutmode" genannt. Heute gibt es nur mehr eine Hutfabrik in Lindenberg. @ bej767

Stadtpfarrkirche St. Peter und Paul, Goethestr. 3. Imposanter neobarocker Bau aus dem 20. Jh. @ abv337

Aussichtsturm, Am Nadenberg (7d) Neben einem herrlichen „Siebenländerblick" wartet der Turm mit einer kleinen Ausstellung zur Entstehungsgeschichte auf.

Aureliuskirche, Antoniuspl. (24) Die Kirche prägte rund 600 Jahre das alte Ortszentrum. Nach Zerstörung im 30-jährigen Krieg wurde sie neu errichtet und ist für Ihre zahlreichen Reliquienschreine und den kunstvollen Friedhofspark bekannt. @ wsc144

Lindenberger Waldsee, Austr., ✆ 940772. Liegewiese, Sanitäranlagen, Kiosk. @ dpu644

Hallenbad Lindenberg, Am Mühlbach 6, ✆ 82504, @ byq335

Von Lindenberg nach Weiler 10,5 km

Unter der Straßenbrücke hindurch ~ auf dem Radweg am nächsten Supermarkt, dem Gymnasium und den Tennisplätzen vorbei ~ **36** geradeaus über die Austraße und weiter auf dem Radweg über die Wiese ~ an einem großen Parkplatz vorbei.

AKTIV Gleich danach ist ein kurzer Abstecher zum Waldsee möglich

Auf dem Radweg geradeaus weiter durch den Wald ~ auf Asphalt kommen Sie aus dem Wald heraus ~ nach dem Fabriksgelände der Linkskurve folgen ~ auf dem Radweg rechts zum Ortsteil Haus ~ links unter der B 308 hindurch ~ auf dem straßenbegleitenden Radweg weiter bis zum Kreisverkehr ~ nach dem Kreisverkehr auf den Radstreifen entlang der Bahnhofstraße wechseln ~ es geht leicht bergauf durch den Ort.

Scheidegg

Vorwahl: 08381

Scheidegg Tourismus, Rathauspl. 8, ✆ 8942233, @ wnl446

Handwerkermuseum Heimathaus, Schlosserweg 3, ✆ 8942233 Besichtigung nur mit Führung möglich. @ gbx355

Hochseilgarten, Kurstr. 14, ✆ 928489 Kletter- und Freizeitparadies für Groß und Klein in dem weitläufigen Areal der Sportalm. Stärken können Sie sich im Restaurant „Kässtadl" oder im Bistro. @ igj745

skywalk allgäu, Oberschwenden 25, ✆ 8961800 Naturerlebnispark mit Baumwipfelpfad, Abenteuerspielplatz, Streichelzoo sowie Waldlehr- u. Barfußpfad. @ bbl745

Reptilienzoo Scheidegg, Gretenmühle 9, ✆ 8917538 In Terrarien gibt es verschiedene Echsen, Spinnen, Skorpione, Warane sowie Schlangen zu sehen. Im Außenbereich befinden sich einheimische und europäische Reptilien wie Schildkröten, Kreuzottern, Feuersalamander und Kröten. @ lsb528

Scheidegger Wasserfälle, Gretenmühle 11A, Rickenbach, ✆ 2129 Eindrucksvolles Naturschauspiel mit mächtigen Gesteinsstufen und tosenden Wasserfällen. Mit digitalem Geo-Erlebnispfad, Wasserspielplatz, Märchenpfad und einem Rundweg durch die wildromantische Rohrachschlucht. @ nmh688

AlpenFreibad Scheidegg, Forst 113, ✆ 1440, @ dae711

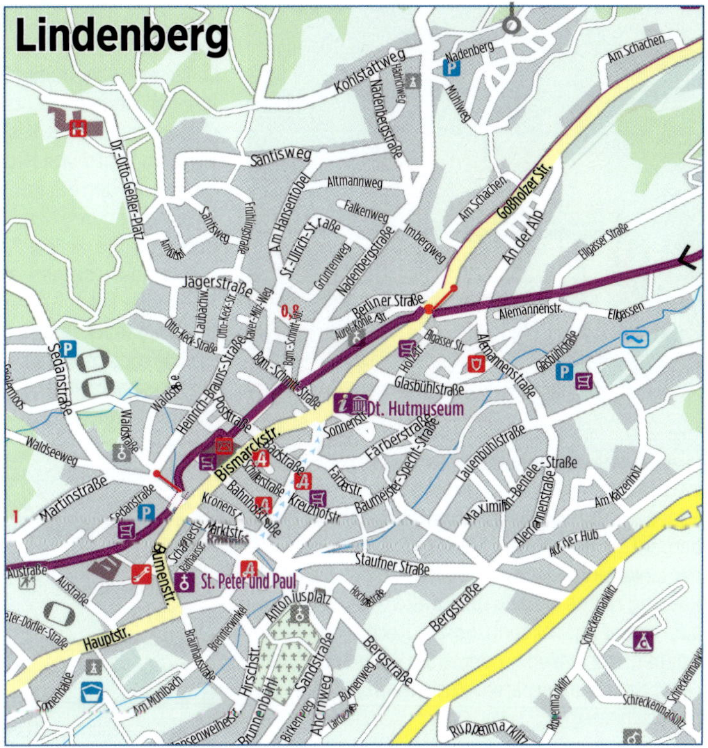

Weiler im Allgäu, Rathaus

Im Zentrum links dem Radschild Richtung Weiler folgen ~ auf der **Blasenbergstraße** geht es leicht bergauf ~ bergab auf der **Hochgratstraße** ~ in der Linkskurve Richtung Weiler ~ hier beginnt ein Radweg rechts entlang der Straße ~ es geht bergauf, vorbei am Kurzentrum zur Rechten und dem Golfplatz zur Linken ~ bergab am Waldrand entlang ~ mit einer wunderbaren Aussicht kommen Sie nach Böserscheidegg.

Böserscheidegg (Scheidegg)

Vorwahl: 08381

Dorfsennerei Böserscheidegg, Böserscheidegg 12, ✆ 83456 (7d), @ uct442

In einer starken Rechtskurve durch den Ort ~ ab Ortsende auf dem Radweg bergab ~ biegen Sie vor dem Schild von Kapfreute rechts ein ~ es geht bergab zu den Häusern von **Altenburg** ~ in einer Linkskehre durch den kleinen Ort ~ in **Bremenried** gelangen Sie an die Vorfahrtsstraße und biegen rechts ab ~ bergab an die Stoppstraße ~ beim Hofstädele links ~ ⚠ Achtung schlechte Sicht ~ auf der **Bregenzer Straße** radeln Sie über eine Brücke nach Weiler im Allgäu ~ weiter auf der **Hauptstraße** am Hausbach entlang.

Weiler-Simmerberg

Vorwahl: 08387

Tourist-Information, Hauptstr. 14, ✆ 39150, @ inc415

Kornhaus, Hauptstr. 13, ✆ 1654, nur während einer Ausstellung. Im 18. Jh. als Kornspeicher für Notzeiten errichtet, bietet das historische Gebäude heute ein rustikales Ambiente für Kunst- und volkskundliche Ausstellungen sowie eine Sammlung von altem Handwerkzeug. @ pqc175

Pflanzenkundliche Schausammlung, Fridolin-Holzer-Str. 13, ✆ 39150 (7d) Schwerpunkt: Lebenspflanzen aus der Region. @ yhl752

Westallgäuer Heimatmuseum, Hauptstr. 2, ✆ 650 Im über 300 Jahre alten Gasthaus sind Exponate heimatlicher Kultur und Geschichte ausgestellt. @ lsh386

Käsereigenossenschaft Bremenried eG, Bregenzer Str. 96, ✆ 2658. Die Produktion kann tägl. beobachtet werden und es gibt auch Sennereiführungen. @ tqe761

Postbrauerei Weiler, Käsg. 17, ✆ 92100, @ kvu764

Freibad, Kristinusstr. 71, ✆ 391810, @ hgo457

Von Weiler nach Stiefenhofen 8,3 km

Auf der **Alois-von-Brinz-Straße** am Heimatmuseum vorbei ~ dem Straßenverlauf folgend weiter durch den Ort ~ rechts auf die **Simmerberger Straße** ~ am Ortsende rechts auf den Radweg entlang der Straße ~ hier beginnt eine starke Steigung ~ beim Kreisverkehr unter der Querstraße hindurch ~ Sie kommen nach Simmerberg.

Simmerberg (Weiler-Simmerberg)

Vorwahl: 08387

Braustätt und Taferne, Ellhofer Str. 2, ✆ 3806. Historisch eingerichteten Räume, Erlebnisgastronomie mit Braukessel-Ausschank und Brauereiführungen. @ gjc381

Auf der **Alten Salzstraße** geht es durch den Ort ~ beim Zunftbaum in der Rechtskurve rechts halten Richtung Stiefenhofen ~ in der Linkskehre weiterhin bergauf ~ am Friedhof vorbei in einer Rechtskehre immer bergauf ~ 37 am Ortsende auf den Radweg ~ geradeaus entlang der **Li 4** ~ nach **Burkatshofen** geht es sportlich bergauf ~ nach dem Fahrbahnteiler und dem kleinen Waldstück links, die Straße queren ~ ⚠ Vorsicht!

Hopfen (Stiefenhofen)

Vorwahl: 08386

- **Artemisia Allgäuer Kräutergarten**, Hopfen 29, ✆ 960510 Mit Gärtnerei, Hofladen, Gaststube und versch. Veranstaltungen. @ aky368
- **Sennerei Hopfen**, Hopfen 12, ✆ 2833, @ qjr778

Ein Weg mit 6 t Beschränkung und bergauf ~ Sie kommen nach **Isenbretshofen** ~ vorbei an einem Ferienhof ~ auf schmaler Straße zwischen den Häusern hindurch ~ leicht bergab und bergauf ~ an einer Zimmerei vorbei ~ bergauf über die Kuppe und dann bergab in der Rechtskurve ~ an einem Hof vorbei ~ leicht bergauf ~ mit einer schönen Aussicht rundherum ~ an der folgenden Wegkreuzung geradeaus den Schildern der Tobelbachrunde folgen ~ durch ein Waldstück hindurch und bergab ~ in der folgenden Linkskurve mit 15 % bergab ~ Sie haben eine tollen Ausblick auf Stiefenhofen ~ bergab in den Ort auf der Straße **Lautenberg**.

Stiefenhofen

Vorwahl: 08383

- **Gästeamt**, Hauptstr. 16, ✆ 7200, @ fkp135
- **St. Martin**, Hauptstr. Der gotische Chor (1500) und der Turm (erstmals 1476 erwähnt) blieben beim Neubau der im Jugendstil erbauten Kirche (1912) erhalten. Bei der Renovierung (1979-82) wurde der Innenraum farblich gestaltet.

Stiefenhofen liegt inmitten sanfter Hügel, bunter Wiesen und saftiger Bergweiden. Die knapp 2.000 Einwohner verteilen sich auf 25 Weiler. Das Kräuterdorf hat sich der wohltuenden Welt der Heilpflanzen verschrieben und ist bei Wanderern und Erholungssuchenden wegen seiner Gastfreundschaft sehr beliebt.

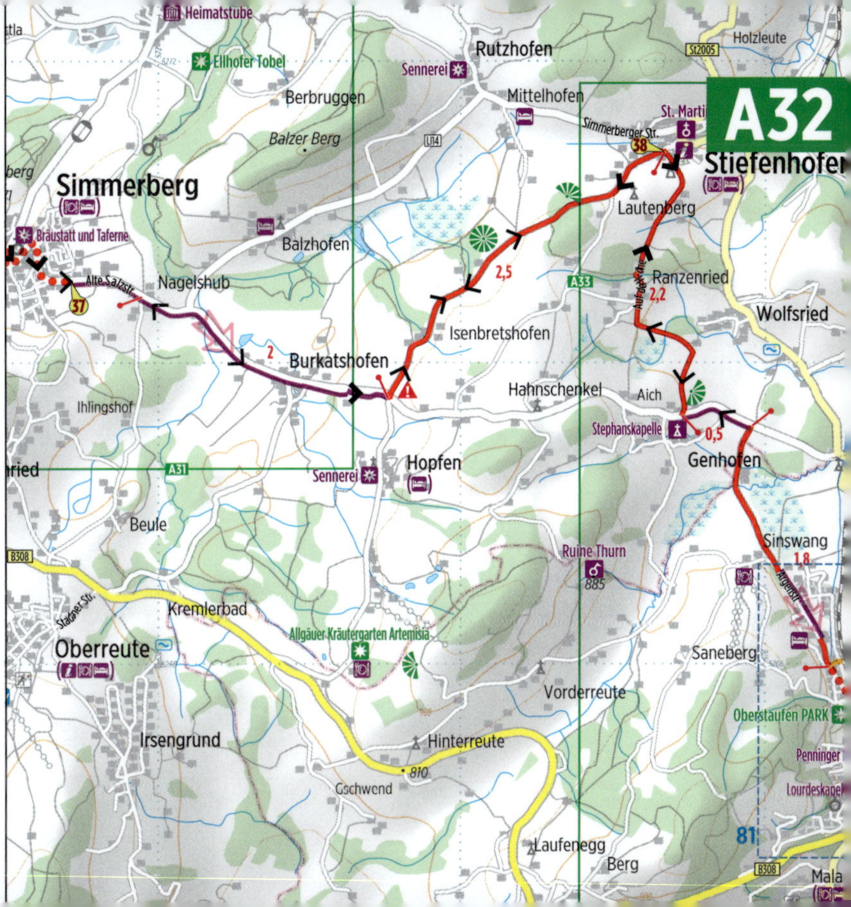

Radrunde Allgäu - Von Stiefenhofen nach Füssen

155,2 km

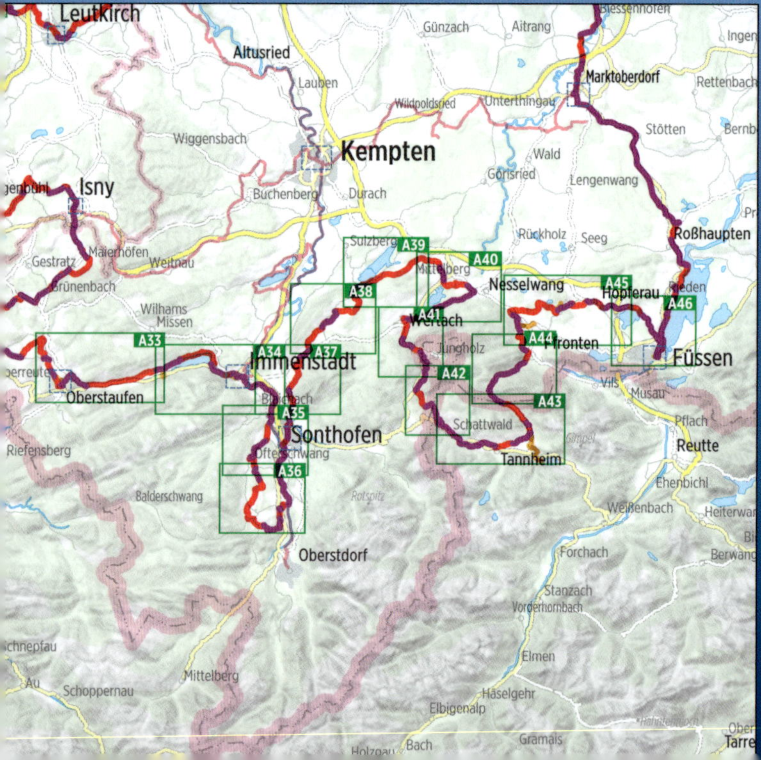

HM/km: ⇗ 7,4 (1.141m) ⇘ 7,4 (1.144m) **Radweg:** 49 % **Unbefestigt:** 10 % **Verkehr:** 2 %

Der dritte Abschnitt führt Sie vom Kräuterdorf Stiefenhofen in die Tourismushochburg Oberstaufen mit dem Heimatmuseum Strumpfarhüs. Von Oberstaufen radeln Sie auf der idyllischen Alten Salzstraße durch das sehenswerte Tal der Konstanzer Ach, Sie passieren den Großen Alpsee und erreichen schließlich Immenstadt und die Iller. Hinter Immenstadt erst gemütlich entlang der Iller, dann etwas bergiger über die Orte Ofterschwang und Bolsterlang aus dem Tal hinaus. Mit wunderbaren Ausblicken auf das Alpenpanorama geht's bergab ins Illertal nach Fischen und weiter auf dem Iller-Radweg nach Sonthofen, das Sie mit seinen zahlreichen Sehenswürdigkeiten erwartet. Ab Rettenberg kurz nach Sonthofen beginnt die Route stetig zu steigen. Immer leicht bergauf geht es am Rottach- und am Grüntensee vorbei, bevor Sie in Jungholz kurz auf österreichischen Boden gelangen. Danach wieder kurz über deutsches Staatsgebiet bevor Sie dem höchsten Punkt der Radrunde Allgäu im österreichischen Tannheimer Tal entgegen radeln. Von nun an führt die restliche Route bis Füssen stets leicht bergab und gegen Ende am schönen Hopfensee vorbei.

Die Strecke führt zu Beginn auf Wirtschaftswegen und Radwegen entlang. Der Radweg entlang der Iller und kurze Abschnitte zwischen Sonthofen und Füssen sind gekiest, alle anderen Abschnitte sind asphaltiert. Zu Beginn geht es stetig leicht bergab mit einer kurzen Steigung nach Immenstadt hinein und aus dem Tal der Iller stark bergauf nach Ofterschwang. Vom Berghang fällt die Route wieder ab ins Illertal und dort geht's dann eben dahin nach Sonthofen.

Stiefenhofen s. S. 81

Von Stiefenhofen nach Oberstaufen 5,5 km

38 Noch vor den ersten Häusern rechts Richtung Oberstaufen ~ stark bergauf, **Auf der Höhe** ~ leicht bergab ~ zwischen den Höfen von **Ranzenried** hindurch ~ danach geht es bergab ~ scharfe Linkskurve und weiterhin bergab ~ Sie kommen zu den ersten Häusern von **Genhofen** und können den wunderbaren Ausblick genießen.

Genhofen (Stiefenhofen)

St. Stephan Kapelle. Aus dem 14. Jh. mit einem sehenswerten spätgotischen Astkreuz, einer berühmten eisernen Sakristeitüre mit Hufeisen und dem Hauptaltar von Adam Schlanz aus 1523. Geöffnet ist die Kapelle, wenn rote Fähnchen im Regenrohr stecken. Den Schlüssel kann man auch in der Schmiedewerkstätte gegenüber abholen. @ pyc324

An der Vorfahrtsstraße links ~ am Ortsende auf den Radweg ~ durch die kleine Siedlung ~ am Ende des Radweges rechts einbiegen Richtung Oberstaufen ~ am Sägewerk und **Sinswang** vorbei ~ auf der **Argenstraße** kommen sie nach Oberstaufen ~ auf der **Argenstraße** weiter geradeaus ~ am Parkplatz vorbei und unter der Straße hindurch ~ im Rechtsbogen bis zur Vorfahrtsstraße ~ links in die **Lindauer Straße** abbiegen ~ dem Rechtsbogen in die **Rothenfelsstraße** folgen ~ an der T-Kreuzung links, **Hugo-von-Königsegg-Straße**, und weiter bis zum Kirchplatz.

Oberstaufen

Vorwahl: 08386

Haus des Gastes, Hugo-von-Königsegg-Str. 8, ✆ 93000, @ vjl544

Tourist-Info im Bahnhof, Bahnhofpl., ✆ 93000, @ xre763

Heimatmuseum Strumpfarhüs, Jugetweg 10, ✆ 1300, ✆ 4242 Das originalgetreue Bauernhaus (1788) erzählt den Alltag der „Strumpfwirker", die hier bis 1923 Strümpfe herstellten, und die Geschichte Oberstaufens. @ jkk351

St. Peter und Paul, Rainwaldstr. 6. Dreischiffige Hallenkirche im neugotischen Stil aus dem 19. Jh.

Penninger Schnaps Kabinett, Kirchpl. 2, ✆ 962076 Rund um den Schnaps - von der Herstellung bis zur Verkostung. @ cxs434

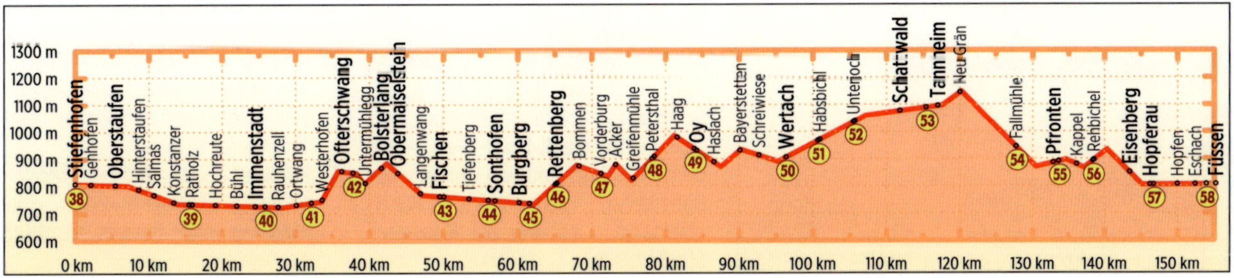

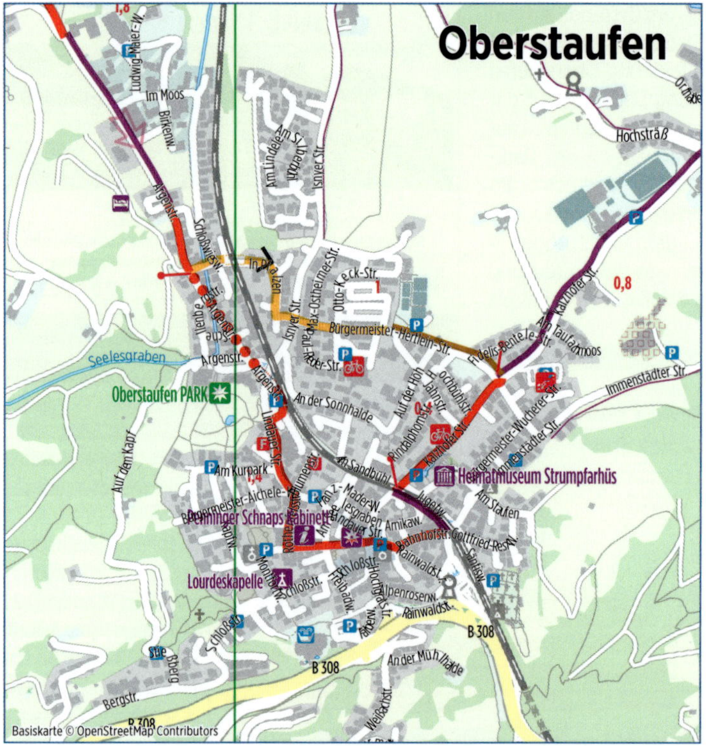

Oberstaufen PARK, Am Kurpark ㉔ Neben Minigolf- u. Kneippanlage, Motorikparcours, weitläufigen Blumenwiesen und Abenteuerspielplatz, laden regelmäßige Konzerte zum Verweilen ein. @ old313

Aquaria, Alpenstr. 5, ✆ 93130 ⑦ Wasserlandschaft mit mehreren Erholungs- oder Aktivitätenbecken, der Saunabereich hat ebenfalls einiges zu bieten: Biosauna, Dampfbad, Panoramasauna u.v.m. @ jfu237

VARIANTE **Es besteht die Möglichkeit die Route um ca. 1,8 km abzukürzen. Biegen Sie dazu links ab in die Straße In Pfalzen, unter den Bahngleisen hindurch und folgen in einem Rechts-Links-Schwenk der orange eingezeichneten Route.**

Von Oberstaufen nach Immenstadt *18,9 km*

Vom **Kirchplatz** links in die **Bahnhofstraße** ⤳ vor dem Bahnübergang links in den **Heidi-Biebl-Weg** ⤳ auf dem Fuß- und Radweg entlang der Bahngleise ⤳ rechts über den Bahnübergang ⤳ entlang der **Kalzhofer Straße** bis zum Kreisverkehr ⤳ geradeaus und links in den Radweg ⤳ am Sportplatz vorbei ⤳ an der Kreuzung mit der **Klosterstraße** rechts.

Kalzhofen (Oberstaufen)

Rechts auf den Radweg und bergab aus Kalzhofen hinaus ⤳ Sie durchfahren die Siedlung Wengen.

Wengen (Oberstaufen)

Vorwahl: 08386

Miniwelt, Wengen 15, ✆ 960711 ⑦ Auf der Anlage befinden sich Modellnachbauten der Streckenabschnitte von Rhein und Mosel. @ cty156

Der Radweg wechselt die Straßenseite kurz vor der Eisenbahnbrücke ⤳ gleich nach der Bahnunterführung links nach **Knechtenhofen**

Hinterstaufen (Oberstaufen)

Vorwahl: 08386

Hündlebahn, Hinterstaufen 10, ✆ 2720. Ausgangspunkt für Wanderungen im Naturpark Nagelfluhkette. Fahrräder können in der Gondelbahn transportiert werden. @ jgx633

Freizeitareal Talstation Hündlebahn, Hinterstaufen 10, ✆ 2720 ⑦ Mit Sommerrodelbahn, Erlebniswanderweg, Bungee Trampolin, Minigolfplatz, Kleintiergehege u.v.m. @ upg516

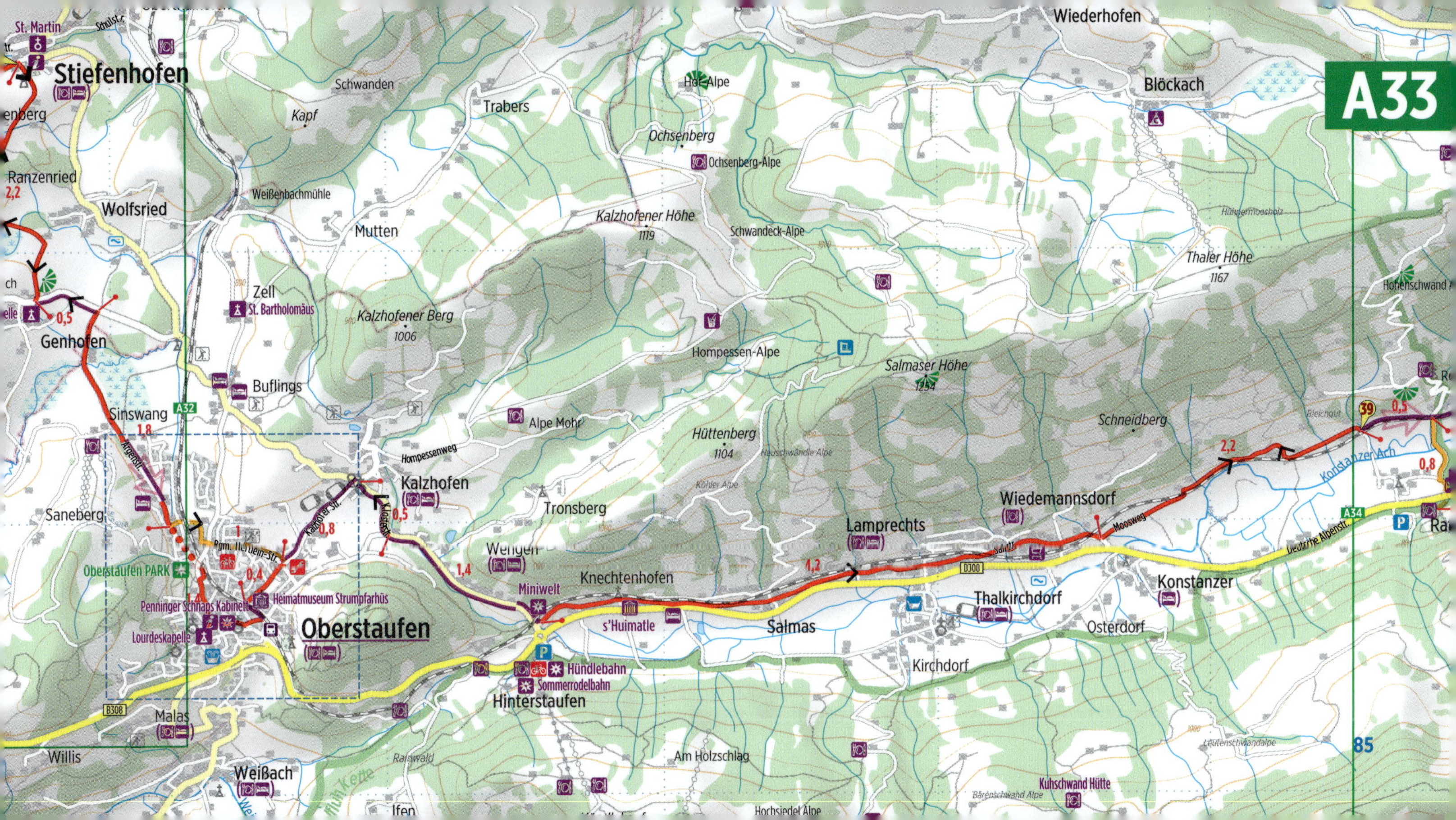
A33
St. Martin
Stiefenhofen
Schwanden
Kapf
Trabers
Hof-Alpe
Ochsenberg
Ochsenberg-Alpe
Wiederhofen
Blöckach
Ranzenried
Wolfsried
Weißenbachmühle
Mutten
Kalzhofener Höhe
1119
Schwandeck-Alpe
Thaler Höhe
1167
Hohenschwand
Zell
St. Bartholomäus
Kalzhofener Berg
1006
Genhofen
Hompessen-Alpe
Salmaser Höhe
1254
Buflings
Sinswang
A32
Alpe Mohr
Hüttenberg
1104
Schneidberg
Hompessenweg
Kalzhofen
Saneberg
Tronsberg
Wiedemannsdorf
Lamprechts
Moosweg
Konstanzer Ach
A34
Deutsche Alpenstr.
Wengen
Knechtenhofen
Miniwelt
Oberstaufen PARK
Heimatmuseum Strumpfarhüs
Penninger Schnaps Kabinett
Lourdeskapelle
Oberstaufen
s'Huimatle
Salmas
Thalkirchdorf
Konstanzer
Osterdorf
Kirchdorf
Hündlebahn
Sommerrodelbahn
Hinterstaufen
B308
Malas
Willis
Weißbach
Am Holzschlag
Kuhschwand Hütte
Ifen
Hochsiedel Alpe
85

Großer Alpsee

Knechtenhofen (Oberstaufen)

s'Huimatle, Knechtenhofen 7, 08386/602 Das Bauernhausmuseum wurde 1979 eröffnet und befasst sich mit dem Leben und Arbeiten der Bauern im 17. Jh. @ ksx564

Auf der **Salzstraße** durch das wunderschöne Tal der Konstanzer Ach ~ an Knechtenhofen schließt **Salmas** an und danach **Lamprechts** ~ hier kommen Sie an einer Holzschindlerei vorbei ~ leicht bergauf nach Wiedemannsdorf.

Wiedemannsdorf (Oberstaufen)

Auf der Salzstraße wird die Bahntrasse gequert ~ nach den letzten Häusern fahren Sie im Rechtsbogen über die Bahn ~ danach links in den **Moosweg** ~ an der Bahn entlang ~ im Links-Rechts die Bahn queren und weiterhin daneben her durch das Tal ~ links hinauf durch den Hof hindurch ~ Rechts-Links-Kombination und wiederum an der Bahn entlang ~ in der Rechtskurve vorbei am Ferienhof und noch vor der Bahn **39** links ~ dem Radweg parallel zu den Bahngleisen nach **Reuter** folgen.

AKTIV Wenn Sie hier rechts Richtung Ratholz fahren, kommen Sie zur Alpsee Bergwelt, die umfangreiche und breit gefächerte Freizeitaktivitäten für Groß und Klein anbietet.

Ratholz (Immenstadt im Allgäu)

Vorwahl: 08325

Alpsee Bergwelt, Ratholz 24, 252, 960580. Der Fun-Aktiv Park ist mitten im Naturpark Nagelfluhkette gelegen und bietet neben einer intakten Landschaft und einer faszinierenden Tier- und Pflanzenwelt zahlreiche Freizeitattraktionen: Ganzjahresrodelbahn, Nachtrodeln, Hochseilgarten, Erlebnisspielplätze, viele Tiere und gemütliche Hütten für eine Einkehr. @ ylr544

Auf den Radweg entlang der Bahn ~ zur Rechten eröffnet sich der Ausblick auf den Großen Alpsee ~ im starken Linksbogen zu den Höfen von **Trieblings** ~ rechts halten hinunter zur Bahn und links an

A34
Pfarralpe
Naturpark Nagelfluhkette
Alpseeblick
Hochreute
3,8
Alpseewies
Strandbad Hauser
Freizeitspaß
0,8
Trieblings
Großer Alpsee
See
Hub
Ruine Hugofels
Ruine Rothenfels
1,8
A33
Reuter
AlpSeeHaus
Badeweg
Teufelssee
B308
Kl. Alpsee
Hintersee
Gschwend
Rieder
Bühl
am Alpsee
0,8
Ratholz
Hüttenbichel
1075
Alpe Starkatsgund
Alpsee Bergwelt
Immenstädter Horn
1488
Gschwender Horn
1450
Am roten Kopf
1480
Dreherberg
1424
Seifenmoos Alpe
Sennalpe Mittelberg
Schupperköpfl
Obereinharz
Untereinharz
Stein
im Allgäu
St. Mauritius
Ruine Laubenbergerstein
Iller
St2006
Untermaiselstein
St. Ursula
Gletscherschliff
Oberau
Greggenhofen
Immenstadt
im Allgäu
Hofmühle
Kneipp-Anlage
Rauhenzeller Seen
2,2
1
0,8
40
0,5
Rauhenzell
Goimoos
Schloss Rauhenzell
Mittagbahn
A37
B19 B308
Inselsee
Wasserski & Wakeboardpark
3,8
St. Florian
Hölzerne Kapelle
Hofen
Allmummen
Weidachsee
Häuser
Schanzbach
Burgberger Tierpark
Schwanden
Schwandener Straße
St. Martin
Ettensberg
Ruine Ettensberg
Alpe Schwanden
Ornach
Bildkapelle
Blaichach
B19 B308
Ortwang
A35
Mittag
Sennalpe Oberberg
Sennalpe Derb
Kühberg
Ortwanger See
87
Seifriedsberg
OA5
Bärenköpfle

Marktplatz von Immenstadt mit Stadtschloss

den Gleisen entlang ⤳ Sie haben hier entlang des Alpseeufers durchgehend wunderbaren Ausblick auf die Alpen ⤳ an den Häusern von **Alpseewies** vorbei ⤳ leicht bergauf in der scharfen Rechtskurve ⤳ wieder hinunter zur Bahn.

Strandbad Hauser (Immenstadt im Allgäu)

Vorwahl: 08323

Strandbad Hauser, Seepromenade 31, ✆ 6341. Mit flach abfallendem Badestrand, großer Liegewiese, Kiosk, See-Café sowie Bootsvermietung.

Vorbei am Strandbad und danach an den Campinganlagen ⤳ Sie gelangen an die Vorfahrtsstraße in **Bühl** und biegen rechts ab, **In der Hub**.

Bühl am Alpsee (Immenstadt im Allgäu)

Vorwahl: 08323

Tourist-Information Immenstadt, Seestr. 10, ✆ 998877, @ mam164

AlpseeSkytrail, Seestr. 10, ✆ 998877, ✆ 0160/99224924 Hochseilgarten mit 11 m hohem Kletterturm. @ vou416

Freizeitspaß Großer Alpsee, Seepromenade 15, ✆ 52200. Segelboot-, SUP-, Tret- und Ruderbootverleih. @ wjc587

Naturparkzentrum Nagelfluhkette, Seestr. 10, ✆ 998877. Naturparkausstellung, Naturerlebniszentrum, Regionalvermarktung, mit kleinem Café. @ aku112

Auf dem **Fischerweg** über die Gleise ⤳ noch vor der Brücke scharf links auf den **Badeweg** Richtung Immenstadt ⤳ links die Bahn queren und danach rechts an der Bahn entlang ⤳ links befindet sich der Kleine Alpsee ⤳ der Radweg endet bei einem Parkplatz, am Ende des Parkplatzes links ⤳ geradeaus durch den Kreisverkehr, **Montfortstraße**.

INS ZENTRUM Für einen Besuch der Innenstadt biegen Sie noch vor dem Parkplatz rechts in die Rothenfelsstraße ein und folgen dieser bis in die Altstadt. Auf dem Radweg entlang der Bahngleise stoßen Sie wieder auf die Hauptroute.

Noch vor der Linkskurve der Bundesstraße links zur Konstanzer Ach hin ⤳ auf dem Radweg über die Brücke ⤳ am Parkplatz entlang ⤳ über den Querweg Ob der Aach ⤳ weiter auf dem Radweg unter der Straße hindurch ⤳ **An der Aach** ⤳ dem Linksbogen folgen ⤳ rechts zum Museum ⤳ dem Straßenverlauf folgen ⤳ über eine Brücke und an der Kreuzung mit der **Spitalstraße** links.

Immenstadt im Allgäu

Vorwahl: 08323

Tourist-Information Immenstadt, Seestr. 10, Bühl am Alpsee (Immenstadt im Allgäu), ✆ 998877, @ mam164

Museum-Hofmühle, An der Aach 14, ✆ 3663 Das Themen- und Erlebnismuseum in der einstigen gräflichen Hofmühle zeigt auf über 1000 m² Ausstellungsfläche Handwerk, Industrie, Kunst und Kultur aus dem oberen Allgäu. @ jpe377

Kapuzinerkirche St. Josef, Kapuzinerg. 3c, ✆ 8535. Die Kapuzinerkirche wurde im 17. Jh. erbaut und diente als Gruftkirche der gräflichen Familie.

Stadtpfarrkirche St. Nikolaus, Kirchpl., ✆ 8535. Der Saalbau besteht aus einem Querhaus, der Turmunterbau stammt noch aus dem 14./15. Jh. Umbauten sind Anfang des 18. und 20. Jhs. erfolgt.

Stadtschloss, Marienpl. 12, ✆ 999560, Schlossführungen: Do 15 Uhr. Ursprüngl. im 16. Jh. als Amtshaus erbaut und zwischen 1595 u. 1620 zum prunkvollen Schloss erweitert. Heute sind die historischen Räume ein Ort der Begegnung und werden u. a. als Eventlocation und als Gaststätte genutzt. @ wrl351

Ruine Rothenfels, nordwestlich auf einem Bergsporn Vorhanden sind Reste einer ehemaligen Burg aus dem 13. Jh. @ emx751

Ruine Hugofels, auf einem bewaldeten Höhenrücken. Vermutlich ist die Ruine nur ein Vorwerk der Burg Rothenfels. Diese bildete mit der nur 170 m entfernten, zeitgleich erbauten Burg Rothenfels eine Gesamtanlage. @ rur863

Marienplatz. Der Platz bildet das Zentrum Immenstadts und bedeutende Bauten, Brunnen und Skulpturen befinden sich in direkter Umgebung.

Mittagbahn, Mittagstr. 30, ✆ 6149. Die Doppelsesselbahn führt auf den Mittagberg, den Immenstädter Hausberg. @ vjc286

Freibad Kleiner Alpsee, Am Kleinen Alpsee 1, ✆ 9988291, @ onk784

Hallenbad im Auwald-Sportzentrum, Allgäuer Str. 15, ✆ 9988291, @ gro762

Die Ortsbezeichnung Immenstadt stammt ur-

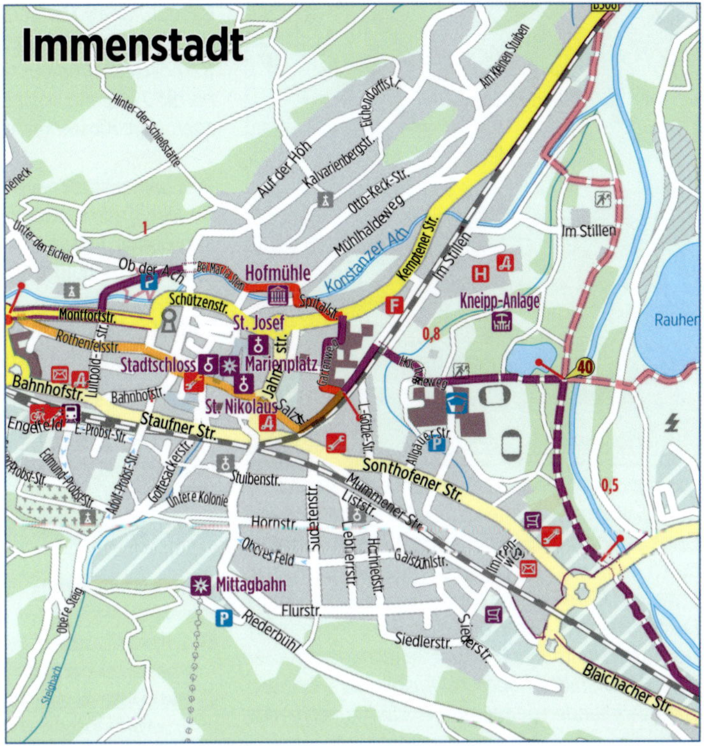

sprünglich von dem Wort „Ymendorff", der Name ist 1275 erstmals nachgewiesen. Die Entstehung des Ortes beginnt im Hochmittelalter mit der Herrschaft durch Rothenfels als Lehen des Klosters St. Gallen. Etwa um 1330 erwarben die Grafen von Montfort die Burg Rothenfels. Der am Fuße der Burg liegende Ort wurde bereits im Jahr 1360 mit Genehmigung Kaiser Karls IV. zur Stadt erhoben. Mit Ausbau der Salzstraße im 16. Jahrhundert gewann Immenstadt zunehmende Bedeutung als Handels- und Umschlagplatz, denn die Handelsstraße führte direkt durch den Ort. Ab 1652 gab es in Immenstadt ein Kapuzinerkloster, das bis 1980 bestand und 1984 abgebrochen wurde. Die ehemalige Klosterkirche ist noch erhalten.

Von Immenstadt nach Fischen — 24,1 km

An der großen Kreuzung kurz links entlang der **Kemptener Straße** ~ scharf rechts bei der Grundschule, am Schulgebäude entlang ~ in der Rechtskurve weiterhin am Schulgelände entlang ~ am Ende des Parkplatzes links ~ am Bahndamm links und parallel zu den Gleisen ~ rechts unter der Bahn hindurch ~ links halten am Sport- und Tennisplatz entlang ~ auf den **Illerdamm** hinauf und rechts **40** ~ am Ufer entlang ~ vor der Straßenbrücke links hinunter, unter der Brücke hindurch ~ der Kiesweg mündet in einen asphaltierten Weg, halten Sie sich links ~ Sie radeln an der Wasserskianlage Inselsee vorbei.

Altmummen (Blaichach)

Vorwahl: 08323

St. Florian, Altmummen 11. Die kleine Kapelle aus dem 18. Jh. beherbergt einen sehenswerten Altarschrein.

Inselsee Allgäu - Wasserski & Wakeboardpark, Am Inselsee 2, ✆ 9896910. Liftanlage für Wasserski oder Wakeboarden, SUP-Verleih, Badestrand, Café. @ mwo532

Am Illeruferweg weiter ~ unter der Straßenbrücke von Blaichach hindurch.

Blaichach

Vorwahl: 08321

Tourist-Information, Immenstädter Str. 7, ✆ 6076950, @ ymh385

St. Martin, Kirchpl. 1, ✆ 7887870. Neuromanischer Saalbau aus dem Jahr 1904.

1827 gründete der Schweizer Johan Althaus eine Käserei in Blaichach. Dort wurde erstmals außerhalb der Schweiz Emmentaler Käse erzeugt. Damit nahm die Entwicklung der bekannten Käsesorten aus dem Allgäu ihren Lauf. Inzwischen zählt das Allgäu zu den beliebtesten Käseerzeugergebieten Deutschlands.

Ettensberg (Blaichach)

Bildkapelle, Reuteweg. Im Jahr 1622 soll an dieser Stelle der hartherzige Graf Georg von Königsegg von einem rachsüchtigen Wilderer erschossen worden sein. Die Kapelle ist heute ein Treffpunkt für Wanderer und Radfahrer.

Ruine Ettensberg (24) Es sind nur noch wenige Mauerreste von der im 11. Jh. erbauten Burganlage erhalten.

Links über die Gunzesrieder Ach bei ihrer Mündung in die Iller ~ am Illerufer weiter und unter den Gleisen hindurch ~ an **Bihlerdorf** vorbei ~ links unter der Straßenbrücke hindurch ~ Sie gelangen an die **Oberzollbrückestraße** **41** und biegen links ab ~ durch

Oberzollbrücke hindurch.

Oberzollbrücke (Ofterschwang)

Vorwahl: 08321

Sonthofer See, Zur Alten Zollbrücke 28, ✆ 615291, @ oef538

Mit wunderbarem Ausblick und leicht bergauf kommen Sie nach Westerhofen ~ rechts halten Richtung Ofterschwang.

Westerhofen (Ofterschwang)

Bei der Bushaltestelle rechts ~ kurz nach dem Ortsende beginnt ein straßenbegleitenden Radweg ~ bergauf entlang von Wiesen und durch den Wald ~ in der Rechtskehre stark bergab ~ nach der Linkskehre ist Ofterschwang erreicht.

Ofterschwang

Vorwahl: 08321

- **Gästeinfo**, Kirchg. 1, ✆ 82157, @ rhv764
- **Bauernhaus „Busche Berta"**, Panoramaweg 3, ✆ 724240. Der originalgetreue 200-jährige Hof ist ein lebendiges Zeitzeugnis in dem man mit allen Sinnen traditionelles Handwerk Sehen, Schmecken, Riechen und Fühlen kann. Termine für kulinarische Führung mit Schnaps-, Käse- und Schinkenverkostung erhalten Sie auf Anfrage in der Gästeinfo. @ kqf326
- **Weltcup-Express - Bergbahn**, Panoramaweg 7, ✆ 670333, ✆ 67030 (7d) Erlebniswanderweg am Ofterschwanger Horn, Downhill-Roller u. Disc-Golf Parcours. @ yuf677
- **Naturlehrpfad**, Start Parkpl. Bergbahn (24) Zwischen Ofterschwang und Hüttenberg erzählen Schautafeln und Erlebnisstationen über Entstehung

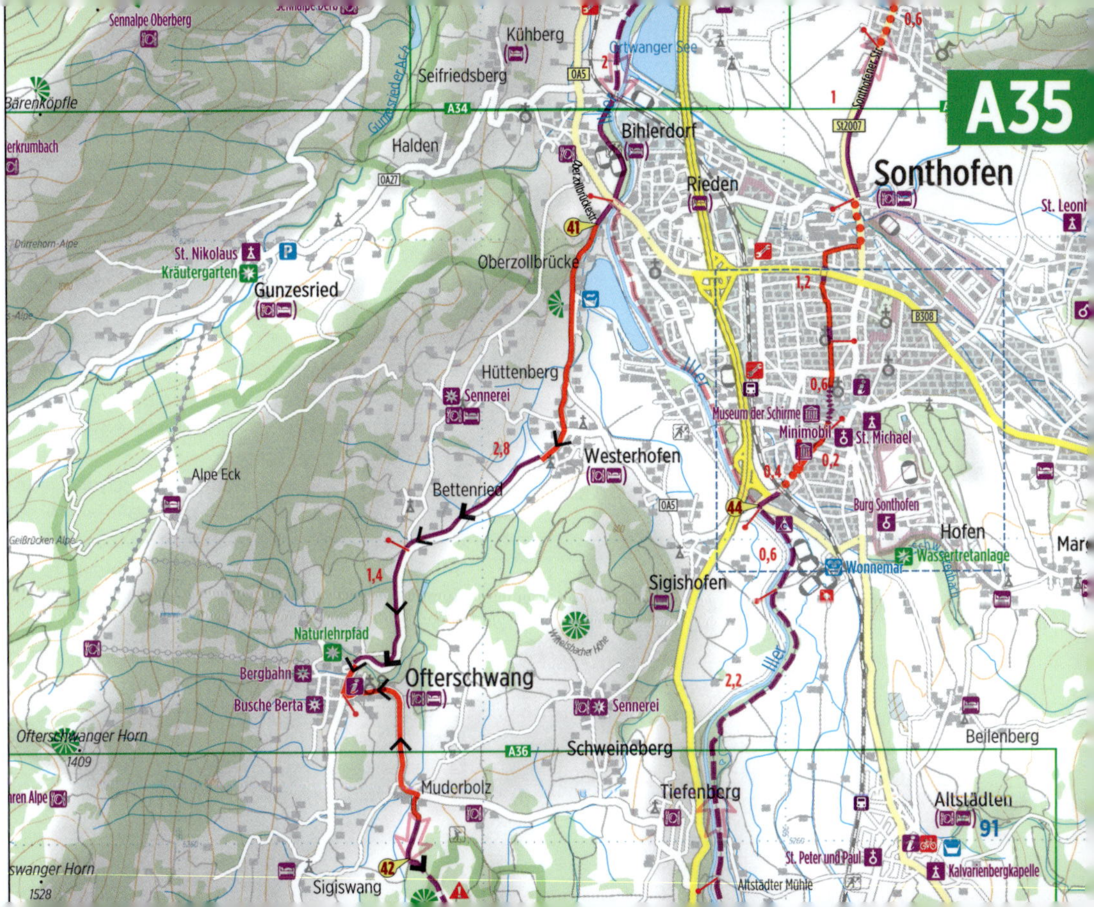

der Berge durch Gletscher und Eiszeit sowie über die Allgäuer Kulturlandschaft. @ jjw661

Links Richtung Tiefenberg/Fischen ⤳ bergauf auf der **Kirchgasse** ⤳ bergab kommen Sie nach Muderbolz und halten sich links Richtung Fischen.

Muderbolz (Ofterschwang)

Beim Friseurladen rechts ⤳ aus dem Ort hinaus und an den Weidezäunen entlang ⤳ 42 links in den Wald ⤳ stark bergauf auf dem ausgewaschenen Waldweg ⤳ das Bergauf endet, in weiterer Folge am Golfplatz entlang ⤳ ⚠ Vorsicht der Weg quert vier Wasserrinnen ⤳ bei den Höfen von **Dietrichs** erst links und dann rechts halten ⤳ in **Untermühlegg** gelangen Sie an die Vorfahrtsstraße ⤳ rechts Richtung Bolsterlang ⤳ in der Linkskurve an den Höfen von **Riedle** vorbei ⤳ Sie kommen nach Bolsterwang ⤳ auf der **Flurstraße** durch den Ort.

Bolsterlang

Vorwahl: 08326

- **Gästeinformation Bolsterlang**, Rathausweg 4, ✆ 8314, @ uqm642
- **3D Bogenparcours**, Flurstr., ✆ 8314 Am Bogenübungsplatz erlernen Sie die Grundlagen des Bogenschießens bevor es am 3D Erlebnis Bogenparcours auf die „Jagd" geht. @ lks338
- **Hörnerbahn**, Hörnerstr. 12-16, ✆ 9091. Wanderwege, Sinnesweg, Bogenparcours, Downhill-Spaß mit Mountaincarts u.v.m. @ nla464
- **Steinzeitdorf**, Mittelstation der Hörnerbahn Ein rekonstruiertes Steinzeitdorf und ein Abenteuerweg vermitteln einen Blick in den Alltag unserer Vorfahren. @ rll683

An der Vorfahrtsstraße geradeaus ⤳ nach der Gästeinfo rechts halten ⤳ an der **Bolgenstraße** links ⤳ aus Bolsterlang hinaus ⤳ Sie fahren im Linksbogen durch **Sonderdorf** ⤳ noch vor Ortsende rechts Richtung Obermaiselstein ⤳ an einem Brunnen vorbei hinaus aus Sonderdorf ⤳ links halten am Waldrand entlang ⤳ über die Holzbrücke der Weiler Ach ⤳ links nach Obermaiselstein auf der **Paßstraße**.

Obermaiselstein

Vorwahl: 08326

- **Obermaiselstein Tourismus**, Am Scheid 18, ✆ 277, @ hpi672
- **Sturmannshöhle**, Haubenegg 4, ✆ 38309 Einzige begehbare Spalthöhle im Allgäu. Stündl. Führungen ab 11 Uhr. @ dhg564
- **Alpenwildpark**, Königsweg 4, ✆ 8163 Wildgehege mit Steinböcken, Gemsen, seltenen Greifvögel und vielen anderen heimischen Wildtieren; Naturlehrpfad, Führungen und Wildfütterung. @ qgs551

Noch vor der Bushaltestelle rechts, **Am Scheid** ⤳ durch den Ort hindurch ⤳ nach dem Wohnmobilplatz am Beginn der Rechtskurve biegen Sie links ein ⤳ an der T-Kreuzung rechts, **Am Goldbach** ⤳ in der Linkskurve kommen Sie zu den Häusen von **Niederdorf** ⤳ nach dem folgenden Linksknick biegen Sie rechts ein und kurz darauf gleich wieder rechts auf den Wirtschaftsweg ⤳ nach drei Kehren auf dem **Lochleiteweg** an einigen Häusern vorbei ⤳ kurvenreich bergab zur Straße ⤳ geradeaus auf dem **Wiesenweg** Richtung Fischen ⤳ rechts auf den Landwirtschaftsweg, an den Weidezäunen entlang ⤳ beim Sportplatz links am Zaun entlang ⤳ an der Querstraße, **Mühlenstraße**, links.

AKTIV Rechts geht es zum Erlebnisbad und zu den Sportanlagen im Sportpark Fischen.

Auf der **Mühlenstraße** am Bach entlang kommen Sie nach Fischen im Allgäu ⤳ links auf den Radweg ⤳ im Rechtsbogen unter der Straße hindurch ⤳ der Radweg mündet in die Straße **Am Anger** ⤳ halten Sie sich rechts ⤳ nach der Brücke über den Grundbach links in den Kurpark ~ links am Parkplatz vorbei ~ auf dem Fuß- und Radweg im Rechtsbogen über einen Steg ~ vor zur **Bahnhofstraße** ~ links, am Bahnhof vorbei ~ im Linksbogen über die Brücke ~ an der Straßengabelung rechts, **Hauptstraße** ~ an der Kirche vorbei bis zur Kreuzung mit der **Burgstraße.**

Fischen im Allgäu

Vorwahl: 08326

- **Gästeservice Fischen**, Am Anger 15, ✆ 36460, @ ddh238
- **Fischinger Heimathaus mit FIS-Skimuseum**, Hauptstr. 3, ✆ 36460 ◷, @ fme414
- **St. Verena**, Hauptstr. 16, ✆ 38300. Die im Kern aus dem 15. Jh. stammende Kirche wurde mehrfach baulich verändert. @ yri445
- **Frauenkapelle**, Hauptstr., neben der St.-Verena-Kirche. Das Gotteshaus wurde 1667 erbaut.
- **Obermühle-Säge**, Mühlenstr. 22, ✆ 36460, ◷ Führungen Mai-Mitte Okt., Fr 17 Uhr. Die Mühle ist über 500 Jahre alt. @ vmr781
- **Wandererlebnisweg im Weidachnaturpark**, Äußerer Kurpark, Start am Minigolfplatz. An 12 Stationen wird auf dem 0,7 km langen Rundweg Wissenswertes zum Auwald vermittelt. @ Jdj686
- **Erlebnis- und Familienbad**, Mühlenstr. 26, ✆ 691, ✆ 996212, @ llu515

Von Fischen nach Sonthofen *7,9 km*

Im Rechtsbogen auf die **Burgstraße** ~ Sie queren die Bahn und danach den Grundbach ~ über die Illerbrücke und gleich danach **43** links auf den Iller-Radweg

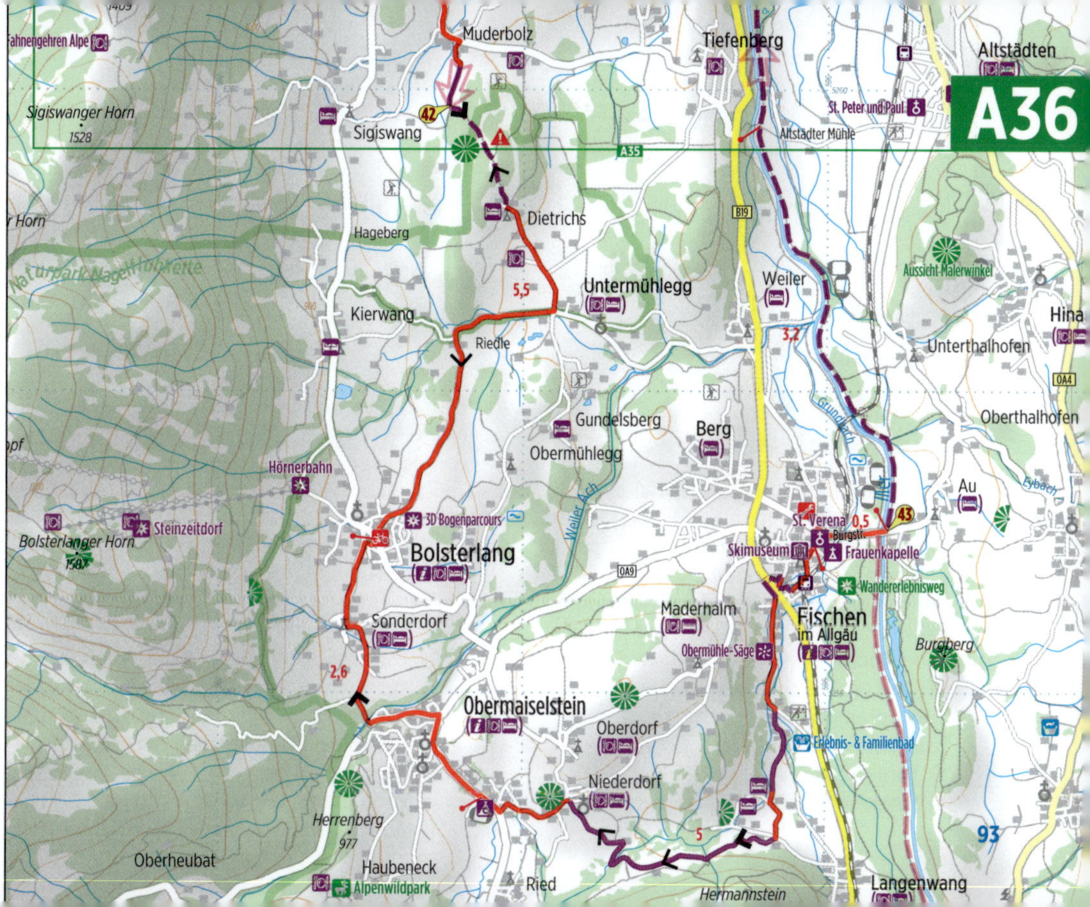

Sonthofen

nach Sonthofen ⁓ nach kurzer Fahrt unterqueren Sie die Bahnlinie und radeln nun genüsslich auf dem idyllischen Weg immer am Fluss entlang weiter ⁓ nach ca. 2 km treffen Sie auf eine Fußgängerbrücke.

AUSFLUG Diese führt ans andere Ufer nach Tiefenberg, auf die Sonnenalp und zur Sennerei Schweineberg. Rechts geht's nach Altstädten.

Altstädten (Sonthofen)

Vorwahl: 08321

Tourist-Information, Am Anger 8, 2170, @ wbe428

St. Peter und Paul, Marktstr. 33. Zu den Besonderheiten der 1737 umfassend umgebauten Kirche zählen die „Vierzehn-Nothelfer-Reliefs" im Pfarrhof sowie die Altäre von Jörg Lederer und Anton Sturm.

Kalvarienbergkapelle, Hinanger Str. Die Kapelle stammt aus dem Jahr 1737.

Freizeitanlage mit Freibad, Freibadweg 16, 615291, @ tfn131

TIPP Rechts oben sehen Sie die Burg Sonthofen, die Teil der Generaloberst-Beck-Kaserne ist. Ludwig Beck war Widerstandskämpfer des 20. Juli 1944 und wurde am darauffolgenden Tag erschossen.

Für ca. 3 km radeln Sie nun am Ufer der Iller entlang ⁓ in einiger Entfernung zum Freizeit- und Gesundheitsbad Wonnemar geht's am **Illerstadion** vorbei ⁓ anschließend passieren Sie den Campingplatz ⁓ **44** verlassen Sie vor der Brücke den Illerdamm nach rechts Richtung Stadtmitte.

Sonthofen

Vorwahl: 08321

Tourist-Information, Rathauspl. 1, 615291, @ dup328

Heimathaus Stadtmuseum, Sonnenstr. 1, 3300 In dem liebevoll sanierten alten Bauernhaus befindet sich eine umfangreiche Sammlung zur Ortsgeschichte, mit Sonderausstellungen. Das Museum ist wegen Arbeiten zur Erweiterung und Modernisierung voraussichtlich bis 2022 geschlossen. @ dod346

Minimobil Modellmuseum, Oberstdorferstr. 10, 87717 Über 55.000 Modelle – überwiegend im H0-Maßstab – informieren über die Entwicklung der See-, Luft- und Raumfahrt sowie die Entwicklung der Auto- und Eisenbahngeschichte. @ flw827

Museum der Schirme, Bahnhofstr. 2, 619241 Privatsammlung zeigt Schirme von 1840 bis heute und dokumentiert die Geschichte des Schirm-Handwerks. @ stl438

St. Michael, Marktstr. 31. Neobarocke röm.-kath. Pfarrkirche. Von besonderer Bedeutung ist das Altarblatt des Hochaltares von Waldemar Kolmsperger.

Frauenkapelle, Kirchstr. 11. In der Frauenkapelle an der Südseite der St.-Michael-Kirche befindet sich ein wertvolles Schnitzrelief von Jörg Lederer.

Kriegergedächtniskapelle, Bergstr. 1A. Die Kapelle befindet sich auf dem Kalvarienberg und wurde 1924 neu erbaut. @ fxm532

Burg Sonthofen, Hofener Str. 16. Der markante, hoch über Sonthofen aufragende Turm gehörte zur ehemaligen Ordensburg, die von den Nazis als Schulungsbau errichtet wurde. Nach der Nutzung durch französische, später amerikanische Besatzungstruppen ist heute in der Anlage eine Bundeswehrkaserne untergebracht. @ gya531

Kriegsgräberstätte. Der Friedhof für Tote aus beiden Weltkriegen liegt außerhalb des Ortes auf einem bewaldeten Höhenrücken im „Schwäbeleholz".

Stadthausgalerie, Marktstr. 12, ✆ 8001428 Wechselnde Kunstausstellungen und kulturelle Events. @ eed542

Ökologischer Kurpark, Kalvarienberg (24) Auf dem ehemaligen Wiesenstück befinden sich heute seltene Blumen und Bäume sowie ein Feuchtbiotop. Der Park wurde bereits mehrmals prämiert. @ iqt212

Wassertretanlage am Schwarzenbach, Bachtelweg. Die Kneipp-Anlage verfügt über Fuß- und Armbecken. @ eff858

Freizeitbad Wonnemar, Stadionweg 5, ✆ 780970, @ noe157

Sonthofen wurde erstmals im 9. Jahrhundert im Zuge einer Schenkung von 3 „Jauchert" Acker an das Kloster St. Gallen erwähnt. 1429 wird der Ort zum Markt ernannt. Ab diesem Zeitpunkt durften Jahr- und Wochenmärkte abgehalten werden. Außerdem bekam Sonthofen das Recht zur Ausübung des Blutbannes, was der heutigen Gerichtsbarkeit entspricht. Im Jahr 1525 versammelten sich tausende aufständische Bauern und gaben damit den Auftakt zum Bauernkrieg. Zwischen dem 16. und 19. Jahrhundert wurde in Sonthofen Erz verarbeitet, das nordöstlich des Ortes in den Erzgruben abgebaut wurde. In dieser Zeit spielte auch der Flachsanbau und die Herstellung von Leinwand eine wichtige wirtschaftliche Rolle. Aus diesem Grund kann man noch heute am Stadtwappen zwei gekreuzte Nagelschmiedehämmer und Flachspflanzen erkennen. 1963 wurde Sonthofen zur Stadt erhoben – heute die südlichste Stadt Deutschlands. In der Kreisstadt des Landkreises Oberallgäu sind Verwaltungs- und Dienstleistungsunternehmen angesiedelt. Durch seine spekta-

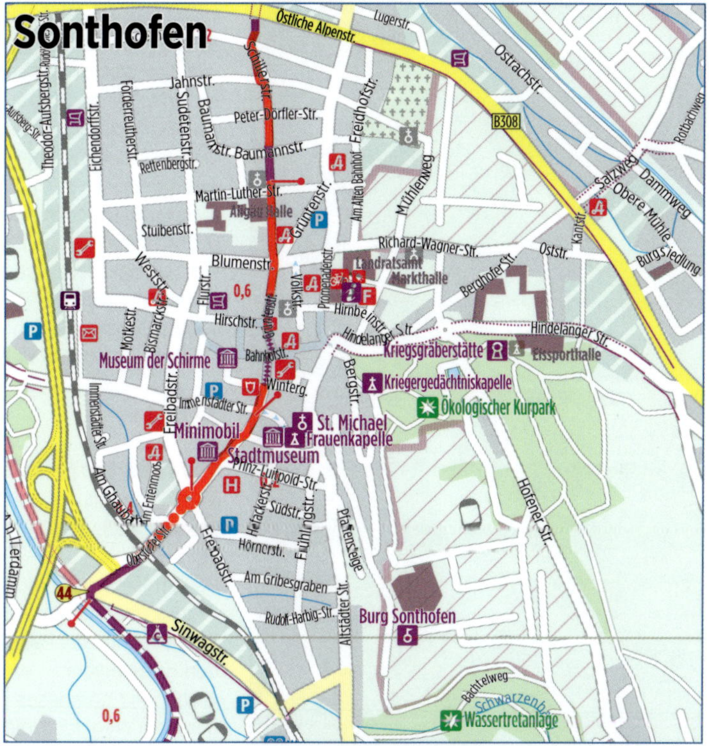

Starzlachklamm

kuläre Lage im Allgäu zwischen Bergen, Flüssen und Seen ist der Luftkurort Sonthofen auch touristisch von besonderer Bedeutung. Das Freizeitangebot für Urlauber deckt fast alle sportlichen Aktivitäten ab, bietet aber auch speziell für Kinder, Familien und Wellness-Urlauber viel Abwechslung. Ein beliebtes Ausflugsziel in der näheren Umgebung stellt die Starzlachklamm dar. In dem touristisch erschlossenen Gebiet finden Wanderer, Kletterer und auch Freunde von Rafting-Touren ein atemberaubendes Domizil.

Winkel (Sonthofen)

Starzlachklamm, nordöstlich von Winkel, ✆ 08321/615291 (24) Die Klamm wurde 1932 erschlossen, im Jahr 1983 entstand die Klammhütte. Die Starzlach stürzt in der Schlucht über mehrere Wasserfälle z. T. tief hinunter. @ gii886

Von Sonthofen nach Wertach 38,9 km

TIPP Die Darstellung der Routen finden Sie in der Karte A 35.

Bei der Illerbrücke rechts hinauf zur **Sinwagstraße** ~ diese überqueren und an der **Oberstdorfer Straße** rechts ~ unter der Bahn hindurch ~ geradeaus über den Kreisverkehr ~ an der Reha-Klinik Sonthofen vorbei und geradeaus in die Einbahnstraße ~ auf geradem Weg durch die **Fußgängerzone** ~ geradeaus in die **Schillerstraße** ~ bei der Allgäu-Sporthalle weiter geradeaus bis zur B 308 ~ unter der B 308 hindurch ~ rechts in die **Nordstraße** ~ links auf die **Grüntenstraße** ~ nach der Brücke über die Ostrach auf den Radweg nach Burgberg.

Burgberg im Allgäu

Vorwahl: 08321

Tourist-Information Burgberg, Rettenberger Str. 2, ✆ 672220, @ lht441

Erzgruben Erlebniswelt am Grünten, Alpweg, Auf dem Ried (Parkplatz), ✆ 7884646 Das Museumsdorf am Fuße des 1.738 m hohen Berges Grünten ermöglicht zusammen mit dem Andreas-Tagebau und den Erzgruben einen umfassenden Einblick in die Geschichte des Bergbaus und der Geologie des Grünten. In der Einkehrhütte Knappenhock können Sie auf der Terrasse ein reichhaltiges Angebot an Getränken und Speisen sowie eine phantastische Aussicht genießen. Mit dem Erzgrubenbähnle erreichen Sie ohne Anstrengung die Erlebniswelt. @ ydp212

Erzgrubenbähnle, Wanderparkplatz Steinbruch, ✆ 672220 Zufahrt zum Museumsdorf Erzgruben Erlebniswelt. @ ngc142

Familien-Vital-Park, Blaichacher Str. 29a, ✆ 607760. Neben dem Natur-Freibad und dem 50-m-Becken gibt es ein reichhaltiges Angebot für Spiel und Spaß, z. B. eine Wasserseilbahn, einen Abenteuerspielplatz und Beachvolleyball- und Streetball-Plätze, mit Gastronomie. @ yai157

Burgberger Tierparadies, Häuserer Allee 2, ✆ 01525/9402140 Kleiner Streichelzoo mit Eseln, Schafen, Ponys und Alpakas u. a. @ lcx532

NESS NaturErlebnisStation Steinbruch, Am Steinbruch (24) Multimediale Infotafeln, ein Waldspielplatz mit Wissenstationen und ein Erlebnispfad vermitteln am Geotop Wissenswertes über Flora, Fauna sowie den Lebensraum im ehem. Steinbruchgelände. @ jws466

Dem Verlauf der **Sonthofer Straße** durch den Ort folgen ~ nach dem Reisebüro an der Gabelung links halten, **Rettenberger Straße** ~ Links-, Rechtsschwenk ~ am Ortsende beginnt ein rechtsseitiger Radweg ~ vorbei am **Steinbruch** und Wanderparkplatz ~ **45** vor Agathazell rechts Richtung Wagneritz ~ eben durch Wiesen und Felder und ein Stück entlang des Baches ~ über eine kleine Brücke ~ bergauf und vorbei an einem einzelnen Haus ~ an der Kreuzung rechts nach Wagneritz.

Wagneritz (Rettenberg)

Im Linksbogen durch den Ort ~ beim Ferienhof links halten ~ am Parkplatz und der Grüntenbahn vorbei nach Altach.

Altach (Rettenberg)

Rechts abbiegen in die Straße **Am Mühlbach** und sofort wieder rechts Richtung Bichel.

Bichel (Rettenberg)

Über Ortsteil Bichel hinein nach Rettenberg.

Rettenberg

Vorwahl: 08327

- **Tourist-Info**, Bichelweg 2, ✆ 92040, @ yig674
- **Abenteuer Galetschbach**, Am Galetschbach, Start Parkplatz Grüntenstr., ✆ 6359850. Der erste Allgäuer Wassersteig beinhaltet 13 Stationen rund

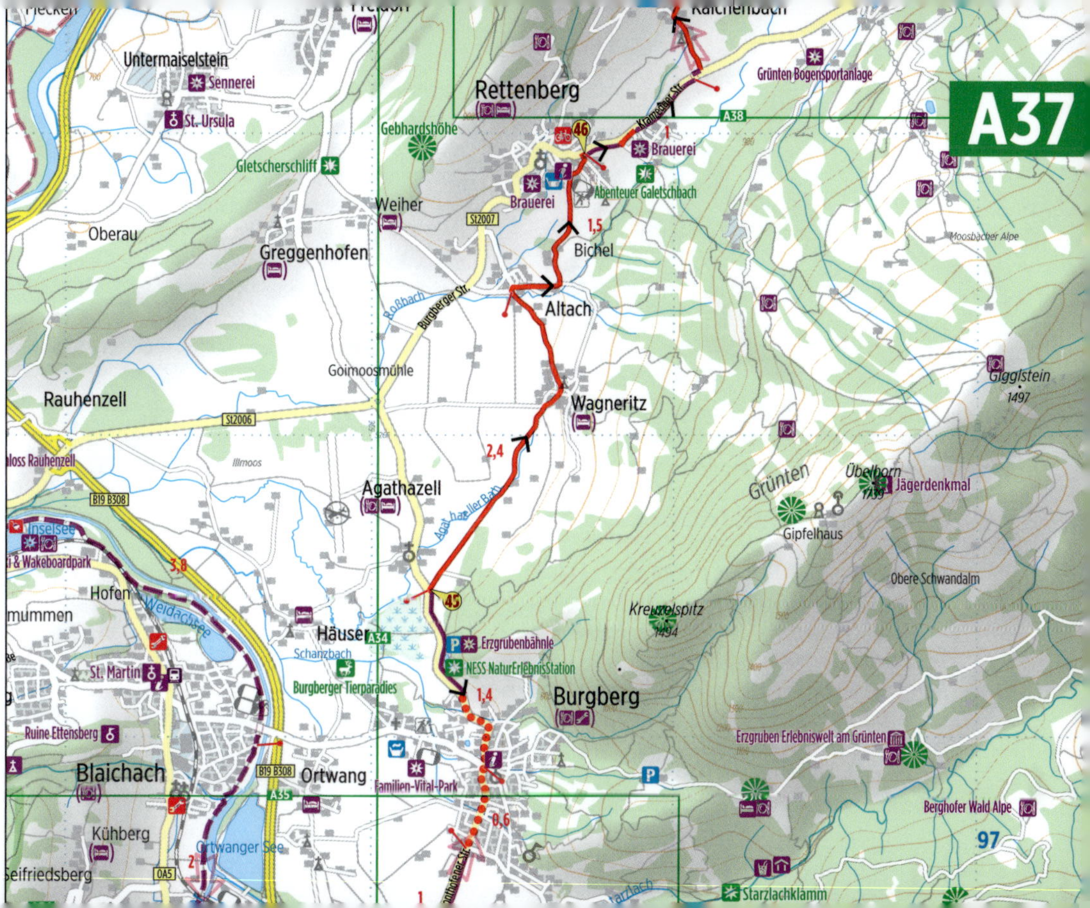

Emmereis, Romanische Kapelle St. Nikolaus

um das Reich der Wasseramsel. Verleihstation für den Forscherrucksack in der Kaffeestube Rettenberg, Bichelweg 4. @ txi218

- **Gletscherschliff**, ✆ 92040 (24) Das von Eis und Stein geschliffene Gestein ist ca. 18.000 Jahre alt. @ hyr668
- **Familienbad**, Bichlweg 4, ✆ 92040, ✆ 0160/92968387, @ jrl512
- **Brauereiführungen**, ✆ 92040 Die drei Biermanufakturen Brauerei Engelbräu, Privat-Brauerei Zötler und Bernardibräu garantieren ein ganz besonderes Biererlebnis. @ hge737

Rettenberg ist das südlichste Brauereidorf Deutschlands. Die Brautradition geht bis auf das Jahr 1447 zurück. Die ortsansässigen Brauereien sind die größten Arbeitgeber der Gemeinde und haben mit ihren beliebten Biersorten Rettenberg weit über die Grenzen des Allgäus bekannt gemacht.

An der Schule vorbei ~ rechts in den **Ahornweg** ~ an der T-Kreuzung links in den **Lärchenweg** ~ **46** an der **Kranzegger Straße** rechts auf den Radweg ~ die Brauerei Zötler rechter Hand liegen lassen ~ auf dem Radweg weiter und nach ca. 600 m links in die Unterführung Richtung Kalchenbach einbiegen.

Kalchenbach (Rettenberg)

Im Rechts-Links-Rechts-Schwenk durch den kleinen Ort ~ an der T-Kreuzung rechts Richtung Sterklis.

Sterklis (Rettenberg)

An Sterklis, zur Linken vorbei nach Bommen ~ an Bommen vorbei nach Engelpolz.

Engelpolz (Rettenberg)

An der T-Kreuzung bei der Kapelle links auf die **OA 6**.

Emmereis (Rettenberg)

- **St. Nikolaus**, Emmereis. Das romanische Gebäude wurde Mitte des 12. Jhs. von Mönchen erbaut und gilt als die älteste romanische Kapelle des Allgäus. @ voe652

Im Ort rechts von der OA 6 abfahren ~ an der ersten Möglichkeit links ~ außerhalb des Ortes an zwei Gabelungen links.

Vorderburg (Rettenberg)

47 Im Ort rechts auf die **Achstraße**, der Straße folgen und über den Kranzegger Bach ~ an der Gabelung links nach Acker.

Acker (Rettenberg)

Nach dem kleinen Ort an der Gabelung links ~ nach rund 1 km am Wegedreieck links ~ den Kranzegger Bach überqueren.

Rieder (Oy-Mittelberg)

An der T-Kreuzung rechts auf die **OA 6** ~ nach rund 600 m rechts auf die **OA 10** nach Petersthal ~ den Rukatsbach queren.

Petersthal (Oy-Mittelberg)

- **Freizeitanlage.** Segeln, Surfen, Tauchen, Badespaß mit Sanitäreinrichtungen, Umkleidekabinen, Kiosk. @ yyi755
- **Wildwassertretbecken** (24) Naturwassertretanlage im Petersbach.

48 Im Ort rechts auf die Straße **Am Bux**.

Memersch (Oy-Mittelberg)

Den Ort auf geradem Weg durchqueren ~ bergauf-bergab nach Haag.

Haag (Oy-Mittelberg)

Auf der **Haager Straße** nach Oy.

Oy-Mittelberg

Vorwahl: 08366

- **Tourist-Information**, Mittelberger Str. 3, ✆ 207, @ yjn244
- **Allgäuer Steinerlebniswelt**, Bahnhofstr. 15, im Bahnhof, ✆ 08363/926612 Kristalle und geschliffene Mineralien lassen Sie Wissenswertes über Gesteinsentstehung, Geologie und die technische Verwendung erfahren. @ ggv427
- **Kneippgarten am Mühlbach.** Der Kur- und Kneippverein Oy betreut

diesen Garten und widmete ihm der Naturheillehre Sebastian Kneipps. Die bunten Stangen am Eingang symbolisieren die fünf Säulen seiner Heillehre: Bewegung, Ernährung, Hydrotherapie, Phytotherapie und Lebensordnung. @ xtd817

- **PRIMAVERA**, Naturparadies 1, ✆ 89880 Duft- & Naturkosmetikshop, Rosen- & Heilkräutergarten, Garten- und Firmenführungen. @ qbu823
- **Steinmeile**, Parkplatz Kurhaus. Ein naturkundlicher, geschichtlicher Lehrpfad rund um Oy-Mittelberg. @ urt767
- **Schwarzenberger Weiher** @ sdj127

Mittelberg (Oy-Mittelberg)

- **Pestfriedhof**, Thalstr. Erinnert an die Seuche, die sich 1635 im Oberallgäu ausbreitete.

49 Geradeaus auf die **Hauptstraße**, die in die **Wertacher Straße** übergeht ~ kurz vor Ortsende nach dem Kurhaus links ~ am Firmengelände entlang.

Faistenoy (Oy-Mittelberg)

Auffällig im kleinen Luftkurort sind die moosbewachsenen Säulen. Sie sind Zeitzeugen eines historischen Wasserversorgungssystems aus dem 14. Jh. Zwei Quellen oberhalb des Dorfes speisen die zentralen Wassersäulen im Dorf durch unterirdische Leitungen. Ein ausgeklügeltes Verteilungssystem befördert das Wasser in die umliegenden Brunnen und Viehtränken. Das System funktioniert noch heute, auch wenn Faistenoy natürlich längst an die Trinkwasserversorgung angeschlossen ist.

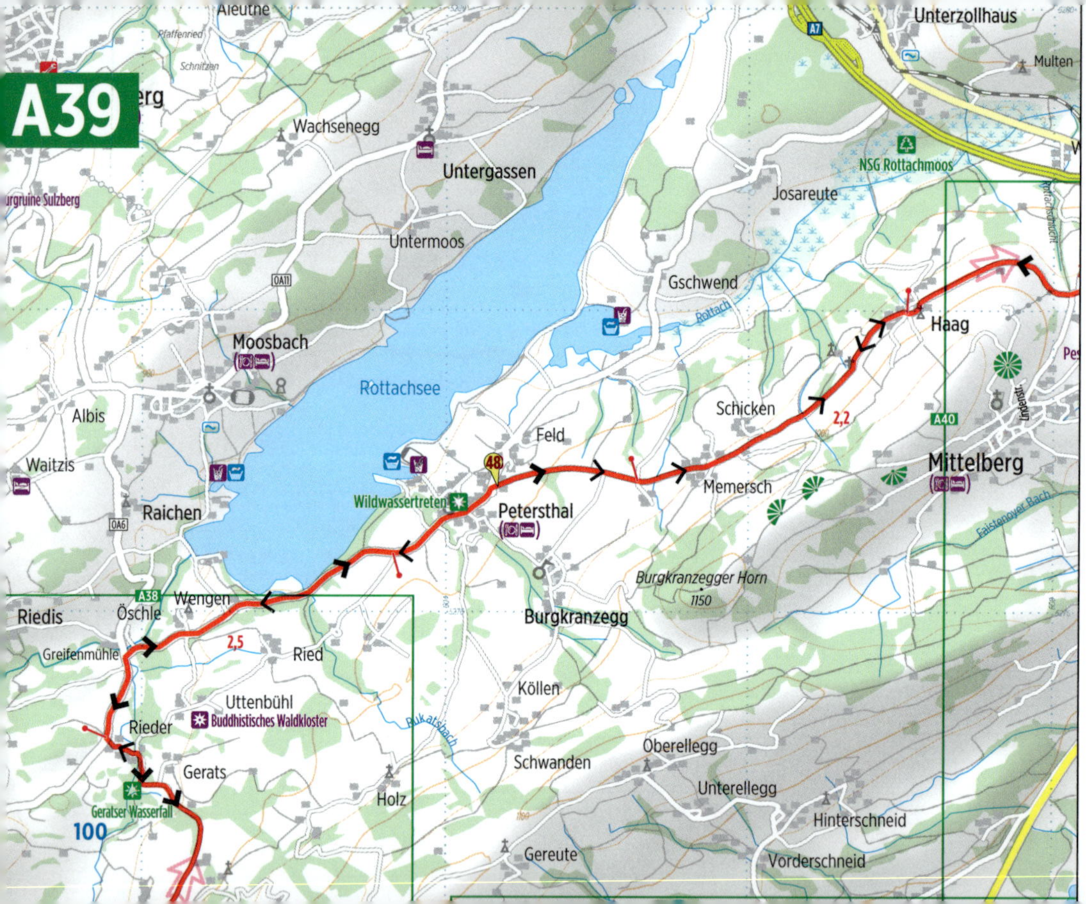

Links unter der B 310 hindurch ~ rechts halten zur Straße hin ~ an der **Grüntenseestraße** links ~ parallel zu den Gleisen durch Haslach hindurch.

Haslach (Oy-Mittelberg)

Vorwahl: 08361

Römerbrücke. Zwischen Haslach und Gschwend verengt sich das Wertachtal durch eine Felsformation. Hier hatten schon die Römer eine Brücke erbaut. Die heute sichtbare Brücke wird zwar Römerbrücke genannt, stammt aber aus späterer Zeit.

Kletterwald Grüntensee, Am Kletterwald 1, ✆ 925256. Hochseilgarten, Stand Up Paddling, Bootverleih, Badespaß, Gastronomie, @ vgv745

Der Rechtskurve folgen ~ beim Teich im spitzen Winkel nach rechts Richtung **Wertachmühle** ~ ~ es geht auf der alten Römerbrücke über die Wertach ~ die Straße bringt Sie in die kleine Siedlung **Gschwend** ~ vor der Bundesstraße rechts halten auf den begleitenden Radweg nach Nesselwang ~ an der **Reichenbacher Straße** führt die Route rechts weiter.

Nesselwang

Vorwahl: 08361

Tourist-Information, Hauptstr. 20, ✆ 923040, @ ugl811

Brauerei-Museum, Hauptstr. 25, im Hotel Post, ✆ 30960 Erfahren Sie bei der zirka einstündigen Besichtigung mit anschließender Verkostung, wo die Bier-Spezialitäten gebraut und abgefüllt werden. @ hen664

Heimathaus, Füssener Str. 13, ✆ 923040, ✆ 91220 Das Heimathaus „Beim Glaser" ist ein historisches landwirtschaftliches Anwesen mit einer

Austragswohnung und einer Glaserwerkstatt. Sie erhalten Einblicke in frühere Arbeitsformen der Land-, Alp- und Forstwirtschaft. @ vla575

Ostereiermuseum, Hauptstraße 25, ✆ 30910 Über 2.500 einzigartige Exponate. @ kyd272

Wallfahrtskirche Maria Trost, Wanker Berg. Die Kirche wurde 1633-1704 erbaut. Den Anfang der Maria-Trost-Wallfahrt legte Rudolph von Grimming, indem er einen Bildstock mit seinem Marienbild aufstellte und mit einer offenen hölzernen Kapelle überbaute.

Burgruine Nesselburg, Alpenstr., Kappelköpfel. Erstmals urkundlich erwähnt wurde die ehemalige „Burch ze Nesselwanch" 1302.

Besinnungsweg GE(h)ZEITEN, Parkplatz Rindegger Tanne, ✆ 8102. GE(h) ZEITEN ist ein Themenweg mit sechs Meditations-Stationen. Ziel ist die Schaffung eines Erfahrungsraums jenseits der alltäglichen Hektik und Zeitnot. @ lxn527

Nesselwang Fall (24) Zum Wasserfall gelangen Sie entweder über den abwechslungsreichen Wasserfallweg oder mit der Alpspitzbahn. @ diw737

ABC Alpspitz-Bade-Center, Badeseeweg 11, ✆ 921620, @ rqp372

Alpspitzbahn, Alpspitzweg 5, ✆ 1270. Die Alpspitze als höchster Punkt von Nesselwang bietet eine herrliche Aussicht auf die prächtige Landschaft des Schlossparks. Wiesen, Hügel, kleine Bäche und beinahe unberührte Landschaften lassen das Herz höher schlagen. Auch eine Sommerrodelbahn, der AlpspitzCOASTER, steht Ihnen zur Verfügung. @ hje125

AlpspitzKICK, Bergstation Alpspitzbahn, ✆ 771, ✆ 1270 Mit einem Helm, einer Brille und einem Gurt sausen Sie mit 120 km/h an einem Drahtseil 1,2 km abwärts. @ ady853

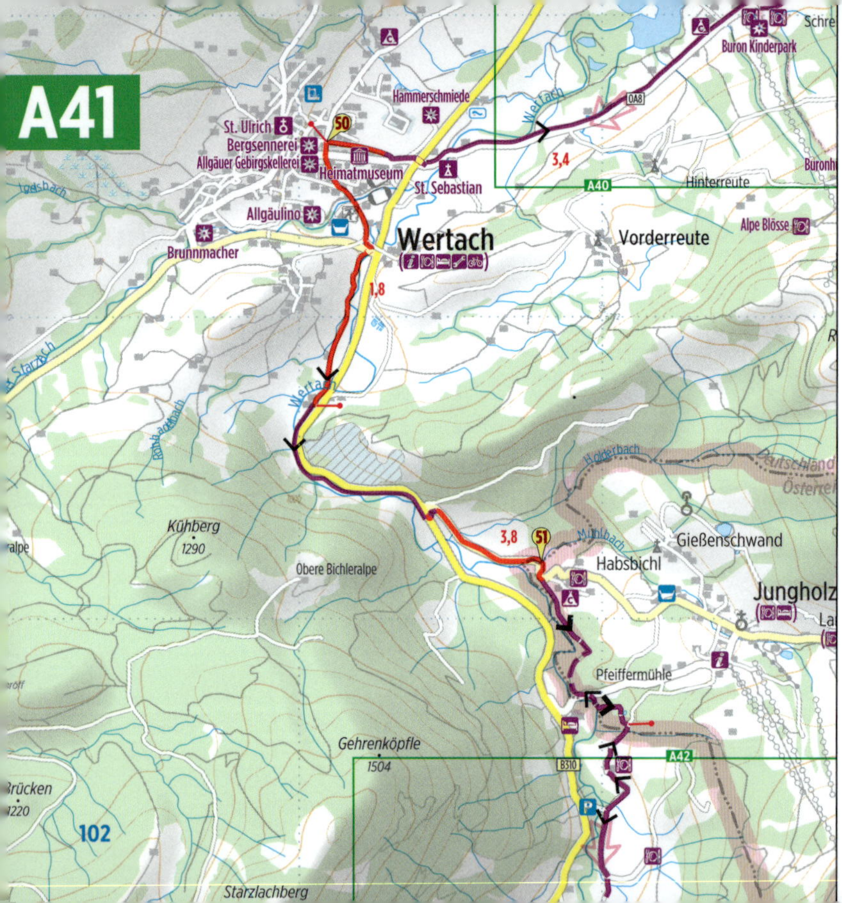

Das Allgäu bei Wertach

Fahrrad-Willkommensplatz, Kemptener Str. 2, neben der Pfarrkirche. Pavillon zum Rasten, Trinkwasserbrunnen, E-Bike Ladestation, Infotafeln u.v.m.

Ungefähr 1429 wurde dem Ort von König Sigismund das Marktrecht verliehen. Aufgrund seiner günstigen und schönen Lage zieht Nesselwang viele Besucher an und ist heute ein staatlich anerkannter Luftkurort im Landkreis Ostallgäu.

Auf dem straßenbegleitenden Radweg durch **Reichenbach** ~ beim **Camping Grüntensee** weichen Sie rechts auf den Begleitweg aus ~ vor der Kreuzung mit der B 310 rechts halten unter der Straße hindurch ~ danach links halten, kurz an der Straße entlang ~ an der T-Kreuzung rechts auf den Schleifweg ~ auf dem **Schleifweg** kommen Sie nach Wertach hinein ~ **50** an der **Rathausstraße** links.

Wertach

Vorwahl: 08365

Tourist-Information Wertach, Rathausstr. 3, ✆ 702199, @ kbt551

Heimatmuseum Wertach, Grüntenseestr. 27, ✆ 702199 Gemäldesammlung, handwerkliche Geräte sowie eine Sammlung von Jagd- und Kriegswaffen. @ yiv171

St. Sebastian - „Kleine Wies", Grüntenseestr. 31

Die Kapelle wurde 1763 von Bernhard Metz fast detailgetreu, in kleineren Verhältnissen der Wieskirche nachgebaut. @ ica176

- **Allgäulino**, Starzlachauen 4, ✆ 08366/1027. Hallenspielplatz auf 3.000 m², @ lqm616
- **Alte Hammerschmiede**, Grüntenseestr. 35, ✆ 702199. In der 400 Jahre alten Hammerschmiede können Sie dem Schmied bei der Arbeit zuschauen. @ soe546
- **Brunnenmacher**, Langg. 19, ✆ 08366/496 Hier können Sie hautnah erleben wie ein Holzbrunnen entsteht. @ pwi756
- **Buron Kinderpark**, Grüntenseestr. 44, ✆ 703536. Inmitten der herrlichen Oberallgäuer Alpen liegt das Spielparadies mit Tubing-Bahn, Riesen- u. Reifenrutsche, Cross-Kart-Strecke u.v.m. @ xbj514
- **s'Molkefässle**, Dr.-Bach-Str. 13, ✆ 298 Sennerei mit Hofladen, Verkostungsmöglichkeit. @ fmp718
- **Sennerei**, Weißlackerpl. 1, ✆ 7058410
- **Allgäuer Gebirgskellerei**, Grüntenseestr. 12, ✆ 08366/988515 Die kleine Spezialkellerei ist mit der Herstellung von Blütenweinen, Beerenweinen und mit Spezialgärungen beschäftigt. @ ujm225
- **Starzlachauenbad**, Alpenstr. 20 1/2, ✆ 70775, @ qmt363
- **Grüntensee**, Grüntenseestr. 41, @ cur416

Vermutlich siedelten bereits die Kelten hier am Flusslauf der Wertach (keltisch „Virdo"). Erstmals erwähnt wurde der Ort im Jahr 955, als die Pfarrkirche durch den Augsburger Bischof Ulrich eingeweiht wurde. Im Jahr 1423 wurde Wertach zum Markt erhoben. Zwischen dem 14. und 19. Jahrhundert wurde der Ort mehrmals von der Pest heimgesucht und zahlreiche Brände und Überschwemmungen brachten die Wertacher immer wieder um ihr Hab und Gut.
Heute leben etwa 3000 Menschen in dem Ort, der durch seine idyllische Lage am Fuße des Grünten und am Fluss Wertach ein beliebtes Reise- und Erholungsziel ist.

Von Wertach nach Pfronten 35,7 km

Auf der **Alpenstraße** über die Starzlach ~ am Ortsrand vor der Brücke über die St 2007 links und sofort wieder rechts und unter der **St 2007** hindurch ~ über den Rohhadelbach ~ die Wertach überqueren und bei einem Sägewerk links zur B 310 ~ an der

Straße rechts auf den asphaltierten Radweg ⤳ nach rund 1,3 km links auf die **St 2373** ⤳ **51** den Mühlbach und die Staatsgrenze nach Österreich überqueren ⤳ vor der Ortstafel von Habsbichl rechts auf einen schmäleren Weg ⤳ am Campingplatz entlang ⤳ sehr steil bergauf und danach auf Schotter weiter ⤳ eine Asphaltstraße nach schräg links überqueren ⤳ an der T-Kreuzung rechts Richtung Jungholz und zur Berghütte **Alpe Sorg 1**.

Jungholz Ⓐ

Vorwahl: 05676

- **TV Tannheimer Tal**, Nr. 55, ✆ 8120, ✆ 05675/622090, @ luo352
- **Felsenbad**, Am Mühlbach, ✆ 8187

Über den Zimmerholzbach und zurück nach Deutschland ⤳ an der Alpe Vordere Sorg vorbei.

- **Alpe Sorg 1**, Sorgalpe 1, ✆ 08365/368, ÖZ: Mitte Mai-Mitte Okt.

An der Gabelung links und nicht über die Wertach ⤳ rechts abbiegen und über einen kleinen Bach ⤳ nach rund 600 m über die Wertach ⤳ nach der Brücke links ⤳ an der T-Kreuzung ebenfalls links ⤳ nach rund 1 km an der T-Kreuzung links auf die **Sorgschrofenstraße** nach Unterjoch.

Unterjoch (Bad Hindelang)

52 Links in den **Steinebergweg** zur Kirche ⤳ vorbei am Kurpark und über den Weissenbach ⤳ an der Gabelung rechts in die Straße **Krummenbach** ⤳ nach rund 1 km, vor dem Bergbauernhof, links ⤳ nach 500 m rechts ⤳ erneut die Staatsgrenze nach Österreich passieren ⤳ an der T-Kreuzung rechts.

Steig (Schattwald) Ⓐ

Vor dem Ferienhaus links Richtung **Vils Stausee** ⤳ vor dem See rechts und die Vils queren ⤳ bei der Kläranlage rechts ⤳ auf dem Radweg am Flussufer entlang ⤳ der Weg mündet in eine Straße ⤳ immer am Ufer der Vils entlang durch den Ort Wies.

Wies (Schattwald) Ⓐ

Schattwald Ⓐ

Vorwahl: 05675

- **TVB Tannheimer Tal**, Vilsalpseestr. 1, Tannheim, ✆ 62200, @ yce154
- **TVB Tannheimer Tal**, Nr. 41, ✆ 622080, @ uek186
- **Wannenjochbahn.** Der 3er-Sessellift bringt Wanderer zur Bergstation auf 1565 m Seehöhe. Der Schmugglerpfad führt von dort über die Kühgundspitze zum Wannenjoch auf 1908 m mit imposanten Ausblicken.

Unter der **B 199** hindurch und weiterhin am rechten Ufer der Vils entlang.

Zöblen Ⓐ

Vorwahl: 05675

- **TVB Tannheimer Tal**, Vilsalpseestr. 1, Tannheim, ✆ 62200, @ yce154
- **TVB Tannheimer Tal - Zöblen**, Gemeindehaus 39, ✆ 6220, @ mwy813
- **Mühlwaldtrails**, beim Mühlhanglift (24) Drei Mountainbike-Übungstrails mit je etwa 500 m Länge führen von der Bergstation des Mühlhangliftes durch den Mühlwald hinunter ins Tal.

An einem Parkplatz vorbei ⤳ den **Greither Weiher** passieren ⤳ nach rund 600 m rechts und auf die andere Seite der Vils ⤳ links, und **53** erneut unter der B 199 hindurch.

Kienzen (Tannheim) Ⓐ

Vorwahl: 05675

- **Heimatmuseum Tannheimer Tal**, Kienzen 7, ✆ 6272 Das typische Wohnhaus mit Wirtschaftsteil dokumentiert das karge Leben und Schaffen der Talbewohner. @ jre642

Nach der Unterführung geradeaus und über die **Vilsbrücke** ⤳ danach rechts ⤳ nach etwas mehr als 1 km rechts abbiegen und über die Berger Ache ⤳ in der Nähe der B 199 links.

Tannheim Ⓐ

Vorwahl: 05675

- **TVB Tannheimer Tal**, Vilsalpseestr. 1, ✆ 62200, @ yce154
- **Felixe Minas Haus**, Höf 6, ✆ 620360 Über 7 Generationen bewohnten das originalgetreue Bürgerhaus von 1698. @ ijf227

An der T-Kreuzung beim Parkplatz links und an der ersten Möglichkeit rechts nach Innergschwend.

Innergschwend (Tannheim) Ⓐ

Den kleinen Ort durchfahren ⤳ an der Gabelung außerhalb des Ortes links bergauf ⤳ nach rund 1 km an einem Wegedreieck links ⤳ an der L 261 links.

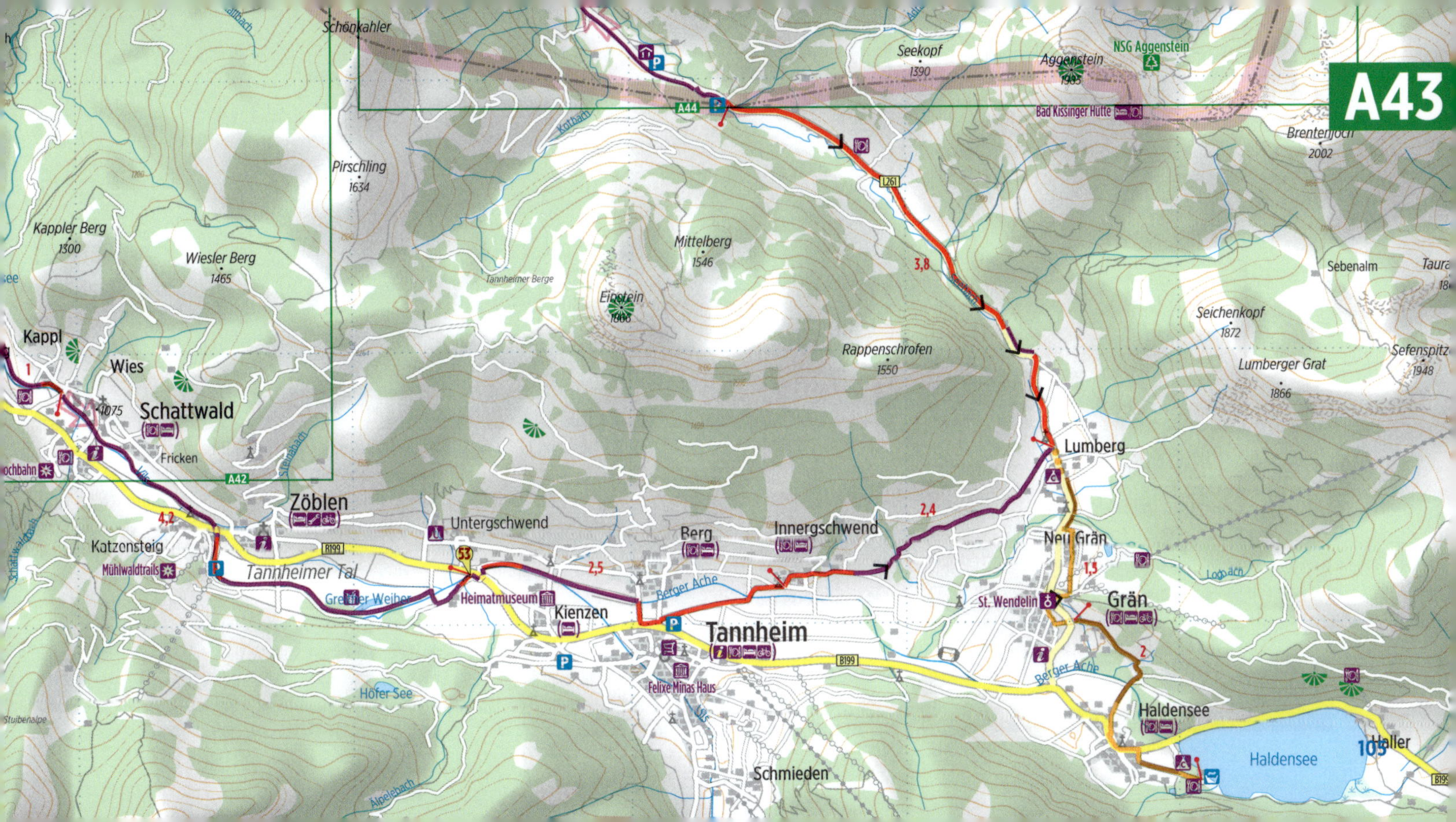
A43
Schönkahler
Seekopf
1390
Aggenstein
1985
NSG Aggenstein
A44
Bad Kissinger Hütte
Brentenjoch
2002
L261
Pirschling
1634
Kappler Berg
1300
Wiesler Berg
1465
Mittelberg
1546
Tannheimer Berge
Einstein
3,8
Sebenalm
Seichenkopf
1872
Rappenschrofen
1550
Lumberger Grat
1866
Sefenspitz
1948
Kappl
Wies
Schattwald
1075
Fricken
A42
Lumberg
Zöblen
Untergschwend
Berg
Innergschwend
2,4
Katzensteig
4,2
B199
53
Mühlwaldtrails
Tannheimer Tal
2,5
Neu Grän
1,3
Heimatmuseum
Berger Ache
St. Wendelin
Grän
Kienzen
Tannheim
Hofer See
Felixe Minas Haus
Logbach
2
Haldensee
Haldensee
105
Haller
Schmieden
Stubenalpe
Alpelebach

ACHTUNG In der Abfahrt sind einige Weideroste zu passieren. Achten Sie auf frei laufende Kühe!

AUSFLUG Nach Rechts bietet sich ein Ausflug nach Grän und an den Haldensee an. Die Route ist in der Karte in Orange dargestellt.

Grän Ⓐ

Vorwahl: 05675

- **TVB Tannheimer Tal**, Vilsalpseestr. 1, Tannheim, ✆ 62200 ⑦, @ yce154
- **TVB Tannheimer Tal Grän- Haldensee**, Dorfstr. 1, ✆ 6285, @ bux318
- **St. Wendelin**, Am Kirchpl. ⑦ Die denkmalgeschützte Kirche, mit reich geschmücktem Innenraum, wurde 1789 unter dem Gräner Bauleiter

Am Haldensee im Tannheimer Tal

Michael Zobl errichtet.

Haldensee (Grän) Ⓐ

- **Wasserwelt Haldensee**, Seewiesenweg 12, ✆ 05675/6232. Beheiztes Freibad, Badestrand am See, Boot fahren, Spielplatz, Gastronomie, u.v.m. @ mfq552

Entlang der **L 261** ⤳ in der Linkskurve auf den rechtsseitigen Radweg ⤳ vor dem Alten Zollhaus endet der Radweg ⤳ wieder zurück nach Deutschland und wenige Meter nach der Grenze auf den linksseitigen Radweg ⤳ nach einem kurzen Schotterabschnitt unter der Straße hindurch ⤳ bei einer Brücke geradeaus durch ein Gattertor ⤳ erneut unter der Straße hindurch ⤳ die Steinacher Achen überqueren ⤳ **54** am Gasthaus **Fallmühle** vorbei ⤳ nach rund 250 m rechts auf einen schmalen Asphaltweg und wieder über die Steinacher Achen ⤳ unter der Straße hindurch und links auf einen geschotterten Weg ⤳ nach rund 1,5 km links über die Brücke ⤳ rechts und am linken Ufer der Steinacher Achen entlang ⤳ am **Gschönweg** links ⤳ die Achtalstraße schräg rechts kreuzen, **Kienbergstraße**.

Steinach (Pfronten)

Vor dem Dorfweiher links abbiegen ⤳ am Teich entlang ⤳ erneut links und den kleinen Ort verlassen,

Bläsesweg vorbei am Mühlenmuseum über die Vils und an der T-Kreuzung rechts in die **Vilstalstraße**

Pfronten

Vorwahl: 08363

Pfronten Tourismus, Vilstalstr. 2, 69888, @ blj453

Hammerschmiede, Im Kurpark. Die wasserbetriebene Hammerschmiede stammt aus dem Jahr 1928. @ jgo314

Heimathaus Pfronten, Kirchsteige 1, Berg, 7104 Im früheren Armenhaus erzählen Werkzeuge über das Leben und Arbeiten im Pfrontner Tal. Hier befindet sich auch die örtliche Bücherei. @ gob115

Mühlenmuseum, Bläsesweg 2, 5177. Das Mühlenmuseum gibt Ihnen einen Einblick in eine altdeutsche Mahlmühle. @ ouq288

Alpenbad, Falkensteinweg. 14, 929990, @ mby577

13 Ortsteile bilden die beliebte Allgäuer Urlaubsgemeinde am Fuße der Allgäuer und Tiroler Alpen, den Höhenluftkurort Pfronten (850-1.830m). Schon von Weitem grüßt der Glockenturm der spätbarocken St. Nikolaus-Kirche die Besucher. In Pfronten werden Traditionen besonders bewahrt und sogar gelebt. Das Vermächtnis der Bergbauern und der Mächler wird aktiv gepflegt.

Von Pfronten nach Hopferau 14,2 km

Die Nächste links in die **Peter-Heel-Straße** an der Fachklinik Allgäu vorbei und Pfronten verlassen an der Weggabelung links Richtung Röfleuten.

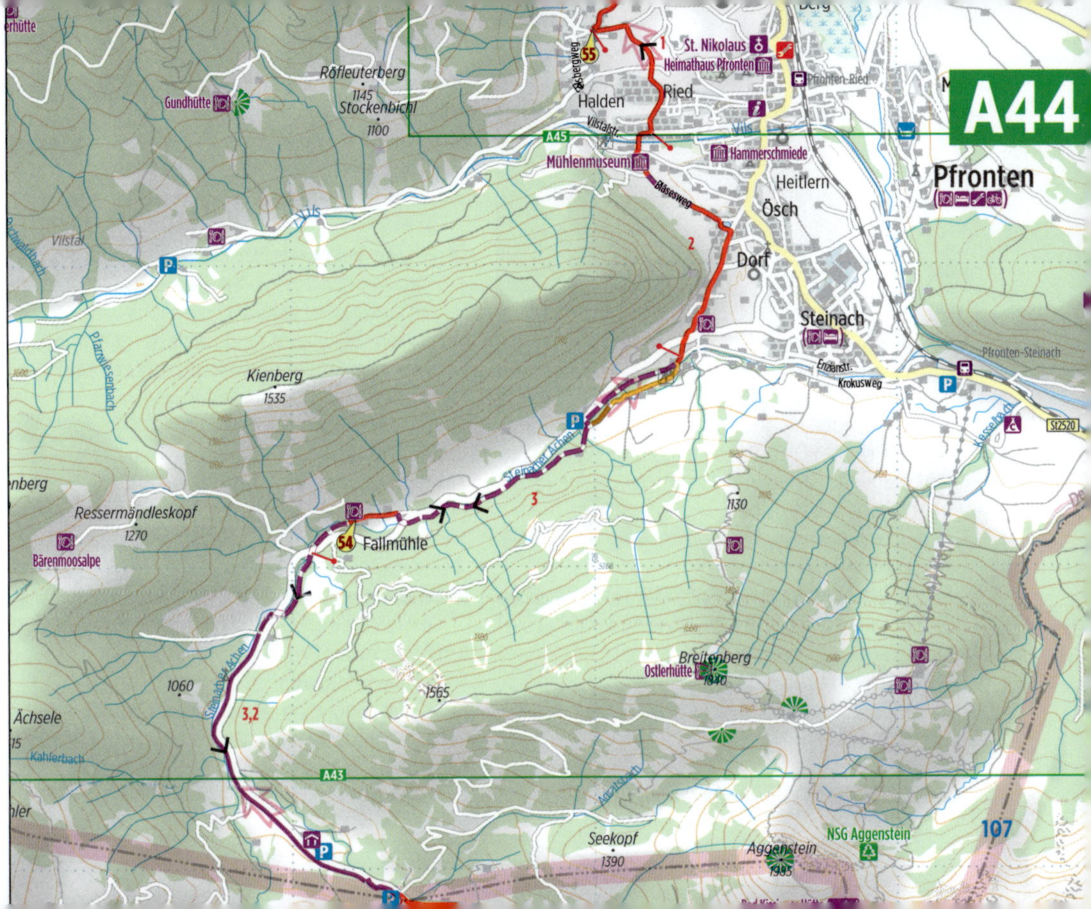

Schlossberg, Ruine Hohenfreyberg

Röfleuten (Pfronten)

55 An der Kreuzung scharf rechts in den **Edelsbergweg** ~ am Ortsrand an der Gabelung vor dem **Parkplatz** links ~ nach rund 1,4 km geradeaus, rechts geht's nach Weißenbach.

Weißbach (Pfronten)

Vorwahl: 08363

- **Glasbläserei Endres**, Füssener Str. 30a, ✆ 5768 Vom Rohmaterial zum Endprodukt, hier können Sie dem Glasbläser bei der Arbeit über die Schulter schauen. @ qty461
- **Schmetterling-Erlebniswelt**, Gernweg 5, ✆ 393 Im Tropenhaus können Sie den exotischen Schmetterlingen beim Schlüpfen, Fliegen und Futtern zusehen. @ opp163

An der **B 309** links auf den Radweg ~ dem Straßenverlauf der **Kappeler Straße** durch den Ort folgen

Kappel (Pfronten)

Vorwahl: 08363

- **Heumuseum**, Am Bergwiesenpfad, ✆ 69888 Im frei begehbaren Heustadel geben alte Erntegeräte und Fotografien Einblick in die frühere Ernte des Bergwiesenheus und wie es ins Tal transportiert wurde. @ uhy522
- **Waldseilgarten Höllschlucht**, Bürgermeister-Franz-Keller-Str., ✆ 9259896. Action in den Baumwipfeln, 3D-Bogenparcours, Slackline-Parcours und eine Steinkugelmühle. @ kev811

Über den Steinbach und danach gleich rechts ~ unter der Straße und Bahn hindurch und dem **Moosmühlweg** bis Rehbichel folgen.

Rehbichel (Pfronten)

56 An T-Kreuzung links und durch den Ort ~ vorbei am Haus Zauberberg ~ nach etwas mehr als 1 km im Rechtsbogen an der St. Rassokapelle vorbei nach Zell.

Zell (Eisenberg)

- **Burgenmuseum**, Dorfstr. 12, ✆ 08364/1237 Forschungsergebnisse und Fundstücke rund um die Burgen Eisenberg und Hohenfreyberg. @ cuh646

Im Ort nach dem Brunnen, vor dem Burgenmuseum, links in den **Burgweg**.

AUSFLUG

An der Gabelung etwas außerhalb des Ortes führt links ein steiler Weg bergauf zur Schloßbergalm, von der Sie die Fernsicht auf die Alpen und auf die Königsschlösser Neuschwanstein und Hohenschwangau genießen können. Von dort aus können Sie auch einen kurzen Fußmarsch zu den beiden beeindruckenden Ruinen Eisenberg und Hohenfreyberg unternehmen.

Schlossberg (Eisenberg)

- **Ruine Eisenberg**, Burgweg 50 Peter von Hohenegg erbaute die Burg um 1315 als Wohnsitz und Verwaltungszentrum der Herrschaft Eisenberg. 1382 verkaufte Bertold von Hohenegg sowohl die Burg als auch die Herrschaft an Herzog Leopold III. von Österreich. Dieser gab die Burg 1390 als Lehen an den Schwiegersohn Bertolds von Hohenegg ab. Durch den Bauernkrieg von 1525 wurde die Burg beschädigt, 1535 begann man mit der Renovierung. 1646 brannten die Tiroler Landesfürsten die Burg nieder, die Ruine steht bis heute. Charakteristisch für die Burg ist die hohe Mantel- bzw. Ringmauer. In früheren Zeiten war die Herrschaft Eisenberg die größte Adelsherrschaft im Füssener Land. @ mok864
- **Ruine Hohenfreyberg**, Burgweg Die Burg wurde damals an wohlhabende Patrizier und Bürger verpfändet. 1714 wurde vom Freiherrn v. Freyberg-Eisenberg das Pfandrecht gekauft. 1791 wurde dieses Pfandrecht von Österreich abgelöst und zu Beginn des 18. Jhs. kam es im Frieden von Preßburg und Hohenfreyberg zu Bayern. @ yhl572

An der Gabelung rechts Richtung Eisenberg ~ an der **OAL 2** links auf den Radweg.

Eisenberg

Vorwahl: 08364

- **Touristik-Büro**, Pröbstenerstr. 9, ✆ 1237, @ hlh533

Noch vor dem Gockelwirt rechts in die **Speidener**

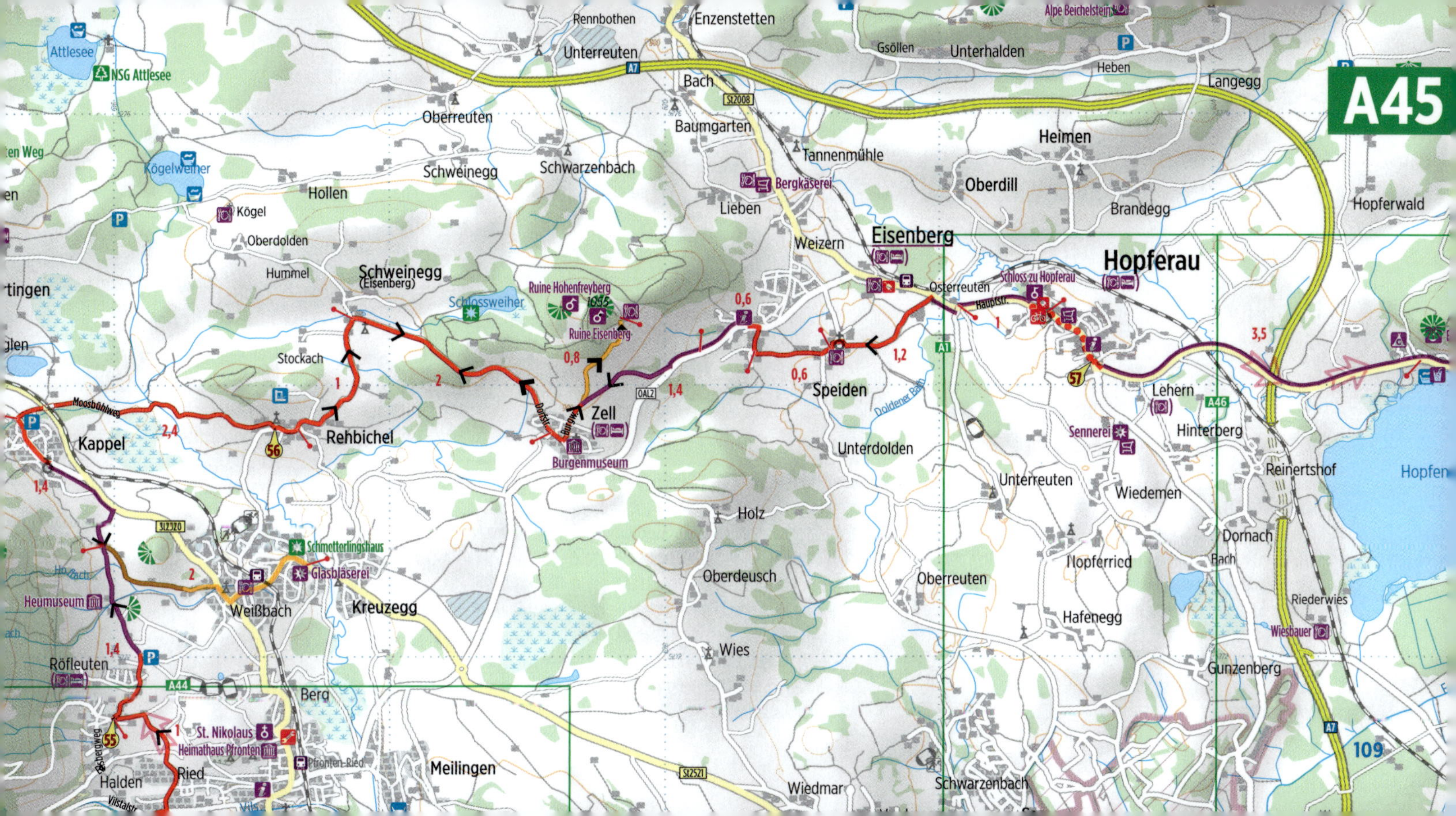
A45
Attlesee
NSG Attlesee
Kögelweiher
Kögel
Oberdolden
Hummel
Hollen
Schweinegg
Schweinegg (Eisenberg)
Oberreuten
Schwarzenbach
Rennbothen
Unterreuten
Enzenstetten
Bach
Baumgarten
Tannenmühle
Lieben
Bergkäserei
Weizern
Eisenberg
Gsöllen
Unterhalden
Alpe Beichelstein
Heben
Langegg
Heimen
Oberdill
Brandegg
Hopferwald
Hopferau
Schloss zu Hopferau
Osterreuten
Hauptstr.
Schlossweiher
Ruine Hohenfreyberg
1035
Ruine Eisenberg
Stockach
Rehbichel
Moosbühlweg
Kappel
Zell
Dorfstr.
Burgweg
Burgenmuseum
Speiden
Doldener Bach
Lehern
Sennerei
Hinterberg
Reinertshof
Hopfen
Unterdolden
Unterreuten
Wiedemen
Holz
Dornach
Bach
Hopferried
Oberdeusch
Oberreuten
Hafenegg
Riederwies
Wiesbauer
Gunzenberg
Schmetterlingshaus
Glasbläserei
Heumuseum
Weißbach
Kreuzegg
Wies
Röfleuten
Berg
St. Nikolaus
Heimathaus Pfronten
Pfronten-Ried
Halden
Ried
Meilingen
Wiedmar
Schwarzenbach
Vilstalstr.
A7
St2008
OAL2
St2520
St2521
A1
A44
A46
1,4
2,4
1
2
0,8
0,6
1,2
3,5
55
56
57
109

Hopfensee

Straße und auf dieser den Ort verlassen.

Speiden (Eisenberg)

In einem Linksbogen um die Kirche herum ~ auf der Straße **Mariahilferweg** weiter nach Osterreuten.

Osterreuten (Eisenberg)

An der **St 2008** rechts auf den Radweg ~ unter der St 2008 hindurch und auf der anderen Straßenseite rechts nach Hopferau.

Hopferau

Vorwahl: 08364

Gästeinformation, Hauptstr. 8, 8548, @ vxn285

Schloss zu Hopferau, Schloßstr. 9, 984890 Schloss Hopferau ist das älteste Schloss im Ostallgäu. Ritter Siegmund-Friedrich von Freyberg-Eisenberg ließ das Schloss 1468 als Jagdschloss erbauen. Es hatte schnell den Ruf als Haus der Gastlichkeit erlangt, in der Mitte des 16. Jhs. schaffte es das Schloss gesellschaftlicher Mittelpunkt des Allgäus zu werden. 1803 geht es in Privatbesitz über. In der Folgezeit wechselt das Schloss oft seinen Besitzer. Seit 2001 ist es wieder für die Öffentlichkeit zugänglich. Nach Renovierung und Umbau entstand ein Hotel mit Tagungszentrum, öffentlichem Restaurant, Weinstube und Biergarten. @ mhx738

Sennerei Lehern, Lehern 158, 08362/7512 7d In der Sennerei wird frische Heu-Bergmilch zu Allgäuer Emmentaler und Allgäuer Bergkäse veredelt. Besichtigungen/Führungen durch die Sennerei. @ clt241

Der Ort gehörte den Freiherrn Freyberg-Hopferau. Seit in der Rheinbundakte 1806 das Bündnis der süddeutschen Staaten mit Napoleon festgehalten wurde, gehört Hopferau zu Bayern. Adelige Fürstentümer und ritterschaftliche Besitzungen waren bis zu diesem Zeitpunkt reichsunmittelbar, wurden jetzt allerdings den Landesfürsten untergeordnet.

Auf der **Hauptstraße** durch den Ort ~ **57** am Ortsrand bei der **Auenhalle** links in die Straße **Schraden** und schon nach wenigen Metern rechts ~ am Parkplatz vorbei und auf den Radweg entlang der **Hopfenerstraße** ~ vorbei am Campingplatz ~ ab dem großen Parkplatz beim Strandbad wechselt der Radweg auf die rechte Straßenseite.

Von Hopferau nach Füssen *9,3 km*

Hopfen am See

Vorwahl: 08362

Tourist-Information, Uferstr. 21a, 7458 Reparaturstation im Außenbereich, Schließfächer, @ agx768

Burg Hopfen, Burgweg 24 Es ist nicht geklärt, ob es sich bei der ehemaligen Burg Hopfen um jene Burg handelt, in die sich Gegenbischof Wigolt

1078 während des Investiturstreits zurückzog. Jedenfalls stammen die gefundenen Fundamente aus dem 11. Jh., womit die Burg Hopfen Allgäus älteste Steinburg ist. Im 12. Jh. jedoch wurde die alte Anlage vollständig überbaut. Die Grundmauern der Burg sind konserviert. Besonders beliebt ist die Burg heute vor allem wegen ihrer Aussicht auf den Hopfensee, die Ammergauer Alpen und die Tannheimer Berge.

Badestelle Seepark Hopfensee, Uferstr. 39, ✆ 9256255, @ spi413

Auf dem Fuß- u. Radweg entlang des Sees durch den Ort ⁓ vor dem Campingplatz links auf den Radweg entlang der St 2008 Richtung Füssen.

Eschach (Füssen)

58 beim Kreisverkehr rechts auf den Radweg entlang der **Augsburger Straße** ⁓ am Ende des Radweges in einem Links-Rechtshaken in die **Marienstraße** und dieser bis zum **Kaiser-Maximilian-Platz** folgen.

Füssen s. S. 15

Sie haben nun das Ende Ihrer Radreise erreicht. Wir hoffen, Sie hatten einen erlebnisreichen und interessanten Radurlaub und freuen uns, dass Sie ein ***bikeline***-Radtourenbuch als Begleiter gewählt haben.

Das gesamte ***bikeline***-Team wünscht Ihnen eine gute Heimreise!

Allgäu-Radweg

74,9 km

HM/km: ↗ 6,4 (481m) ↘ 6,0 (452m) **Radweg:** 52 % **Unbefestigt:** 23 % **Verkehr:** 3 %

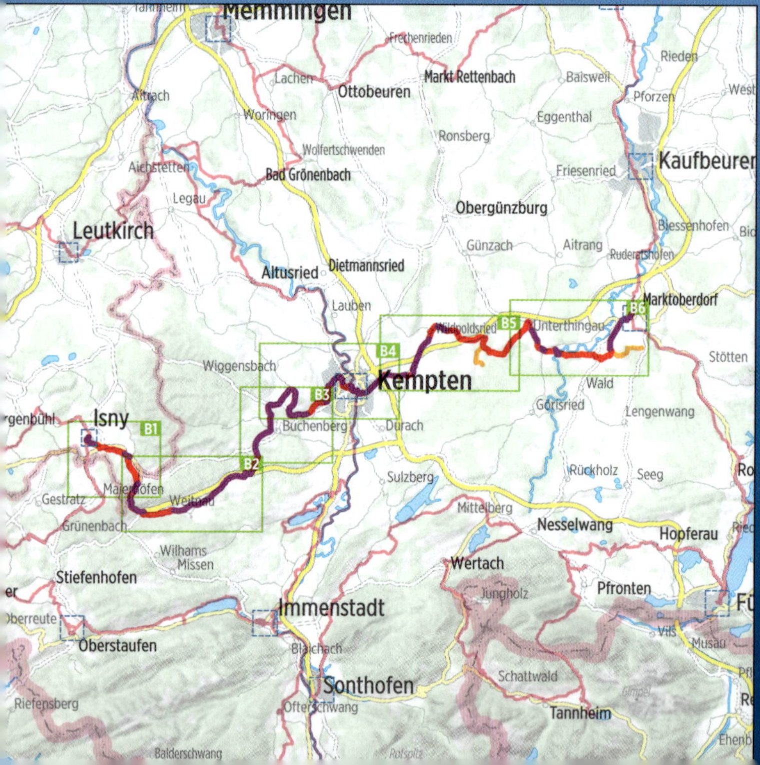

Der Allgäu-Radweg bildet die erste Transversale von West nach Ost, von Isny nach Marktoberdorf. Geprägt von den drei K's - Königsschlösser, Kühe und Käse - bietet die Region ein vielfältiges Angebot für das Radlerherz. Ab Weitnau führt die Route über die aufgelassene Bahnstrecke Isny-Kempten. Sie überqueren nach längerer aber dafür gleichmäßiger Steigung die Wasserscheide zwischen Rhein und Donau. Nach längerer Abfahrt kreuzen Sie in Kempten den Iller-Radweg. Auch jenseits der Iller befahren Sie noch Teilstücke einer alten Bahntrasse. Im leichten Auf und Ab führt die Route weiter nach Marktoberdorf.

Große Teile dieses Abschnittes verlaufen überwiegend auf ehemaligen Bahntrassen, verkehrsarmen Nebenstraßen und bestens gekiesten Radwegen. Sportlichere Anstiege sind zwischen Kempten und Leupolz, Wildpoldsried und Unterthingau zu bewältigen.

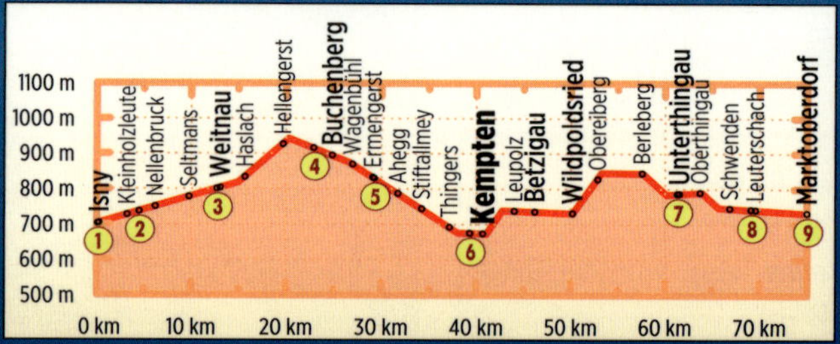

Isny im Allgäu s. S. 71

Von Isny nach Kempten *40,7 km*

1 Vom Wassertorturm durch die Fußgängerzone und am anderen Ende links in die **Bergtorstraße,** die in die **Kemptener Straße** übergeht ~ nach dem Friedhof rechts halten in die parallel verlaufende Wohnstraße, **Wilhelm Nagel Weg** ~ rechts abbiegen und gleich links an der Schreinerei vorbei ~ auf dem **Wolfbühler Weg** unter der B 12 hindurch ~ nach der Unterführung links Richtung Anwanden ~ links abbiegen nach Kleinholzleute.

Kleinholzleute (Isny im Allgäu)

An der T-Kreuzung links ~ bei der Kapelle rechts ~ wenige Meter vor der B 12 rechts nach Großholzleute.

Großholzleute (Isny im Allgäu)

- **Gasthof Adler**, Hauptstr. 27, ✆ 07562/6239674. Der historische und denkmalgeschützte Landgasthof wurde um 1500 als Amtshaus mit Gerichtslaube errichtet. Nach einer bewegten Geschichte als Versammlungsort aufständischer Bauern, Posthalterei der Kaiserlichen Reichspost und Einkehrstätte der österreichischen Erzherzogin Maria Theresia und der späteren Königin von Frankreich, Marie Antoinette, verbrachte die britische Prinzessin Anne 1987 ihren Winterurlaub im Adler.
- **Hasenbergschanze**, Langenfeldhof 6. Bereits im Jahre 1924 wurde vom WSV eine Skisprungschanze errichtet. Hier wird sowohl im Sommer als auch im Winter ein Sprungbetrieb abgehalten. @ ecn443

Burgruine Alttrauchburg

2 Im Ort vor der Brücke über die Unteren Argen rechts ⤳ an der Gabelung links Richtung Hasenbergschanze ⤳ dem Straßenverlauf nach Argen folgen ⤳ rechts in den Ort und diesen geradewegs durchfahren.

Argen (Isny im Allgäu)

Nellenbruck (Weitnau)

Vorwahl: 08375

Wolf Glas & Kunst, Am Nellenberg 23, ✆ 975301 Dauerausstellung im Atelier für Malerei und Glasgestaltung. @ aqy531

Alttrauchburg (Weitnau)

Burgruine Alttrauchburg, Alttrauchburg 1, Kleinweiler, ✆ 08375/8046 (24) Die gut erhaltene Burgruine gehörte einst zu den mächtigsten Burganlagen des Allgäus. Die Aussichtsplattform bietet einen herrlichen Blick über das Isnyer Becken und die umliegenden Gebiete. Von Mitte Juli bis Anfang September finden jeden Mittwoch um 15.00 Uhr Burgführungen statt. @ aqe864

An der Kreuzung links zur Brücke ⤳ die Untere Argen überqueren ⤳ an der **B 12** rechts auf den Radweg ⤳ eine Zufahrtsstraße der B 12 überqueren, danach endet der Radweg ⤳ auf der Wohnstraße am Pumptrack vorbei.

Klausenmühle (Weitnau)

Bikepark, Klausenmühle. Der schön angelegte Bikepark bietet einen Pumptrack und eine Jump-Line.

Weiter auf dem Radweg zwischen Unterer Argen und B 12 ⤳ an einem Solarkraftwerk vorbei ⤳ hinein nach Seltmans.

Seltmans (Weitnau)

Vorwahl: 08375

Kletterhalle, Heinrich-Nicolaus-Str. 15, ✆ 8219. Entlang einer Kletterfläche von über 1500 m² warten über 100 verschiedene Routen vom 4. bis 10. Schwierigkeitsgrad. @ erv166

Familienbad Weitnau-Seltmans, Badweg 3, ✆ 634, @ cbi871

Rechts auf den Radweg entlang der **Heinrich-Nicolaus-Straße** ⤳ nach dem Freibad rechts abbiegen nach Weitnau ⤳ am Ortsrand von Weitnau rechts in die **Marktstraße**.

Weitnau

Vorwahl: 08375

Tourismusbüro, Hoheneggstr. 25, ✆ 920241, @ ioe182

Hohenegg-Museum, Hoheneggstr. 25, ✆ 08378/638 Das Museum mit Zielrichtung „Religöse Volkskunst" befindet sich im Dachgeschoss des „Historischen Amtshauses" in Weitnau, dessen Ursprünge bis ins 16. Jh. zurückreichen. @ hqk612

St. Pelagius, Kirchstr. Reste unterschiedlicher Bauepochen spiegeln sich im Turm (14. Jh.), im Chor (um 1740) und dem Neubau des Kirchenschiffs (um 1862) wider. Die einheitlich neugotische Innenausstattung weist farbenfrohe Schablonenmalerei auf.

Carl Hirnbeinweg, Parkpl. Hauchenbergweg (24) Der Erlebniswanderweg vermittelt an Info-Stelen Wissen über die Allgäuer Geschichte und das Wirken von Carl Hirnbein. Spielbereiche und Naturbäche laden zum Entdecken und Erforschen ein. @ twq881

3 An der **Hoheneggstraße** rechts und an der ersten Möglichkeit links in die **Hirnbeinstraße** ⤳ über eine kleine Brücke und rechts in die **Engelhirscher Straße** ⤳ rechts abbiegen in einen Rad- und Fußweg.

TIPP: Ab hier führt die Radroute auf der ehemaligen Bahnstrecke Kempten-Isny.

Nach rund 2 km an einem Rastplatz vorüber und zwei Asphaltstraßen kreuzen ⤳ nach langer gleichmäßiger Steigung an der **Hochmoorstraße** links und unter der B 12 hindurch ⤳ nach der Unterführung scharf rechts ⤳ auf einem zu Beginn asphaltierten und später geschotterten Radweg in den Wald

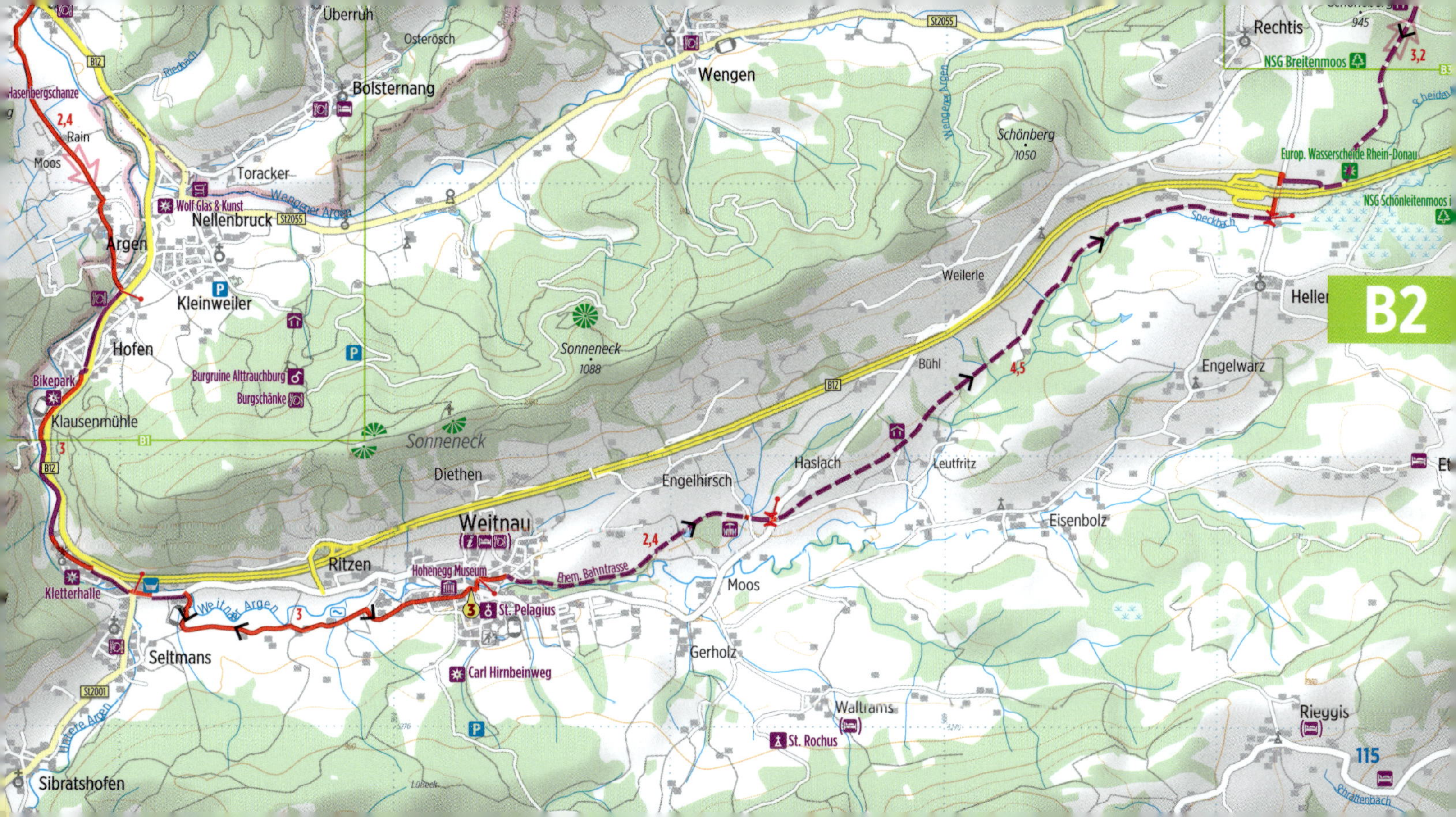
Überruh
Osterösch
Bolsternang
Wengen
Rechtis
945
3,2
NSG Breitenmoos
B3
Hasenbergschanze
2,4
Rain
Moos
Riedbach
B12
Toracker
Wolf Glas & Kunst
Nellenbruck
St2055
Wengener Argen
Schönberg
1050
Europ. Wasserscheide Rhein-Donau
NSG Schönleitenmoos
Speckbach
Argen
Kleinweiler
P
Hofen
Weilerle
Heller
B2
Sonneneck
1088
Burgruine Alttrauchburg
Burgschänke
Bikepark
Klausenmühle
Bühl
4,5
Engelwarz
B1
3
Sonneneck
Diethen
Haslach
Leutfritz
Engelhirsch
Weitnau
Eisenbolz
Et
Ritzen
2,4
Ehem. Bahntrasse
Hohenegg Museum
Kletterhalle
Moos
Weitnau Argen
St. Pelagius
Seltmans
Gerholz
Carl Hirnbeinweg
St2001
Untere Argen
Waltrams
Rieggis
St. Rochus
Sibratshofen
Schrattenbach

Blick über Kempten

hinein ~ die Europäische Wasserscheide passieren.

Hellengerst (Weitnau)

- **Mitteleuropäische Wasserscheide** (24) Die Rhein-Donau-Wasserscheide liegt auf einer Seehöhe von 937,90 m.

TIPP Dieser Punkt war zur Zeit der Streckeneröffnung der Bahnlinie der höchstgelegene Punkt im deutschen Bahnnetz mit Normalspurweite.

Nun mit gleichmäßigem Gefälle bergab nach Schwarzerd.

Schwarzerd (Buchenberg)

4 Die St 2055 überqueren und nach Buchenberg.

Buchenberg

Vorwahl: 08378

- **Tourist-Info**, Rathaussteige 2, ✆ 920222, @ nkj282
- **Heimatmuseum Buchenberg**, Eschacher Str. 35 b, ✆ 1007, ✆ 7454 Kleinbauernhaus mit Schuhmacherwerkstatt. @ mge422
- **Freizeitpark** (24) Baden im idyllischen Moorweiher, Liegewiesen, Kneipp-Becken, Minigolf u.v.m. @ jpa515
- **Wasserschmeckerweg**, Parkplatz Eschacher Str. Mit der Wünschelrute auf Entdeckungstour. @ thk763
- **Bodenlehrpfad**, Wirlinger Str., Start: St. Magnus (24) An 9 Stationen entlang des 1,6 km langen Rundweges durch den Wirlinger Wald lernen Sie die Funktionen des Bodens kennen. @ vlr474
- **Eschacher Weiher**. Moorweiher mit Kneippanlage, Textil- u. FKK-Strand

Die Eschacher Straße überqueren und wieder auf geschottertem Radweg neben der **Kürnacher Straße** durch den Ort ~ langer Rechtsbogen und etwas weg von der Straße ~ über die Kleine Rottach ~ weiter auf dem alten Bahndamm ~ die **St 2376** überqueren und nach Ermengerst.

Ermengerst (Wiggensbach)

Vorwahl: 08370

- **Amt für Kultur und Tourismus**, Kempter Str. 3, Wiggensbach, ✆ 8435, @ nbc573
- **St. Johannes der Täufer**, Kirchpl. 1. Die spätgotische Kirche wurde im 15. Jh. erbaut und um 1680 unter dem Kemptener Fürstabt Rupert von Bodmann mit frühbarocken Elementen ausgestattet. Die Glocken stammen aus dem Jahr 1489. @ knj728
- **Canyoning Team Allgäu**, Bergstr. 12, ✆ 9217692. Canyoning- und Rafting-Touren für Einsteiger und Fortgeschrittene. @ fat228

5 Die Römerstraße überqueren ~ auf einem asphaltierten Radweg durch den Ort ~ leicht bergab zum **Herrenwieser Weiher** ~ an der Gabelung beim Weiher links ~ auf einer Brücke über die St 2376 und die Große Rottach.

Ahegg (Buchenberg)

- **Burgus Ahegg**. Der ehem. Limes-Wachtturm lag an der römischen Grenze zu den germanischen Stämmen der Alemannen und schützte vom 3. bis 5. Jh. die Straße von Kempten nach Bregenz. @ tvm631
- **Herrenwieser Weiher**

Auf dem Radweg durch Ahegg ~ über zwei Brücken und den Ort verlassen ~ nach etwas mehr als

1 km endet der Radweg ~ geradeaus weiter auf die Straße **Im Rothkreuz** ~ am Zeltplatz vorbei ~ mit einem Links-Rechts-Schwenk in den **Pulvermühlweg** ~ etwas bergab und über eine kleine Brücke ~ die Rottach überquerend hinein nach **Stiftallmey**.

Aus dem **Pulvermühlweg** kommend an der T-Kreuzung links in die **Leutkircher Straße** ~ leicht bergauf und bergab und nach rund 500 m links auf den **Aybühlweg** ~ an Sportplätzen und am Freizeitbad Cambomare vorbei ~ links bergab auf der Straße **Beim Sonnenbad** ~ wenige Meter vor der Rottach rechts auf einen Schotterweg und für ca. 1,7 km auf dem Radweg an der Rottach entlang ~ über zwei kleine Brücken ~ vor der **Mariaberger Straße** im spitzen Winkel rechts und über eine weitere Brücke.

Thingers (Kempten (Allgäu))

Vorwahl: 0831

- **St. Hedwig**, Drosselweg 1, ✆ 512680. Die moderne Kirche wurde 1983 nach Plänen des Kemptener Architekten Dieter Heiler errichtet.
- **Schwabelsberger Weiher**, Heiligkreuzer Str. (24) Der fast 19 ha große Landschafts- und Naturpark um den Weiher besteht aus drei zusammenhängenden Teichen. Diese wurden bereits im 17. Jh. als Fischteiche genutzt. Heute ermöglicht eine Aussichtsplattform inklusive Rundweg und Infotafeln einen Blick auf die seltene, hier beheimatete, Tier- und Pflanzenwelt.

Der Radweg mündet in die Straße **Innere Rottach**

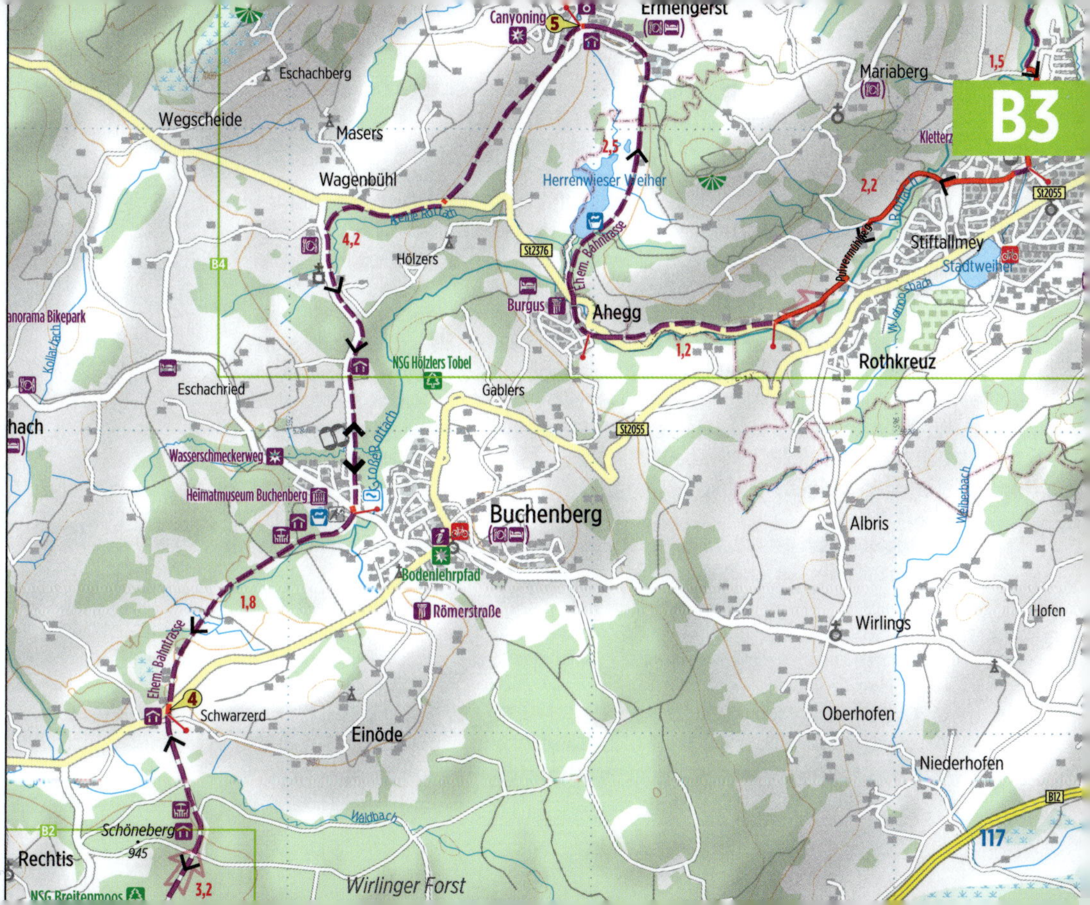

vom Kreisverkehr rechts in die Straße **Am Stiftskeller** den Adenauer Ring überqueren und in den **Stiftskellerweg** rechts in die **Brachgasse** und sofort links in die **Weiherstraße** an der Sängerstraße links und gleich rechts beim Gästehaus Stiftsstadt schräg links in die **Wartenseestraße** geradeaus auf den **Stiftsplatz** **6** über den **Hildegardplatz** auf den **Residenzplatz** links vorbei an der Residenz und rechts in den **Pfeilergraben** den Kreisverkehr geradeaus überqueren vom Radweg rechts in die **Grabengasse** der Radweg mündet in die **Kronenstraße** links auf den **Rathausplatz** vor der Kirche St. Mang rechts links auf den **St. Mang Platz** an der **Burgstraße** links zur Ampel.

Kempten (Allgäu)

Vorwahl: 0831

Tourist-Information, Rathauspl. 24, ✆ 9609550, @ pxy443

Archäologischer Park Cambodunum (APC), Cambodunumweg 3, ✆ 25251716, ✆ 25251717 Die ehemalige Römersiedlung östlich der Iller stammt aus dem 2. Jahrzehnt n. Chr. und wird seit 1885 erforscht. Die Funde und Schautafeln vermitteln ein lebendiges Bild der Lebensweise der Römer. @ xiy565

Kempten-Museum, Residenzpl. 31, im Zumsteinhaus, ✆ 2525-1790 Im denkmalgeschützten Zumsteinhaus wird 2000 Jahre Stadtgeschichte von der ersten römischen Besiedlung bis in die Gegenwart gezeigt und aktiv erlebbar gemacht. @ pju721

Kunsthalle, Memminger Str. 5, ✆ 25251702. Wechselnde Ausstellungen zeitgenössischer Kunst. @ lid825

Allgäuer Burgenmuseum, Burghalde 1, ✆ 5121468, Derzeit wegen Bauarbeiten geschlossen. Das Museum gibt einen Überblick über die Entwicklungsgeschichte der Allgäuer Burgen vom 12./13. Jh. bis in die Gegenwart. Zahlreiche Exponate aus archäologischen Grabungen, historische Dinge des tägl. Gebrauchs und verschiedenste Modelle veranschaulichen den Alltag der Allgäuer Adelsfamilien. @ uwf351

Kempten, St. Lorenz Basilika

Erasmuskapelle, St.-Mang-Pl., ✆ 25251725, Besuch nur mit Führung möglich, Tickets in der St. Mang Kirche erhältlich. Unterirdischer archäologischer Schauraum in den Mauern der ehem. Friedhofskapelle aus dem 13. Jh., mit Multivisionsshow. @ adq131

St. Mang, St.-Mang-Pl. 4. In der Kirche aus dem 15. Jh. befindet sich ein Hochaltar, der 1894 bei der Weltausstellung in Chicago prämiert wurde. @ rce322

St.-Lorenz-Basilika, Hildegardpl., ✆ 5405600 Ehem. Klosterkirche aus der Mitte des 17. Jhs. Eine Besonderheit der reich ausgestatteten barocken Kirche ist das Chorgestühl mit den Scagliola-Tafeln als Intarsien. @ iyg858

Kleine Thermen, Merktstr. 1, ✆ 25251717 Unter einem Schutz- und Ausstellungsbau befinden sich die Überreste der antiken Badeanlage, die um 50 n. Chr. entstand. Zahlreiche Funde und Modelle geben einen Einblick in die „antike Wellness-Kultur". @ odx534

Prunkräume der Residenz, Residenzpl. 4-6, ✆ 2561251, ✆ 0151/21325764 In der einstigen Fürstäbtlichen Residenz können die Rokoko-Prunkräume im Rahmen einer Führung besichtigt werden. Dazu gehören der

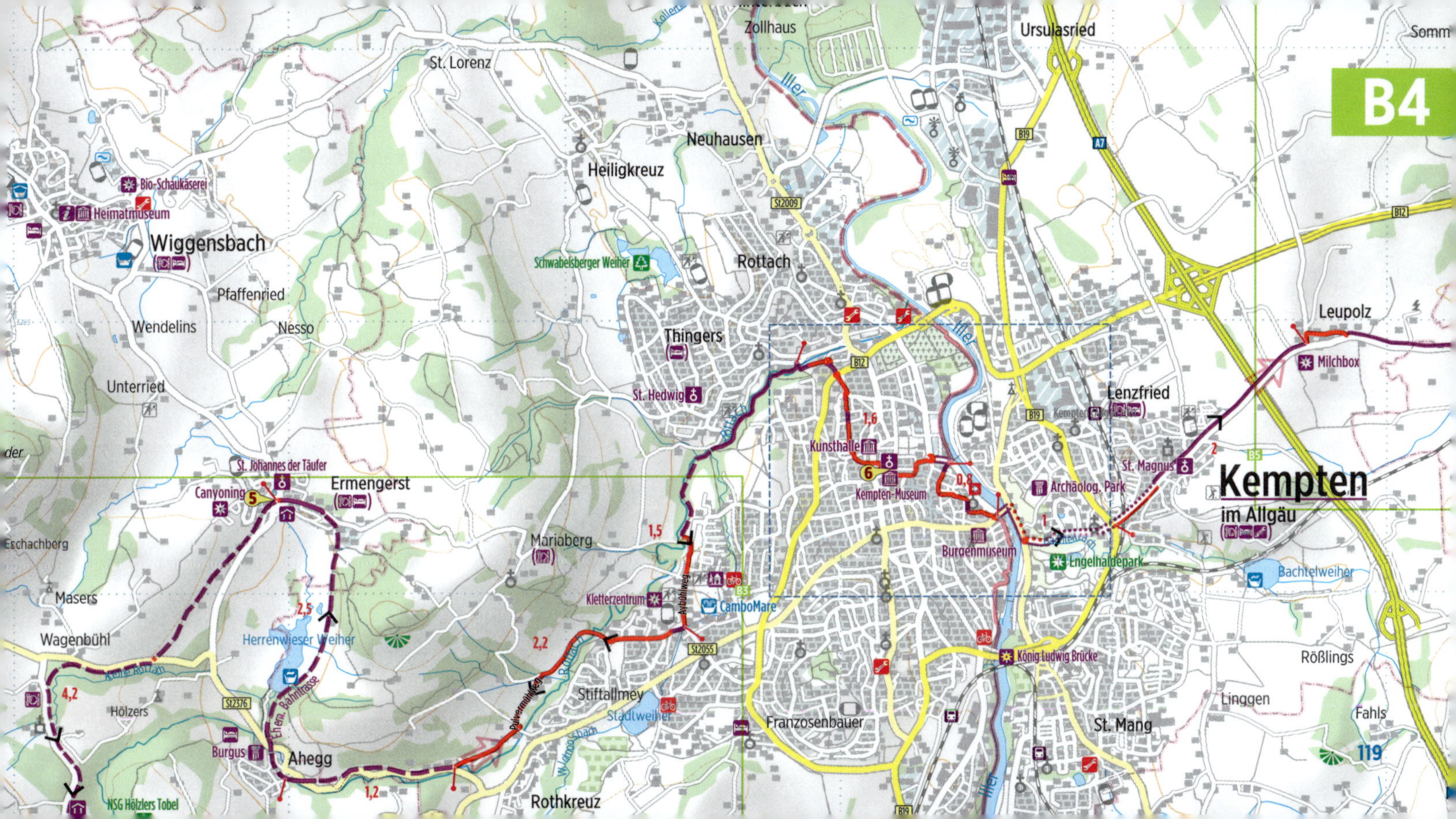
B4
Zollhaus
Ursulasried
St. Lorenz
Neuhausen
Heiligkreuz
Bio-Schaukäserei
Heimatmuseum
Wiggensbach
Schwabelsberger Weiher
Rottach
Pfaffenried
Wendelins
Nesso
Thingers
Leupolz
Milchbox
Unterried
St. Hedwig
Lenzfried
Kunsthalle
St. Magnus
St. Johannes der Täufer
Canyoning
Ermengerst
Kempten-Museum
Archäolog. Park
Kempten
im Allgäu
Eschachberg
Mariaberg
Burgenmuseum
Engelhaldepark
Bachtelweiher
Masers
Kletterzentrum
CamboMare
Wagenbühl
Herrenwieser Weiher
König Ludwig Brücke
Rößlings
Hölzers
Stiftallmey
Linggen
Stadtweiher
Fahls
Burgus
Ahegg
Franzosenbauer
St. Mang
NSG Hölzlers Tobel
Rothkreuz
119

Spätbarocke Orangerie mit Hofgarten

Thronsaal, das Schlafzimmer, das Audienzzimmer und die Hofkanzlei. Die Anlage wird als Gerichtsgebäude für das Amts- und das Landgericht Kempten genutzt. @ xue375

- **Orangerie**, Orangerieweg 20-22, ✆ 25257755. Die 1780 erbaute Orangerie dient heute als Stadtbibliothek. Das spätbarocke Bauwerk bildet den nördlichen Abschluss des Hofgartens. @ csb745
- **Rathaus & Rathausplatz.** Auf dem Platz befinden sich neben dem Rathaus von 1474 stattliche Patrizierbauten sowie der Rathausbrunnen aus dem 17. Jh. @ ubu512
- **St.-Mang-Brunnen**, St.-Mang-Pl. Der überdachte Jugendstilbrunnen wurde 1905 erbaut. @ wgb322
- **DAV Kletterzentrum**, Aybühlweg 69, ✆ 5700970 (7d) Über 3400 m² Kletter- und Boulderfläche im In- und Outdoorbereich. @ pyh534
- **König Ludwig Brücke**, Illerstr. (24) Die 1852 erbaute Brücke über die Iller ist eine der ältesten erhaltenen hölzernen Eisenbahnbrücken und gilt als historisches Wahrzeichen der Ingenieurbaukunst in Deutschland. Heute wird sie als Fuß- und Radwegbrücke genutzt.
- **Salzgrotte**, Burgstr. 15, ✆ 57004054 Die nachgebaute Höhle aus Rosa-Salz bietet im Zusammenspiel mit Licht, Musik und dem Plätschern der Sole Entspannung pur. @ clm843
- **Engelhaldepark**, Lenzfrieder Str. (24) Die 12 ha große Parkanlage ist durch Rekultivierung einer Kiesgrube entstanden. Eine Kneippanlage, Wiesen, schattige Bäume und ein Weiher laden, neben der Möglichkeit zur sportlichen Ertüchtigung, zum Verweilen ein.
- **Hofgarten**, Hofgartenstr. (24) Die 3,4 ha große barocke Parkanlage befindet sich nördlich der Fürstäbtlichen Residenz. @ tmn166
- **Freizeitbad CamboMare**, Aybühlweg 58, ✆ 581210 Bade- u. Saunawelt. @ fve183

Kempten ist eine Stadt, in der es einige historische Besonderheiten gibt. Sie wurde im Jahr 18 n. Chr. als Kambodounon erstmals schriftlich genannt und ist damit eine der ältesten Städte Deutschlands. Die Aufzeichnungen des griechischen Geographen Strabon (63 v. Chr. bis 23 n. Chr.), in denen die Stadt als keltische Ansiedlung erwähnt ist, gelten als ältestes schriftliches Zeugnis einer Stadt.

Aus dem 2. Jahrzehnt n. Chr. sind Bauten der römischen Siedlung Cambodunum erhalten. Die ausgegrabenen und zum Teil restaurierten Reste des Gallorömischen Tempelbezirks können in dem Archäologischen Park Cambodunum (APC) besichtigt werden.

Bereits ab dem 8. Jahrhundert gab es im Bereich der heutigen Residenz ein Kloster, es wurde 752 gegründet, bald danach von der Ehefrau Karls des Großen – Königin Hildegard – und ihrem Sohn gefördert und war über Jahrhunderte eines der bedeutendsten Klöster im Allgäu.

Im 13. Jahrhundert wurde Kempten von Rudolf von Habsburg zur Reichsstadt ernannt. In dieser Zeit kam es zur Teilung der Stadt. Danach war Kempten fast

sechshundert Jahre eine rivalisierende Doppelstadt: eine freie Reichsstadt, die vom Bürgertum unterstützt wird, und eine Stiftsstadt, die dem Fürstabt unterstellt ist.
Die heute erhaltene Fürstäbtliche Residenz entstand ab der Mitte des 17. Jahrhunderts an dem Standort der im Dreißigjährigen Krieg zerstörten spätmittelalterlichen Klosterbauten. Die barocke Anlage war als Kloster und zugleich als Fürstsitz erbaut. Der westliche Teil des prunkvollen Baus diente dem fürstäbtlichen Hof. Die von Fürstabt Anselm von Reichlin-Meldegg ab 1732 veranlasste prachtvolle Innenausstattung zählt zu einem der bedeutendsten Zeugnisse des süddeutschen Rokoko.
Historisch bedeutsam ist für Kempten auch das Jahr 1898, als hier Industriegeschichte geschrieben wurde. Am 5. März dieses Jahres wurde in Kempten der erste Industrie-Dieselmotor der Welt in Betrieb genommen. Der von Rudolf Diesel (1858-1913) entwickelte Motor – erstmalig gewerblich in der Zündholzfabrik in Kempten eingesetzt – ersetzte bald die Dampfmaschinen und war der Beginn einer weltweiten Erfolgsstory.

Von Kempten nach Marktoberdorf 33,6 km

Auf der **St. Mang-Brücke** über die Iller nach der Brü-

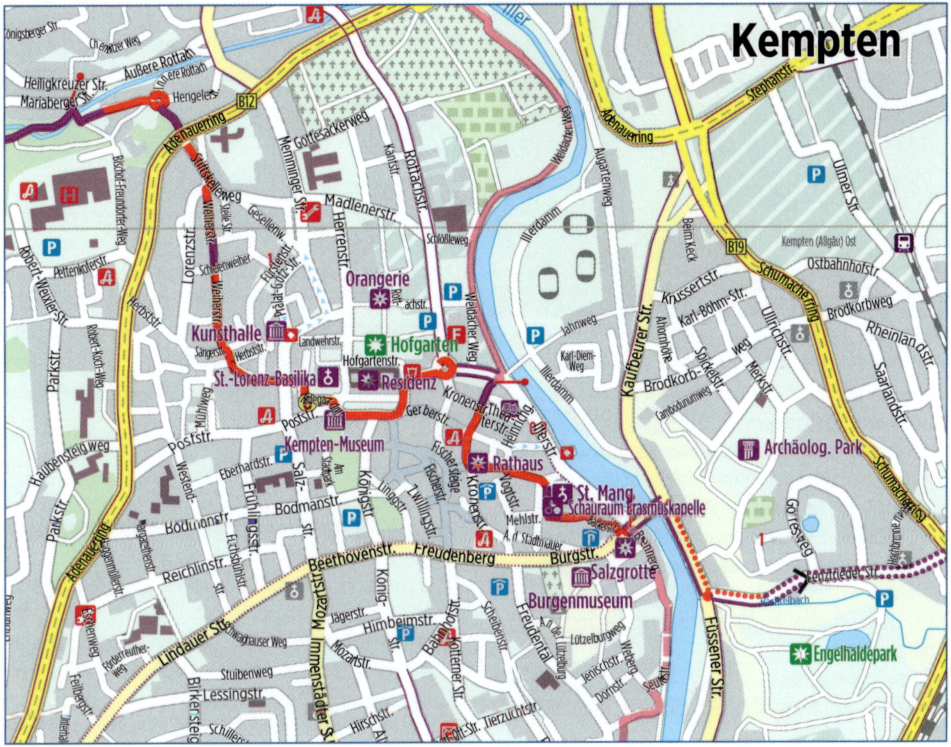

Schloss Unterthingau

cke rechts auf einen Rad- und Gehweg ~ beim Park Engelhalde die B 309, die Füssener Straße, nach links überqueren ~ auf der **Lenzfrieder Straße** bergauf.

Lenzfried (Kempten (Allgäu))

St. Magnus, Lenzfrieder Str. 64. Die ehem. spätgotische Klosterkirche (1642) des Franziskanerklosters St. Bernhardin ist mit einer Kanzel, einem Taufbecken und Chorgestühl aus dem Jahr 1884 ausgestattet, die barocken Gemälde stammen von dem Hofmaler Franz Georg Hermann. Das Geläut mit sieben Glocken ist über drei Geschosse verteilt.

Auf dem straßenbegleitenden Radweg die A 7 überqueren.

Leupolz (Kempten (Allgäu))

Milchbox, Lenzfriederstr. 102. Hier können Sie täglich frische Milch direkt vom Bauern abfüllen.

Im Ort, beim Radwegende, links in die **Leupolzer Straße** ~ rechts in den **Flachswiesenweg** ~ wieder an der **Lenzfrieder Straße** links auf den Radweg nach Betzigau.

Betzigau

Vorwahl: 0831

Gemeinde Betzigau, Rotkreuzstr. 2, ✆ 575020, @ sns534

St. Afra, Kirchstr. 2. Die 1498 erbaute Barockkirche blieb beim großen Brand von 1525 unversehrt.

Unter einer Eisenbahnlinie hindurch ~ den Ort auf der Hauptstraße durchqueren ~ beim Kreisverkehr auf den rechtsseitigen Radweg ~ parallel zu den Bahngleisen die B 12 unterfahren.

Wildpoldsried

Vorwahl: 08304

Gästeinfo, Marktoberdorfer Str. 3, ✆ 924970, @ jcv354

Verkehrsamt, Kemptener Str. 2, ✆ 92050, @ rxi556

Dorfmuseum, ✆ 92050 Im 300 Jahre alten Gschwend-Hof gibt es Kurioses, Halb-Vergessenes, Handwerker-Utensilien und eine Puppenmöbel-Ausstellung von Bodo Hennig zu entdecken. @ dln374

St. Cyprian, Kemptener Str. Die Kapelle mit Rokokodekor wurde im Jahre 1474 erstmals genannt.

Burgruine Wolkenberg (24) Ringmauer, Bergfried und Palas stammen aus der Mitte des 13. Jhs., während der Wirtschaftstrakt mit Backofen und Treppenhaus um 1480 entstand. @ ptx714

Kulturcafé, Marktoberdorfer Str. 3, ✆ 924970. Im Kulturcafé präsentieren Künstler regelmäßig wechselnde Ausstellungen von Malerei über Karikaturen bis hin zur Fotografie. @ kbd636

WiWaLaMoor, Am Hungersbeerg, ✆ 92050 (24) Beim Durchwandern der Wasserlandschaft mit Info-Stadel, Streuobstwiese und Badeteich wird das ökologische Zusammenspiel der Natur auf anschauliche Weise erläutert. Start des beschilderten Lehrpfades mit Klärschlammvererdungsanlage, Ideengarten der Firma Schellheimer und Baumhoroskop ist am Sportgelände. @ icd288

Badeteich. Liegewiese und Kiosk. @ vds878

Wilpoldsried erhielt bereits zum zweiten Mal den European Energy Award in Gold. Das Energiedorf erzeugt mittels erneuerbarer Energien fünfmal mehr Energie, als es selbst verbraucht.

Am Ortsrand an der St. Cyprian-Kapelle vorbei ~ auf der **OA 18** den Ort durchfahren ~ durch den kleinen Ort **Meggenried** ~ unter der B 12 hindurch ~ nach dem Waldstück in der Linkskurve rechts abbiegen auf die **Kemptener-Wald-Straße** ~ nach rund 600 m an der Gabelung links ~ über einen kleinen Höhenrücken.

AUSFLUG An heißen Tagen bietet der Notzenweiher eine erfrischende Abkühlung. Für einen Badeausflug halten Sie sich rechts Richtung Hochgreut und biegen in Notzen an der T-Kreuzung links ab.

Fleschützen
Frohnschwenden
Kraftisried
B5
Meggenried
Schweinlang
Wildpoldsried
Burgruine Wagegg
WiWaLaMoor
Priors
Kargen
St. Cyprian-Kapelle
Obereiberg
Wolkenberger Mühle
Raiggers
Sommers
Burgruine Wolkenberg
Wolkenberger Weiher
Berleberg
Jaunen
Hochgreut
Hubersberg
740
Leiterberg
Möstenberg
Notzen
Hohe Schulter
940
Notzenweiher
Hauptmannsgreut
Betzigau
Leupolz
St. Afra
Milchbox
B12
B6
B4
2,2
3,4
4,2
2,4
3

Hochgreut (Betzigau)

Notzenweiher. Moorwassersee mit Liegewiese, Sanitäranlagen, Beachvolleyballplatz und Kiosk.

Berleberg (Kraftisried)

An der Gabelung nach dem kleinen Ort links ~ nach rund 500 m rechts abbiegen Richtung Unterthingau.

Unterthingau

Vorwahl: 08377

Markt Unterthingau, Marktpl. 9, ✆ 92010, @ tue544

Häringer-Heimathaus, Kemptener Str. 1 In dem 350 Jahre alten Haus befindet sich ein historischer Kramerladen. @ nmq482

St. Nikolaus, Kirchenweg 4. Mächtige Kirche (16. Jh.) mit mittelalterlichem Turm.

Ehem. Schloss - Rathaus, Marktpl. Das ehem. Schloss aus dem 16. Jh. war einst Sitz eines Dorfgerichts und wurde nach der Säkularisation um 1803 als Gasthof genutzt. Der mächtige, ortsbildprägende Bau beherbergt heute die Gemeindeverwaltung, die Bücherei und verschiedene Vereine.

Freibad, Kirnachweg 8, @ xol368

Auf der **Kemptener-Wald-Straße** geradeaus bis zur **OAL 10** ~ **7** rechts und nach der kleinen Brücke über die Kirnach rechts ~ der **Marktplatz** geht in die **Oberthingauer Straße** über ~ auf dieser den Ort verlassen.

Oberthingau (Unterthingau)

Wallfahrtskirche St. Stefan, Kirchberg 4. Die Kirche wurde 1496 im gotischen Stil erbaut und nach vielen Umbauten im Laufe der Jahrhunderte vereint sie im Inneren Stilelemente aus der Gotik, dem Barock und dem Rokoko.

Der Radweg endet ~ geradeaus weiter in die **Bergstraße**, dem Verlauf der Straße folgen bis Sie auf die Hauptstraße stoßen ~ rechts, im Kreisverkehr geradeaus und an Tennisplätzen vorbei.

Eschenau (Unterthingau)

Im Ort rechts und auf Schotter weiter ~ die Wertach überqueren und nach der Brücke rechts ~ wieder auf Asphalt nach Schwenden.

Schwenden (Marktoberdorf)

Im Ort an der Kreuzung links und nach Leuterschach.

Leuterschach (Marktoberdorf)

St. Johann Baptist, Kirchhaldenweg. Der Kirchturm der 1692 erbauten Pfarrkirche wurde 1727 nach Plänen des Barockbaumeisters Johann Georg Fischer errichtet.

St. Magnus, St. Mang Str. Die ursprüngliche Kapelle aus dem 15. Jh. wurde 1681 vergrößert und erhielt im 18. Jh eine barocke Innenausstattung.

8 An der **Leuterschacher Straße** halb rechts ~ links in die **Mühlobstraße** Richtung Mühlbichel ~ Rechtsbogen und unter der Bahnlinie hindurch ~ an der Vorfahrtsstraße links und über den Lobach.

Mühlbichel (Marktoberdorf)

Fechsen (Marktoberdorf)

AUSFLUG: In Fechsen bietet sich ein Ausflug zu den Badeweihern in Ettwiesen und Kohlhunden oder zur Ausgrabung der römischen Badeanlage an.

Ettwiesen (Marktoberdorf)

Klette am Ette, Ettwieser Str, am Weiher, ✆ 01609/2585593. Waldseilgarten mit 11 Parcours und unterschiedlichen Schwierigkeitsgraden. @ otl837

Ettwieser Weiher, Ettwiesen 8, ✆ 08342/5096. Große Liegewiese, Kiosk. @ pcm234

Kohlhunden (Marktoberdorf)

Vorwahl: 08342

Römerbad, Seeger Str., Kohlhunden, ✆ 400845, ✆ 41588 (24) Um 150 n. Chr. errichteter Gutshof mit erhaltenem Badegebäude mit einem Umkleide-, zwei Warmwasser- und mehreren Kaltwasserräumen. @ nfd381

Kuhstallweiher, Kohlhunden. Große Liegewiese.

Dem Verlauf der Straße durch den Ort folgen ~ Linksbogen bei der Kirche ~ vor den Gleisen rechts und an ihnen entlang.

Thalhofen (Marktoberdorf)

St. Michael, Burgstr. 1. Die spätgotische Kirche wurde 1475 geweiht und im 17. Jh. barockisiert.

Den Langweg bei einem Bahnübergang kreuzen und auf einem Radweg nach Marktoberdorf ~ an den Fußballplätzen vorbei ~ links straßenbegleitend an den Schulen entlang ~ bei den Parkplätzen links den **Mühlsteig** queren ~ parallel zu den Bahngleisen über die B 472 ~ links halten und über einen Kreisverkehr geradeaus bis zum Bahnhof. **9**

Marktoberdorf s. S. 20

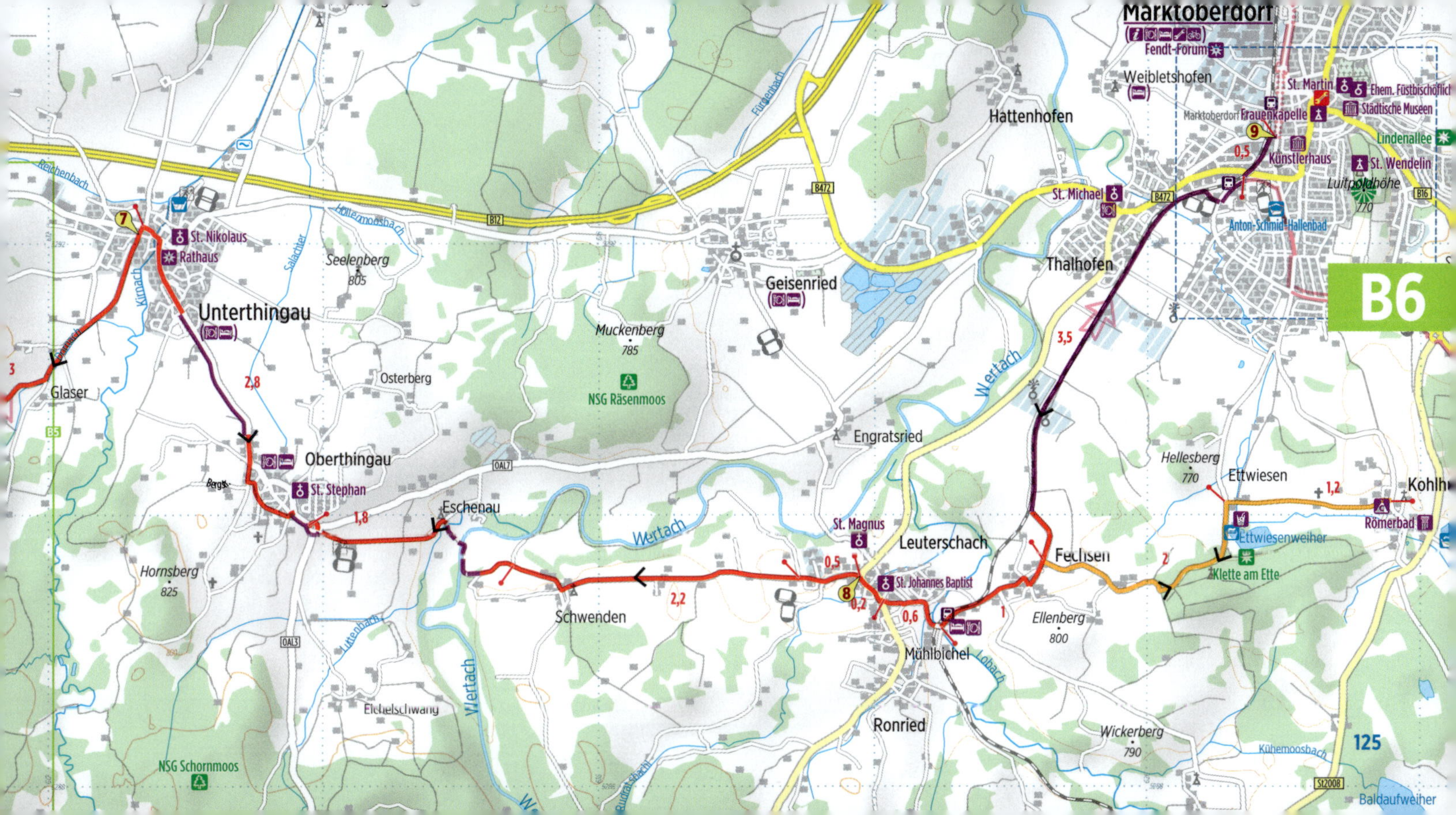

Marktoberdorf
Fendt-Forum
Weibletshofen
St. Martin
Ehem. Füstbischöflich
Städtische Museen
Frauenkapelle
Marktoberdorf
9
0,5
Künstlerhaus
St. Wendelin
Lindenallee
Luitpoldhöhe
770
B16
B472
St. Michael
Anton-Schmid-Hallenbad
Hattenhofen
Thalhofen
B6
3,5
Geisenried
Seelenberg
805
Muckenberg
785
NSG Räsenmoos
Osterberg
Engratsried
Wertach
Reichenbach
Höllenmoosbach
Salachter
Fürgenbach
B12
7
St. Nikolaus
Rathaus
Unterthingau
Kirnach
2,8
Glaser
B5
Oberthingau
St. Stephan
OAL7
1,8
Eschenau
Hornsberg
825
Schwenden
2,2
St. Magnus
Leuterschach
St. Johannes Baptist
8
0,5
0,2
0,6
1
Fechsen
Ellenberg
800
Mühlbichel
Lobach
Hellesberg
770
Ettwiesen
1,2
Römerbad
Ettwiesenweiher
Klette am Ette
2
OAL3
Luttenbach
Eichelschwang
NSG Schornmoos
Ronried
Wickerberg
790
Kühemoosbach
St2008
Baldaufweiher

Iller-Radweg

74,2 km

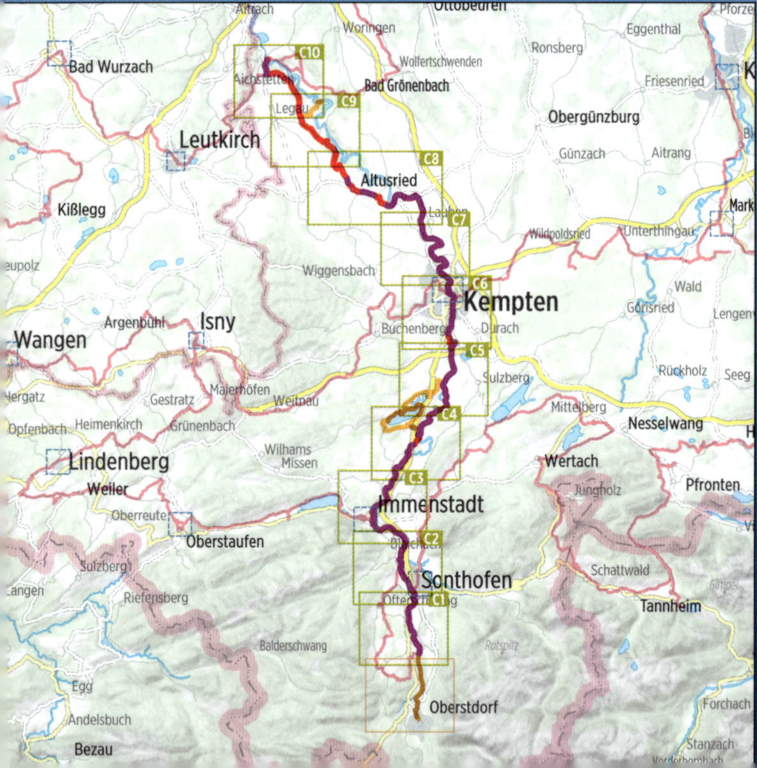

HM/km: ↗ 2,9 (215m) ↘ 4,9 (367m) Radweg: 70 % Unbefestigt: 55 % Verkehr: 4 %

Der Iller-Radweg bildet die zweite Transversale von Süd nach Nord. Der beliebte Wintersportort Oberstdorf ist Ausgangspunkt des Iller-Radweges, denn hier ganz in der Nähe bildet sich die Iller aus den Flüssen Trettach, Stillach und Breitach – der sogenannte Illerursprung. Der Berührungspunkt mit der Radrunde Allgäu befindet sich in Fischen im Allgäu, ab hier verlaufen die beiden Radwege auf gemeinsamer Strecke nach Sonthofen. Gemächlich und ruhig durchfließt die Iller als türkisblauer Fluss die sehenswerten Städte Sonthofen, Immenstadt und Kempten. Eine besondere Attraktion auf diesem ersten Abschnitt ist der sogenannte Illerbruch bei Kalden. Hier zieht die Iller eine Schleife, die als Naturschauspiel gilt und besonders schön anzusehen ist.

Im ersten Teil verläuft die Strecke zu 80 % auf dem Illerdamm, ein unbefestigter Weg, der gut beschildert ist und direkt neben dem Fluss verläuft. Steigungen kommen nur vor Kempten, hinter Krugzell und bei Altusried vor.

Sollten Sie die Befahrungsvariante von Nord nach Süd wählen, kommen sie entlang der kompletten Strecke in den Genuss des weiten Bergpanoramas.

Anfahrt von Oberstdorf 7,8 km

Oberstdorf

Vorwahl: 08322

Tourist-Information, Prinzregenten-Pl. 1, im Oberstdorf Haus, ✆ 7000, @ ohq376

Nordic Info, Birgsauer Str. 33, im Nordic Café, ✆ 7005005, @ mfk628

Heimatmuseum, Oststr. 13, ✆ 5470, ✆ 2226 Thematische Ausstellungen zu Leben & Wohnen, Musik & Kunst, Handwerk & Landwirtschaft, Sport & Alpinismus, Tourismus sowie zu Brauchtum und Natur dokumentieren die Geschichte von Oberstdorf. Ein Highlight ist der größte Lederskischuh der Welt, mit Schuhgröße 480. @ wrh665

St. Johannes Baptist, Marktpl. 6, ✆ 977550. Die Pfarrkirche stammt im Kern aus dem 15. Jh. Nach einem Brand wurde sie 1872 im neugotischen Stil wieder errichtet. @ fau168

Christuskirche, Frh.-v.-Brutscher Str., ✆ 1015. Das evangelische Gotteshaus wurde 1905 von Architekt Ludwig von Tiedemann erbaut.

Kapelle für die Seelen, Marktpl., neben der Kirche St. Johannes Baptist, ✆ 977550. Die Seelenkapelle mit Renaissancefresken von 1493 war vormals das Beinhaus des 1951 aufgelassenen Friedhofs. Der Innenraum ist seit 1931 ein Gedenkort an die Opfer der Kriege. @ mcg381

Lorettokapellen, Lorettostr., ✆ 977550. Das Ensemble besteht aus der Appachkapelle von 1493 sowie der Wallfahrtskapelle Maria Loretto (1657-77) und der Josefskapelle (1671). Zwischen den letzten beiden Kapellen gibt es einen Verbindungsgang. @ gpq862

St. Nikolaus, Sonthofener Str. 6, ✆ 977550. Die sog. Klausenkapelle wurde um 1520 erbaut und birgt im Inneren ein hochbarockes Wandtafelbild. @ vyh254

Oberstdorf

Audi Arena Oberstdorf, Am Faltenbach 27, ✆ 8090300, ✆ 8090360 (Führung) 7d In der Audi Arena, mit ihren fünf Schanzen am Fuß des Schattenberges, findet jedes Jahr das Auftaktspringen der Vierschanzentournee statt. Ein Schrägaufzug bringt Sie bis an den Fuß des Schanzenturms und der Panoramaaufzug weiter zur Aussichtsplattform. Im Obergeschoss des Hauptgebäudes befindet sich ein kleines Ski-Museum, das Einblicke in die Geschichte des Wintersports gibt und historische Ski-Ausrüstungen zeigt. @ pgq551

Nebelhornbahn, Nebelhornstr. 67, ✆ 96000 7d Vom Gipfel des 2.224 m hohen Nebelhorns bieten sich fantastische Panoramablicke. @ nlh518

Heini-Klopfer-Skiflugschanze, Birgsautal, südlich des Ortes beim Freibergsee, ✆ 7005201 7d Mit Hilfe einer Schrägaufzug kann die Schanze ganzjährig besichtigt werden. Das Virtual-Reality-Erlebnis lässt das Skifliegen am eigenen Körper nachempfinden. @ iya756

Viehscheid. Der Almabtrieb findet jährlich Mitte September statt. Mit Musik, Schlemmereien und Allgäuer Bier wird dann das Ende des Alpsommers gefeiert. @ gdq431

Bungeejumping, Birgsautal, auf dem Anlaufturm der Heini-Klopfer-Skiflugschanze am Freibergsee, ✆ 08321/26218, @ pvx111

FuggerAktivPark 24 Mit Bewegungs- und Koordinationsparcours, Kneippanlage, Barfußpfad und einem Duft- u. Steingarten. @ mqq152

Penninger Schnapsverkostung, Oststr. 34, ✆ 959322 Im Ladengeschäft können Schnäpse aus der Produktpalette probiert werden. @ rjy343

Villa Jauss, Fuggerstr. 7, ✆ 940266. Künstlerhaus mit wechselnden Ausstellungen und kulturellen Events. @ dwi753

Bergschau 813 NN, Marktpl., Altes Rathaus, ✆ 959484 7d Unter dem Namen Bergschau werden an verschiedenen Standorten in und bei Oberstdorf Informationen zur Natur und Kultur der Allgäuer Alpen ge-

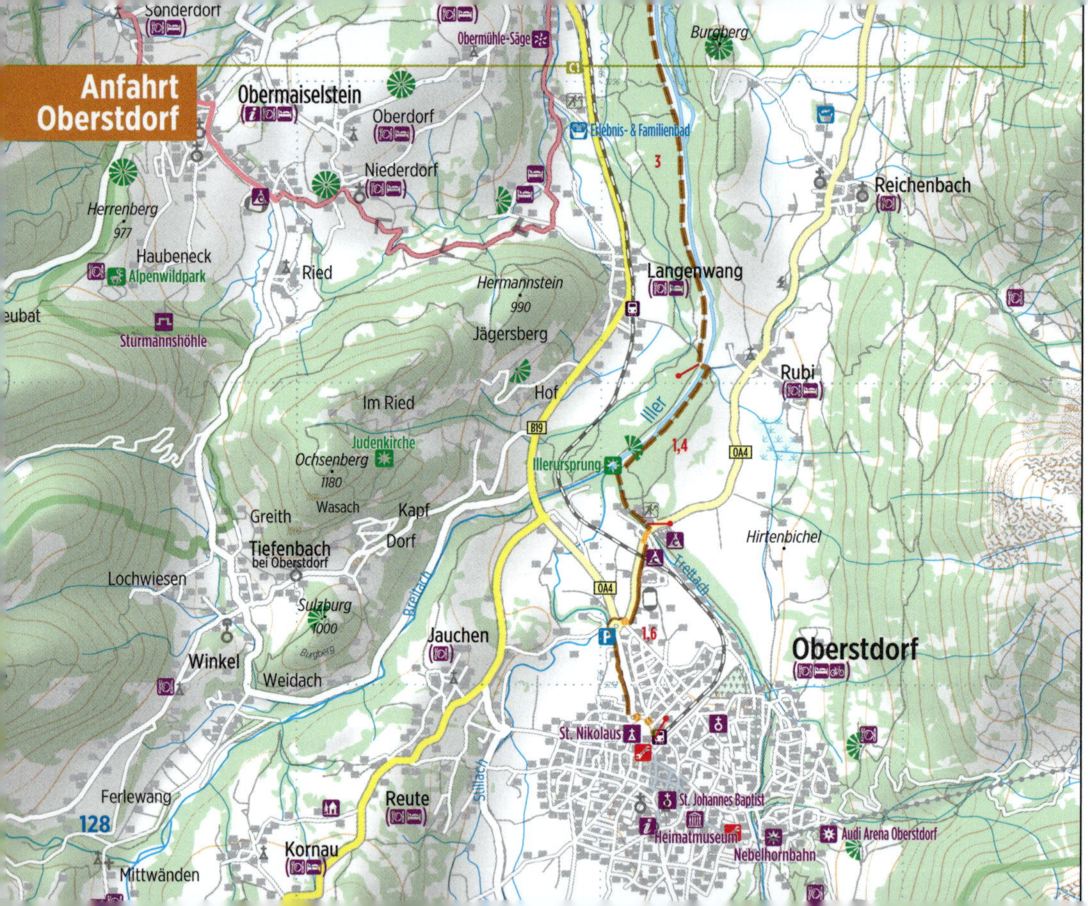

geben. Weitere Bergschau-Zentren: Eingangsgebäude Breitachklamm in Tiefenbach, Walserhaus und Fellhorn-Gipfelstation. @ qhp886

Kurpark, Prinzregenten-Pl. (24) In der Parkanlage mit Café, Boule-Bahn und Musik-Pavillon finden div. Veranstaltungen statt.

Moorweiher mit Naturlehrpfad, Am Rauhen (24) Info-Tafeln rund um den Weiher erzählen Interessantes zu Pflanzen, Tieren und Geologie. @ slu581

Freibergsee, Freibergsee 2, 3 km südlich von Oberstdorf, ☎ 6069495. Der auf einer Höhe von 930 m höchstgelegene Badesee Deutschlands lädt zum Schwimmen und Ruderboot fahren ein. @ yfw427

Moorbad, Am Rauhen 3, ☎ 4863. Die Dreiflügelanlage aus dem Jahr 1929 steht unter Denkmalschutz. Naturwasser, große Liegewiese, Kiosk u.v.m. @ lso428

Oberstdorf liegt in den Allgäuer Alpen und ist nicht nur als Heilklimatischer Kurort und Kneippkurort beliebt, sondern auch ein weit über die Grenzen hinaus bekannter Wintersportort. Mit seinen alpinen Skigebieten auf dem Nebelhorn, dem Söllereck, dem Fellhorn, Langlaufloipen, den Skisprungschanzen und dem Eisstadion bietet die Marktgemeinde unzählige Möglichkeiten zur Ausübung diverser Wintersportarten. Außerdem ist Oberstdorf auch ein beliebtes Ziel für Bergsteiger.

1926 fand hier der erste Skisprungwettbewerb auf der Schattenbergschanze statt, 1950 die erste Skiflugwoche auf der neuen Skiflugschanze. 1973 wurden die ersten Skiflug-Weltmeisterschaften auf der kurz

davor fertiggestellten Heini-Klopfer-Skiflugschanze ausgetragen.
Oberstdorf ist regelmäßig Austragungsort großer internationaler Sportereignisse wie z. B. der jährlich stattfindenden Vierschanzentournee. 2021 fand hier die Nordische Ski-Weltmeisterschaft statt.

Kornau (Oberstdorf)

Vorwahl: 08322

- **Söllereckbahn**, Auf der Wanne 58, ✆ 96000 (7d) An der Talstation befindet sich eine Sommerrodelbahn und auf dem Gipfel ein Kletterwald. @ voj212
- **Breitachklamm**, Klammstr. 47, südwestl. des Ortes, ✆ 4887 (7d) Die Breitachklamm ist eine der tiefsten und beeindruckendsten Felsenschluchten Mitteleuropas. Die gewaltige Schlucht ist durch gesicherte Wege erschlossen und mit regelmäßigen Busverbindungen ab Oberstdorf Busbahnhof erreichbar. @ mwy185

Sie starten diese Variante am Bahnhof in Oberstdorf. Gleich wenn Sie ankommen empfängt Sie der berühmte Wintersportort mit seinem angenehmen, leichten Flair und Sie werden sofort angesteckt von der guten Stimmung und dem Treiben, das hier herrscht.

Vom Bahnhof fahren Sie in nördliche Richtung in die **Poststraße** am Kreisverkehr rechts in die **Sonthofener Straße**, Sie nutzen den linksseitigen Radweg am Ortsrand am nächsten Kreisverkehr rechts, Sie folgen dem Radweg zuerst um den Kreisverkehr und

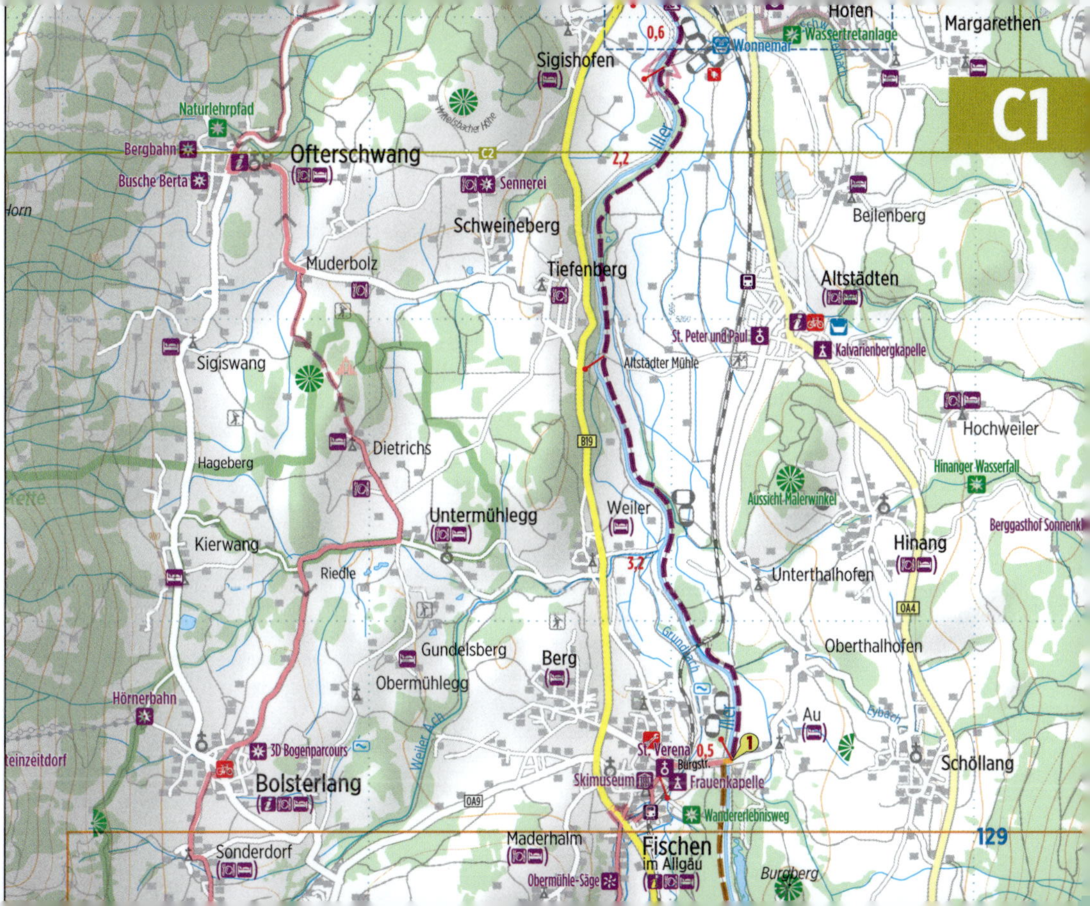

Beim Illerursprung

wechseln dann auf den rechtsseitigen Radweg der **Rubinger Straße** ~ an einer Schule und Sportplätzen vorbei ~ über die Bahngleise und anschließend über die Brücke ~ gleich danach links auf den Radweg am Flussufer entlang ~ Sie folgen dem Weg entlang der Trettach durch den Wald ~ nach kurzer Zeit gelangen Sie zum Illerursprung.

Illerursprung

Nördlich von Oberstdorf fließen die drei Flüsse Breitach, Stillach und Trettach zusammen und bilden die Iller. Mit einer Länge von 147 Kilometern ist die Iller der größte Fluss des Oberallgäus. Sie mündet in Ulm in die Donau. Am Illerursprung befindet sich rechts des Flusses ein Bronzeguss des Oberstdorfer Künstlers Walter Kalot. Das Kunstwerk zeigt drei weibliche Figuren, die horizontal übereinander liegend mit den ausgestreckten Armen flussabwärts weisen.

Der Radweg verläuft stetig leicht bergab und angenehm ruhig entlang des Flussufers durch den Auwald.

AUSSICHT Zur Rechten haben Sie einen wunderbaren Ausblick auf die Alpen – auf das Rubihorn und das Gaisalphorn.

Sie gelangen zu einer Brücke ~ hier den Fluss überqueren und rechts weiter ~ immer auf dem Uferweg entlang.

INS ZENTRUM Die nächste Ortschaft in der Nähe der Strecke ist Fischen im Allgäu, ein kurzer Abstecher ins Zentrum lohnt sich.

Fischen im Allgäu

Vorwahl: 08326

- **Gästeservice Fischen**, Am Anger 15, ✆ 36460, @ ddh238
- **Fischinger Heimathaus mit FIS-Skimuseum**, Hauptstr. 3, ✆ 36460 ⊙, @ fme414
- **St. Verena**, Hauptstr. 16, ✆ 38300. Die im Kern aus dem 15. Jh. stammende Kirche wurde mehrfach baulich verändert. @ yri445
- **Frauenkapelle**, Hauptstr., neben der St.-Verena-Kirche. Das Gotteshaus wurde 1667 erbaut.
- **Obermühle-Säge**, Mühlenstr. 22, ✆ 36460, ⊙ Führungen Mai-Mitte Okt., Fr 17 Uhr. Die Mühle ist über 500 Jahre alt. @ vmr781
- **Wandererlebnisweg im Weidachnaturpark**, Äußerer Kurpark, Start am Minigolfplatz. An 12 Stationen wird auf dem 8,7 km langen Rundweg Wissenswertes zum Auwald vermittelt. @ jdj686
- **Erlebnis- und Familienbad**, Mühlenstr. 26, ✆ 691, ✆ 996212, @ llu515

Von Fischen im Allgäu nach Immenstadt 14,3 km

Sie gelangen an die Illerbrücke bei Fischen 1 ~ hier rechts über die Brücke in Richtung Au.

Au (Fischen im Allgäu)

Gleich nach der Brücke die Straße überqueren ~ der Iller-Radweg verläuft weiter auf der rechten Uferseite ~ nach kurzer Fahrt unterqueren Sie die Bahnlinie und radeln nun genüsslich auf dem idyllischen Weg immer am Fluss entlang weiter ~ hier treffen Sie auf eine Fußgängerbrücke.

AUSFLUG Diese führt ans andere Ufer nach Tiefenberg und zur Sennerei Schweineberg. Rechter Hand befindet sich Altstädten, das malerisch am Fuß der Sonnenkopfgruppe liegt.

Altstädten (Sonthofen)

Vorwahl: 08321

- **Tourist-Information**, Am Anger 8, ✆ 2170, @ wbe428
- **St. Peter und Paul**, Marktstr. 33. Zu den Besonderheiten der 1737 umfassend umgebauten Kirche zählen die „Vierzehn-Nothelfer-Reliefs" im Pfarrhof sowie die Altäre von Jörg Lederer und Anton Sturm.
- **Kalvarienbergkapelle**, Hinanger Str. Die Kapelle stammt aus dem Jahr 1737.
- **Freizeitanlage mit Freibad**, Freibadweg 16, ✆ 615291, @ tfn131

Es geht nun direkt auf Sonthofen zu.

TIPP Rechts oben sehen Sie die Burg Sonthofen, die Teil der Generaloberst-Beck-Kaserne ist. Ludwig Beck war Widerstandskämpfer des 20. Juli 1944 und wurde am darauffolgenden Tag erschossen.

Sie fahren in einiger Entfernung am Freizeit- und Gesundheitsbad Wonnemar vorbei ~ anschließend an den Sportanlagen und dem Campingplatz vorüber.

INS ZENTRUM Beim Minigolfplatz haben Sie die Möglichkeit, rechts in Zentrum Sonthofens zu fahren und dieses zu besichtigen.

Sonthofen s. S. 94

Nach dem Campingplatz unterqueren Sie die Straße ~ weiterhin auf der rechten Uferseite auf dem

Ausblick vom Illerradweg bei Rubi

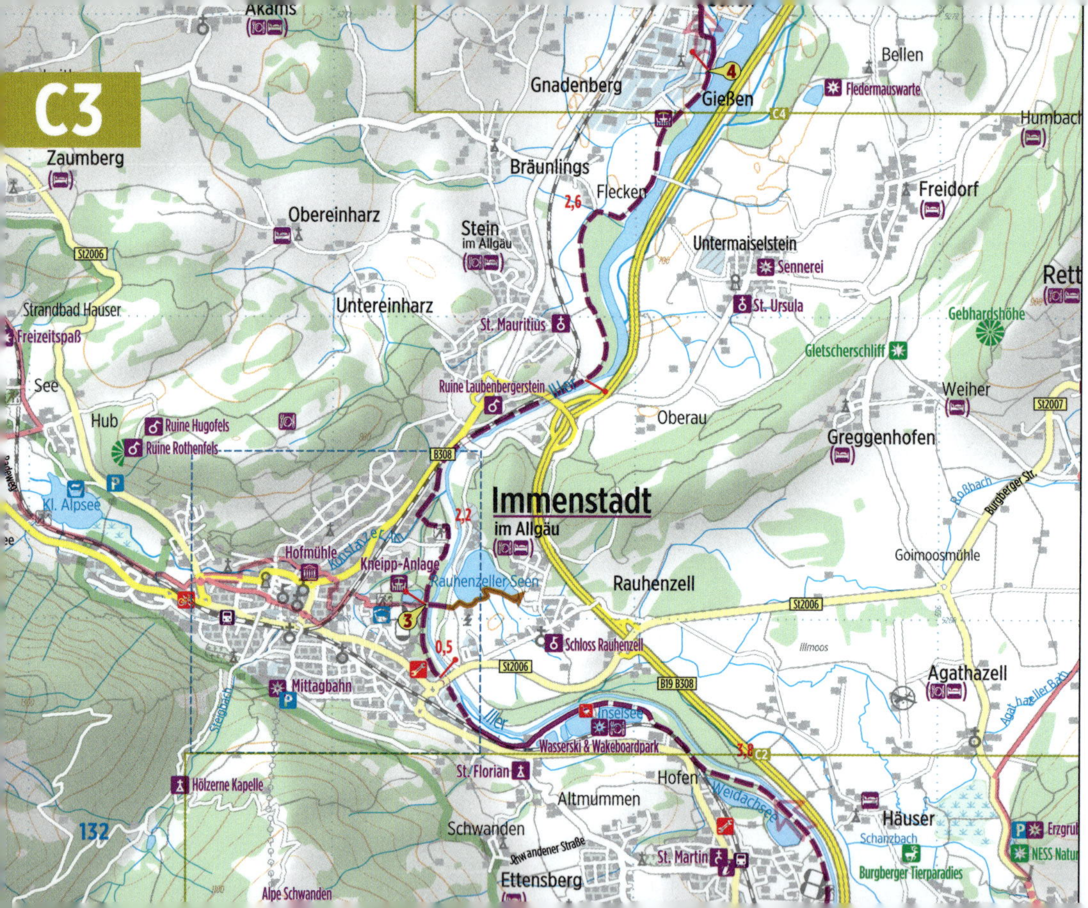

ruhigen Weg ⤳ hier sind Sie vom Verkehr und von der Stadt abgeschirmt ⤳ **2** an der **Marienbrücke** angekommen überqueren Sie diese ⤳ nach der Brücke links und auf dem Radweg unter der Brücke hindurch ⤳ nun radeln Sie von hier ab links der Iller weiter Richtung Blaichach ⤳ unter der Eisenbahnbrücke hindurch ⤳ Sie kommen zu einer kleinen Gabelung und nehmen den rechten breiteren Weg, der direkt am Fluss verläuft ⤳ im Linksbogen führt der Weg über eine kleine Brücke ⤳ nach der Brücke rechts weiter ⤳ bei der nächsten kleinen Gabelung wieder rechts halten und weiter direkt am Fluss entlang.

Blaichach

Vorwahl: 08321

Tourist-Information, Immenstädter Str. 7, ✆ 6076950, @ ymh385

St. Martin, Kirchpl. 1, ✆ 7887870. Neuromanischer Saalbau aus dem Jahr 1904.

1827 gründete der Schweizer Johan Althaus eine Käserei in Blaichach. Dort wurde erstmals außerhalb der Schweiz Emmentaler Käse erzeugt. Damit nahm die Entwicklung der bekannten Käsesorten aus dem Allgäu ihren Lauf. Inzwischen zählt das Allgäu zu den beliebtesten Käseerzeugergebieten Deutschlands.

Ettensberg (Blaichach)

Bildkapelle, Reuteweg. Im Jahr 1622 soll an dieser Stelle der hartherzige Graf Georg von Königsegg von einem rachsüchtigen Wilderer erschossen worden sein. Die Kapelle ist heute ein Treffpunkt für Wanderer und Radfahrer.

- **Ruine Ettensberg** (24) Es sind nur noch wenige Mauerreste von der im 11. Jh. erbauten Burganlage erhalten.

Hinter Blaichach führt die Strecke weiterhin links am Fluss entlang nach Immenstadt.

Altmummen (Blaichach)

Vorwahl: 08323

- **St. Florian**, Altmummen 11. Die kleine Kapelle aus dem 18. Jh. beherbergt einen sehenswerten Altarschrein.
- **Inselsee Allgäu - Wasserski & Wakeboardpark**, Am Inselsee 2, ✆ 9896910. Liftanlage für Wasserski oder Wakeboarden, SUP-Verleih, Badestrand, Café. @ mwo532

Unter einer Straßenbrücke hindurch, vorbei am Gewerbegebiet ~ im **Auwald-Park** kommen Sie an eine Fußgängerbrücke über die Iller ~ **3** hier geradeaus weiter ~ nach den Tennisplätzen links ~ an der Gabelung rechts und über den Hochrainebach ~ am **Verkehrsübungsplatz** vorbei und geradeaus auf die Brücke über die **Konstanzer Ach** ~ nach der Brücke rechts.

Immenstadt s. S. 89

Von Immenstadt nach Kempten *24,5 km*

An der Bahnlinie entlang und an den Bushaltestellen vorbei ~ der Iller-Radweg verläuft hier ein Stück

gruine Laubenbergstein

zwischen Bahnlinie und Iller ~ zwei Brücken unterfahren ~ der Radweg entfernt sich von der Bahnlinie und verläuft nun entlang der Iller ~ es geht an Stein im Allgäu vorbei.

Stein im Allgäu (Immenstadt im Allgäu)

St. Mauritius, Kirchbichl. Die im Kern spätgotische Kirche wurde über die Jahrhunderte immer wieder verändert.

Burgruine Laubenbergerstein, Laubenbergerstein (24) Seit dem 16. Jh. verfiel die als Höhenburg im 11. Jh. erbaute Anlage zusehends. Mittlerweile wurden die noch erhaltenen Reste saniert. @ lfp137

Folgen Sie weiterhin dem Radweg entlang der Iller ~ Sie kommen an einer neu gebauten Brücke über die Iller vorbei ~ kurz danach passieren Sie das riesige Bosch-Werk ~ **4** links hinunter vom Dammweg und gleich wieder rechts auf dem Land- und Forstwirtschaftsweg ~ an Teichen vorbei schlängelt sich der Weg durch die Wiesen ~ rechts sehen Sie die große Brücke der B 19 ~ weiterhin durch die Wiesenlandschaft ~ im weiten Linksbogen zur Straße hinauf.

Eckarts (Immenstadt im Allgäu)

Werdensteiner Moos (24) Das 85 ha große Moorgebiet wurde in der Jahrhunderte langen Nutzungsgeschichte in großen Teilen entwässert, abgetorft, aufgeforstet und seit 1980 wieder renaturiert. Aussichtsplattformen, ein Barfußpfad und ein 3,5 km langer Moorlehrpfad informieren über die Entstehung sowie die Flora und Fauna des Gebietes.

5 An der Bahn rechts auf die alte Bundesstraße ~ an der Vorfahrtsstraße links auf den Radweg bergauf ~ geradeaus über die Querstraße ~ unter der Schnellstraße hindurch durch die Röhren Richtung Kempten ~ rechts hinunter nach Sondert.

Sondert (Waltenhofen)

Sie durchfahren die Ortschaft und radeln weiter Richtung Martinszell ~ bei der Gabelung links ~ am Wasserkraftwerk vorbei und schon befinden Sie sich in Martinszell ~ Sie folgen einfach dem Straßenverlauf und gelangen an die Vorfahrtsstraße.

Martinszell im Allgäu (Waltenhofen)

Vorwahl: 08379

St. Martin, Illerstr., ✆ 239. Die Kirche wurde im 18. Jh. im barocken neugotischen Stil errichtet.

VARIANTE **Für einen Abstecher zum Niedersonthofer See biegen Sie links ab und folgen dem Radweg in Serpentinen bergauf über die B 19. Sie können den See nun umrunden und zum Strandbad in Niedersonthofen radeln, oder Sie halten sich rechts und besuchen den Badebereich Oberinselsee. Über Memhölz stoßen Sie in Rauns wieder auf die Hauptroute.**

Oberdorf bei Immenstadt (Waltenhofen)

Niedersonthofen (Waltenhofen)

Vorwahl: 08379

Gäste- und Bürgerbüro, Sonnenstr. 9, ✆ 08303/728146, @ wbb261

✲ **SUP-Verleih**, Wollmuths 50, im Landgasthof Sonne, ✆ 728735, @ emu125

Insel (Waltenhofen)

Memhölz (Waltenhofen)

An der Vorfahrtsstraße rechts Richtung Illerbrücke ↝ links auf den straßenbegleitenden Radweg ↝ vor der Brücke links Richtung Iller ↝ Sie radeln nun am linken Flussufer weiter ↝ der Weg führt recht idyllisch an Wiesen und Viehweiden und natürlich an der Iller entlang ↝ es gibt immer wieder Sitzbänke, um eine kleine Pause einzulegen ↝ auf dem gekiesten und schattigen Weg geht es an einem Kieswerk entlang ↝ am Ende des Geländes erstrecken sich zur Linken wieder Viehweiden ↝ vor Rauns geht es kurvig dahin ↝ über eine Holzbrücke und so entfernen Sie sich etwas vom Flussufer ↝ an der Gabelung halten Sie sich rechts ↝ nochmals über eine Brücke ↝ links sehen Sie die Raunser Kirche St. Cosmas und Damian.

Rauns (Waltenhofen)

St. Cosmas und Damian, Illertalstr. 53. Die Kirche aus dem 14. Jh. ist im Inneren u. a. mit barocken Altären und 5 romanischen Figuren an den Wänden ausgestattet. @ rdv683

An der Kreuzung in Rauns halten Sie sich geradeaus ↝ weiter am linken Flussufer entlang ↝ über eine Holzbrücke vorbei am **Gusswerk** verläuft der Weg direkt am Fluss und schlängelt sich durch den Wald ↝ die Autobahnbrücke der A 980 lässt sich schon

Niedersonthofener See

durch das Gebüsch blicken ~ kurz vor der Autobahnbrücke geht es bergauf und an Viehweiden vorbei ~ an der Gabelung geradeaus, den Wegweisern folgend befinden Sie sich wieder direkt neben der Iller ~ der Weg ist grob gekiest ~ auf Pflaster geht es unter der Autobahnbrücke hindurch ~ in der Folge passieren Sie das **Umspannwerk** ~ über eine kleine Holzbrücke ~ auf dem Radweg bis zur blauen Brücke in Hegge ~ links in die **Georg-Haindl-Straße** ~ geradeaus über den Kreisverkehr ~ **6** an der nächsten Möglichkeit rechts und am Sportplatz vorbei ~ dem Straßenverlauf folgen ~ Sie befinden sich hier in Hegge.

Hegge (Waltenhofen)

Vorwahl: 0831

- **St. Maria**, Marienpl. 2, ✆ 08303/207. Das Gotteshaus wurde Anfang des 20. Jhs. im neoromanischen Stil erbaut.
- **Direktionsvilla**, Georg-Haindl-Str. 14. Die Direktionsvilla der Papierfabrik stammt aus dem Jahr 1886.
- **Wagners Bootsfahrten**, Rosenstr. 5, ✆ 66776, ✆ 0162/6174475. Familien-Rafting und Boots-Wandern auf der Iller, von Fischen bis Waltenhofen. @ ghn584

Bereits im 16. Jahrhundert gab es in Hegge – heute ein Ortsteil von Waltenhofen – eine Papiermühle. Im 19. Jahrhundert wurde an diesem Standort eine Papierfabrik errichtet, diese war bis 1972 in Betrieb. In

den 1920er Jahren übernahm die Firma Haindl Papier das Werk. Die Firma Haindl war zeitweise der größte deutsche Papierhersteller.
Im Jahr 2014 wurde ein großer Gebäudekomplex auf dem Gelände der ehemaligen Papierfabrik gesprengt. Auf dem Areal entsteht nun ein Wohngebiet.
An der Kreuzung schräg rechts weiter auf der **Heggener Straße** Richtung Kempten ~ kurz darauf beginnt zur Linken ein Rad- und Fußweg ~ Sie passieren den Friedhof und nach dem Waldstück erreichen Sie Kempten-Eich ~ hier biegen Sie in die erste rechts ein ~ es handelt sich um einen Rad- und Fußweg und dieser führt zum Illerufer ~ auf dem Weg **Unten an der Iller** geht es nun weiter ~ der Weg ist gekiest und verläuft am linken Ufer durch den Auwald ~ schließlich unterqueren Sie die Eisenbahnbrücke und sofort darauf die Straßenbrücke des Schumacherringes ~ es folgt nun die **König-Ludwig-Brücke** ~ hier geradeaus weiter vorbei am **Wasserkraftwerk** der Allgäuer Überlandwerke und an der Rosenaubrücke ~ der Kiesweg geht in einen Asphaltweg über ~ dieser durchquert einen Spielplatz und endet in der **Seuterstraße** ~ diese verläuft parallel zum Illerufer ~ der Radweg endet an der **Brennergasse** ~ diese fahren Sie an den Häusern entlang ~ schließlich gelangen Sie an die St. Mang-Brücke **7** ~ hier links und

Kempten

gleich wieder rechts in die **Bäckerstraße** ~ über den **St. Mang-Platz**, rechts und an der Kirche vorbei ~ in der Linkskurve zum **Rathausplatz**.

Kempten s. S. 118

Von Kempten nach Krugzell 12,8 km

Über den Rathausplatz gelangen Sie an die **Kronenstraße** und halten sich rechts ~ geradeaus dem Straßenverlauf folgen ~ im Linksbogen geradeaus in den roten Radweg über den Schutzweg den **Pfeilergraben** queren ~ halten Sie sich beim Illersteg links am Illerufer weiter geradeaus direkt an der Iller entlang, der Weg ist asphaltiert ~ dann auf den **Weidacher Weg**, der bald am Städtischen Friedhof vorbei führt ~ schließlich gelangen Sie zum Krematorium danach geht es unter der Straßenbrücke des Adenauerringes hindurch ~ in der Linkskurve der Straße fahren Sie auf dem unbefestigten Weg geradeaus weiter ~ nun befinden Sie sich wieder auf dem Uferweg links neben der Iller ~ er schmiegt sich an den Fluss und beschreibt dessen Windungen ~ unter der **Riederaubrücke** hindurch ~ Sie passieren Viehweiden und weite Wiesen ~ es geht an Feldern entlang und durch kurze Waldstücke ~ schließlich fahren Sie unter der **Hirschdorfer Brücke** hindurch auf dem unbefestigten Radweg ~ dieser führt vor Krugzell vom Fluss weg und nähert sich dem Ort ~ der Weg ist nun asphaltiert und führt an dem kleinen Spielplatz vorbei ~ danach rechts über den Parkplatz, am Umspannwerk vorbei und vor bis an die Vorfahrtsstraße.

Krugzell (Altusried)

St. Michael, Ortsstr. 2. Mit Kirchturm der Vorgängerkirche von 1446. Die Kirche wurde 1839-44 um- und ausgebaut.

Von Krugzell nach Illerbeuren 21,6 km

8 An der Vorfahrtsstraße geradeaus die zwei Fahrspuren queren ~ rechts halten und auf dem Radweg die **St 2377** überqueren ⚠ ~ danach kurz rechts auf einem Radweg neben der Straße weiter ~ nach der kleinen Kapelle links in die **Floßlände** ~ der Beschilderung halb rechts zum Ufer folgen ~ der folgende Radweg verläuft zuerst neben dem Fluss und nähert sich mit der Iller an die **St 2009** an ~ ein kurzes Wegstück ist asphaltiert ~ weiter an der St 2009 entlang ~ in einer Schleife rechts auf den Begleitweg ~ dem Weg nach Bergs folgen.

Bergs (Altusried)

An der Kreuzung im Ort links ~ Sie fahren zwischen den beiden Höfen hindurch und es geht weiterhin bergauf ~ auf der Kuppe dann bergab bis an die Straße ~ der Weg verläuft nun parallel zur Straße ~ bei dem Buswartehäuschen führt der Weg nach links an die Vorfahrtsstraße ~ geradeaus weiter auf dem straßenbegleitenden Radweg ~ Sie nähern sich Altusried ~ auf dem Radweg durchfahren Sie einen Kreisverkehr ~ halten Sie sich geradeaus in die **Kemptener Straße**.

Altusried

Vorwahl: 08373

Gästeinformation, Hauptstr. 18, ✆ 29951, @ vwi834

Dorfmuseum Glögglerhaus, Poststr. 10, ✆ 29951, ✆ 465 In dem über 300 Jahre alten Haus wird u. a. über das Seilerhandwerk und die

Käseherstellung informiert. @ ewh143

St. Blasius und Alexander, Kirchstr. 8, ✆ 7247. Chor und Turm stammen aus dem 13. Jh., das Langhaus wurde nach einem Einsturz im 17. Jh. wieder aufgebaut. @ scx241

Ev. St. Magnus, Kemptener Str. 38. Die Kapelle wurde 1692 erbaut und 1828 vergrößert. @ obe217

Knochenstampfmühle, Koppachweg 2, ✆ 662 Ⓒ Das 450 Jahre alte Kulturdenkmal wurde an ihrem alten Standort abgebrochen und am Koppach wieder aufgebaut. Besichtigung auf Anfrage.

Allgäuer Freilichtbühne, Im Tal, ✆ 92200. Eine der größten Freilichtbühnen Deutschlands und mit dem wellenförmigen Holzdach auch ein besonderes Schmuckstück. Im Abstand von 3-4 Jahren finden hier die Allgäuer Freilichtspiele statt, bei denen die Bevölkerung des Ortes und der Umgebung mitwirkt. Außerdem gibt es regelmäßig Konzerte. @ sov364

Kluftinger Krimi-Führung, ✆ 29951. Schauplätze aus den Kriminalromanen führen Sie auf Kommissar Kluftingers Spuren durch Altusried. @ rjb366

Warmwasserfreibad, Im Tal 4, ✆ 1357, @ ude632

9 nach dem Links-Rechts-Schwenk weiter auf der **Hauptstraße** ~ in der Linkskurve geradeaus in die **Kaldener Straße** ~ an der Gabelung links und den Ort verlassen ~ links auf den Begleitweg Richtung Wertstoffhof ~ hier geht es bergauf ~ an der Gabelung mit drei Wegen nehmen Sie den mittleren, also rechts am Wegkreuz vorbei ~ in Richtung Ferienhof Bernhard ~ von dem Weg haben Sie eine

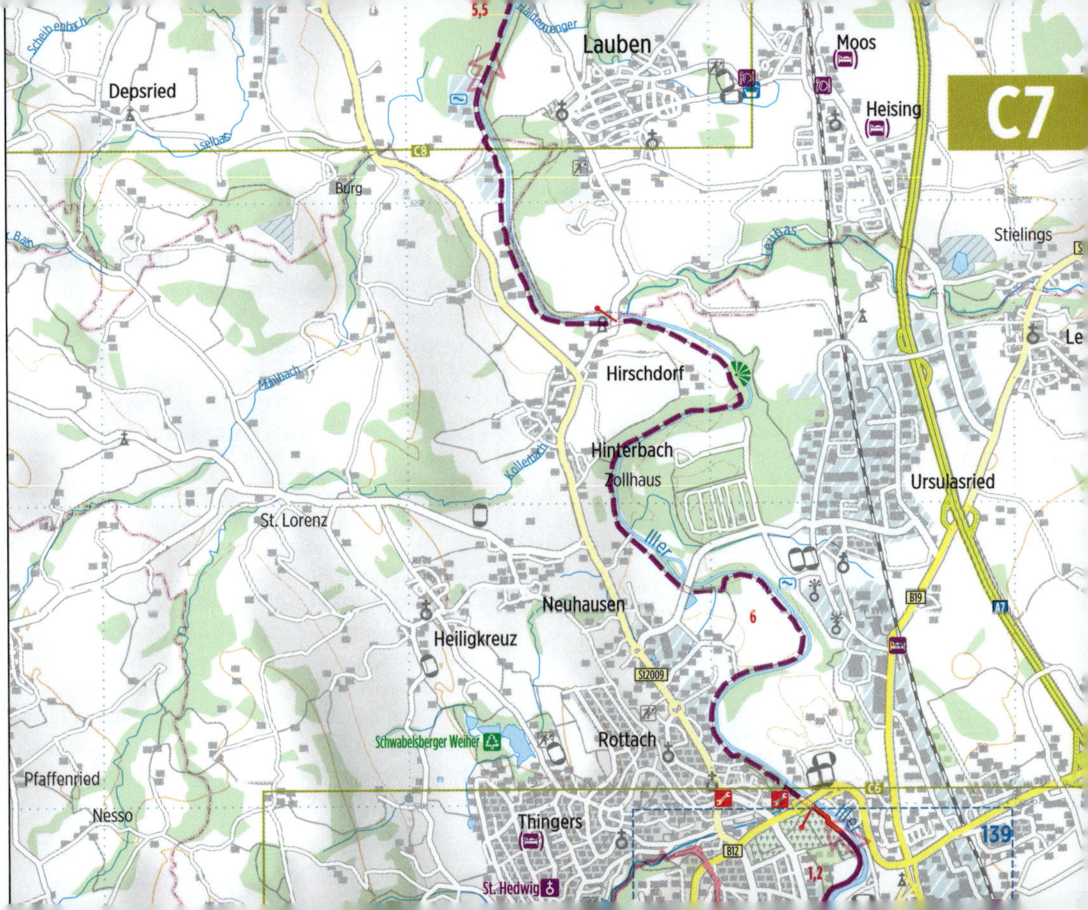

Iller-Durchbruch bei Altusried

wunderschöne Aussicht auf die umliegenden Berge ~ in der scharfen Linkskurve kommen Sie an einem Parkplatz vorbei ~ hier ist der Illerdurchbruch.

AUSSICHT Sie können Ihr Rad hier abstellen, denn es sind nur fünf Gehminuten zum Illerdurchbruch. Ehe Sie das Naturschauspiel erreichen, kommen Sie an der Burgruine Kalden vorbei. Danach haben Sie vom Plateau eine wunderbare Aussicht auf diese Schleife der Iller.

Iller-Durchbruch (Altusried)

Ruine Kalden. Die ehem. Höhenburg stand 90 m oberhalb der Iller. Eine bereits 1128 erwähnte Burg wurde im 15. Jh. zerstört. Von dem Folgebau aus dem Jahr 1515 sind heute Grundmauern und ein Teil des Turmes erhalten.

Hängebrücke, am Iller-Durchbruch. Die Fußgänger- und Radfahrerbrücke wurde als frei schwebende Hängekonstruktion aus Stahl erbaut und hat eine Spannbreite von 84 m. @ jne118

Iller-Durchbruch. 60 m hohe Felsen säumen die Iller, die sich hier über Jahrhunderte einen Weg durch die Gesteinsmassen geschaffen hat.

Auf der Route geht es an dem Reitstall vorbei ~ an der Kreuzung rechts weiter ~ es geht flach dahin und an einigen Höfen vorbei ~ **10** an der Gabelung rechts Richtung Legau ~ der Weg ist breitenbeschränkt mit 2 m ~ nun geht es bergab ~ am Waldrand rollen Sie flott entlang ~ in Wurms halten Sie sich vor dem Hof links.

Wurms (Altusried)

Sie passieren einen Hof ~ es geht wieder bergab und danach kommen Sie im Links-Rechtsbogen an der **Neumühle** vorbei ~ danach steigt der Weg wieder kräftig an ~ in einem Rechtsbogen gelangen Sie an die Vorfahrtsstraße ~ hier links und auf der Straße kommen Sie an **Grub** vorbei und landen schließlich in Moos.

Moos (Legau)

Die Route führt Richtung Legau und die Straße wird hier breiter und stärker befahren ~ nach dem Weiler **Ehrensberg** biegen Sie rechts in eine gekieste Straße ab ~ geradeaus kommen Sie nach Legau.

Legau

Vorwahl: 08330

Gemeindeamt, Marktpl. 1, ✆ 94010, @ itc431

Rapunzel-Museum, Rapunzelstr. 1, ✆ 5290 Mit urigen Originalteilen aus den Anfängen von Rapunzel Naturkost. Das 1974 in Legau gegründete Unternehmen bietet hochwertige Bio-Lebensmittel an. Betriebsbesichtigung auf Anfrage möglich, mit Restaurant. Eröffnung des Besucherzentrums 2022. @ pfx314

St. Gordian und Epimachus, Hauptstr. 31, ✆ 265. In der Kirche befinden sich Bauteile, die bis in das 13. Jh. zurückgehen. @ mqk474

Wallfahrtskirche Maria Schnee, Lehenbühlstr. 39. Seit etwa 1600 fanden zu diesem Ort Wallfahrten statt. Die heutige Kirche (1715-18) ersetzte eine Marienkapelle aus dem 16. Jh.

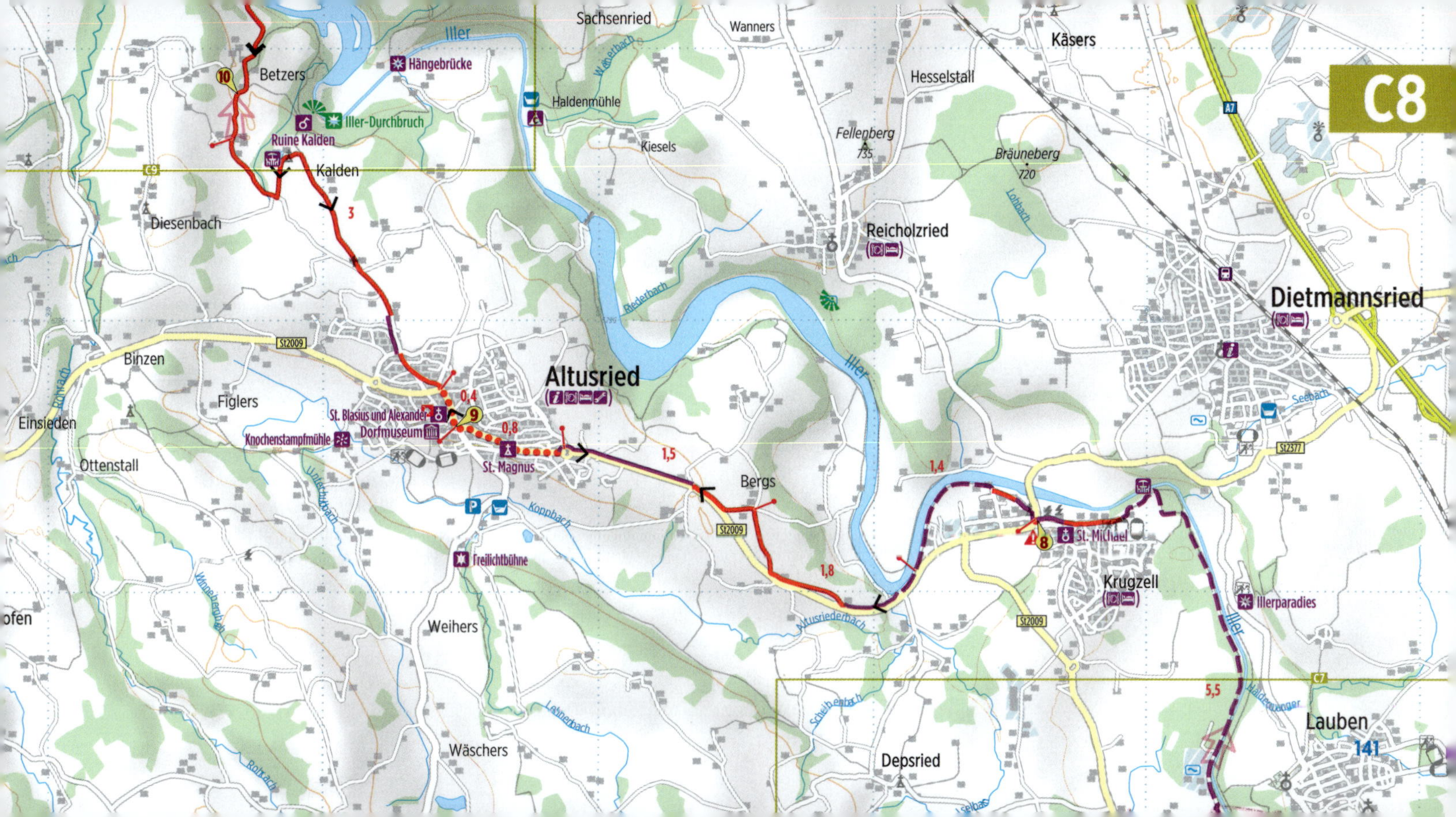
C8
Sachsenried
Wanners
Käsers
Iller
Hängebrücke
Betzers
Hesselstall
Haldenmühle
Iller-Durchbruch
Ruine Kalden
Fellenberg
735
Kiesels
Bräuneberg
720
Kalden
C9
A7
Diesenbach
Reicholzried
Dietmannsried
St2009
Binzen
Altusried
Figlers
St. Blasius und Alexander
Einsieden
Dorfmuseum
Knochenstampfmühle
Ottenstall
St. Magnus
Bergs
St2377
Seebach
Freilichtbühne
St. Michael
Krugzell
Illerparadies
Weihers
St2009
Wäschers
Depsried
Lauben
C7
0,4
0,8
1,5
1,8
1,4
5,5
3

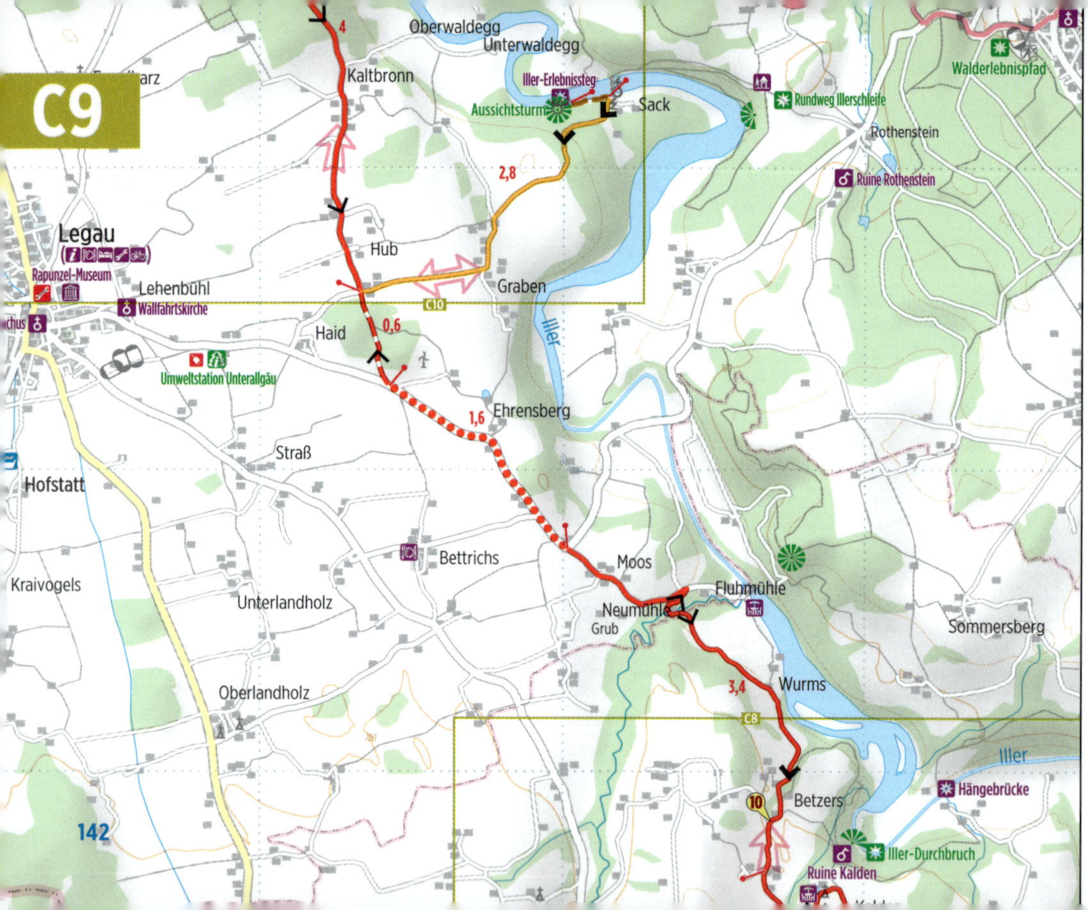

Bauernhofmuseum in Illerbeuren

Umweltstation Unterallgäu, Haid 20, 2469970. Die Umweltstation für erlebnis- und umweltpädagogische Bildung bietet diverse Kurse und Veranstaltungen an. Mit Kanu- und Radverleih. @ hor518

Freibad Legau, Hofstatt 295, 94010. Chlorfreies Naturfreibad. @ nir418

Auf der geschotterten Straße fahren Sie leicht bergauf durch den Wald ~ am Waldausgang fahren Sie an der Kreuzung geradeaus auf das Asphaltsträßchen nach **Kaltbronn** und weiter nach Maria Steinbach.

AUSSTIEG Wenn Sie zum Iller-Erlebnissteg fahren möchten, biegen Sie hier rechts ab Richtung Sack. Eine Kneippanlage und Picknickplätze an der Staustufe sorgen für eine erholende Rast.

Sack (Legau)

Iller-Erlebnissteg. Eine 80 m lange Stahlseil-Hängebrücke für Fußgänger überspannt die Iller. Vom luftigen Aussichtsturm lässt sich die Fischtreppe gut überblicken.

Maria Steinbach (Legau)

Vorwahl: 08394

- **Illerfähre Wagsberg**, Wagsberg (Kronburg), ✆ 665. Fährzeiten: Mai-Okt., 10-12 u. 13-17 Uhr. Zur Nutzung der kleinen Ruderboot-Fähre ist eine Anmeldung am Vortag ab 18 Uhr notwendig. Fähre nimmt nur Personen und keine Fahrräder mit. @ yck671
- **Wallfahrtsmuseum**, Kirchhof 4, in der Wallfahrtskirche, ✆ 9240 Ⓒ Viele Votivtafeln und Informationen zur Geschichte der Wallfahrt. @ vfs886
- **Wallfahrtskirche**, Kirchhof 4. Der Bau der reich ausgestatteten Kirche begann 1749. Die Fertigstellung des Innenausbaus dauerte bis 1765 an.
- **Fischtreppe**, nordöstl. des Ortes an der Iller. Der sehr aufwändig gebaute Umgehungskanal ermöglicht den Fischen neben der Staustufe das Passieren flussauf- und flussabwärts.

Sie biegen rechts auf die Dorfstraße ein ~ auf der Dorfstraße fahren Sie rechts um die Kirche herum und aus Maria Steinbach hinaus ~ nach der kurzen, steilen Abfahrt fahren Sie vor der St 2009 rechts durch die Umlaufschranke in den gekiesten Radweg, der auf dem alten Bahndamm verläuft ~ Sie überqueren die Iller, fahren durch die Umlaufschranke vom Bahndamm herunter und nach links auf die Straße **Im Gießen** ~ an der T-Kreuzung mit der Illerstraße erreichen Sie den Schnittpunkt mit der Radrunde Allgäu **11**.

Illerbeuren s. S. 46

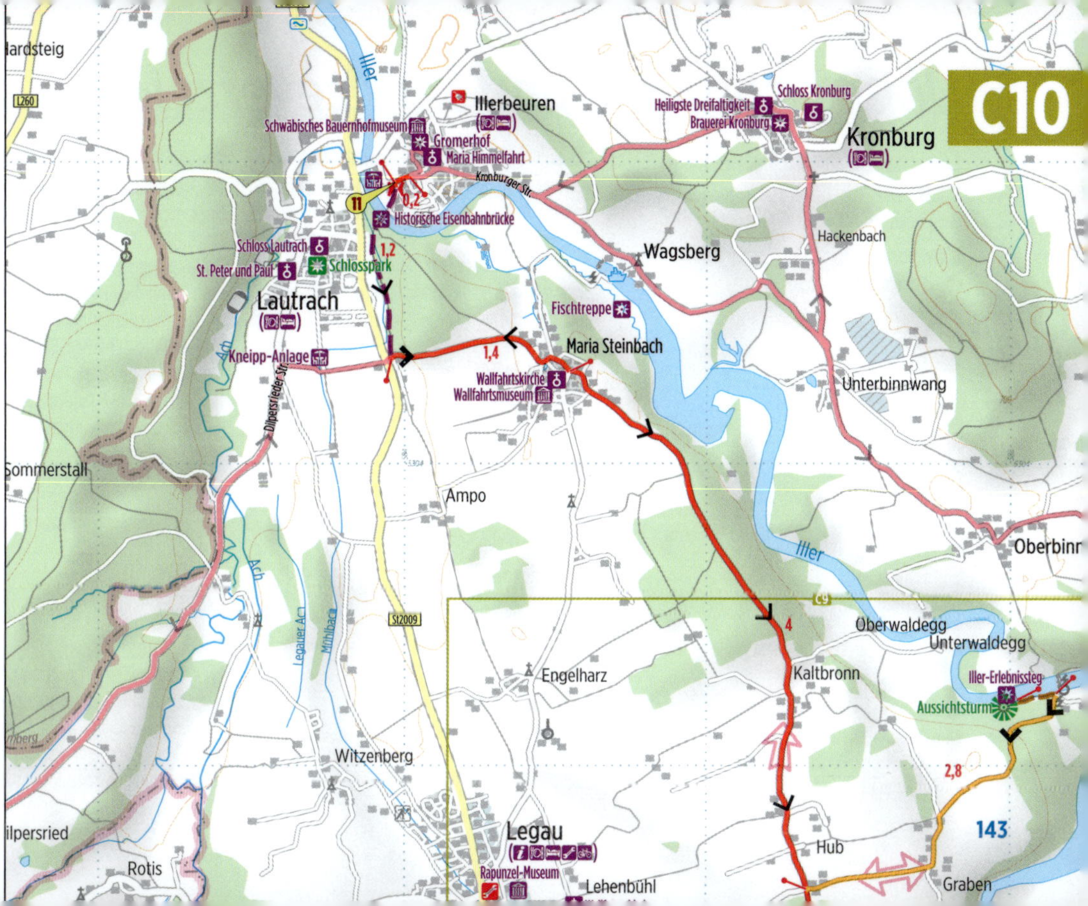

Übernachtungs- und Serviceverzeichnis

Übernachtungsadressen

Dieses Verzeichnis beinhaltet folgende Übernachtungskategorien:

Kategorien

- Tourist-Information
- H Hotel
- Hg Hotel garni
- Gh Gasthof, Gasthaus
- P Pension, Gästehaus
- Pz Privatzimmer
- Ho Hostel
- Mo Motel
- NF Naturfreundehaus
- AH Apartmenthotel
- BB Bed and Breakfast
- B Bungalow
- Fw Ferienwohnung (Auswahl)
- Bh Bauernhof
- Hh Heuhotel
- S Sonstiges
- Jugendherberge, -gästehaus
- Campingplatz
- Zeltplatz (Naturlagerplatz)

Die Auflistung stellt keine Empfehlung einzelner Betriebe dar und erhebt keinen Anspruch auf Vollständigkeit. Um das Verzeichnis stets aktuell zu halten, sind wir für Mitteilungen bezüglich Änderungen jeder Art dankbar. Der einfache Eintrag erfolgt für die Betriebe natürlich kostenfrei, aus Platzgründen können wir diesen allerdings nicht garantieren. Vor allem in Tourismusgebieten mit großem Übernachtungsangebot muss die Liste aus Platzgründen automatisiert leicht gekürzt werden.

Kennzeichnung

I	Preiskategorie	unter € 25,–
II	Preiskategorie	€ 25,– bis € 35,–
III	Preiskategorie	€ 35,– bis € 50,–
IV	Preiskategorie	€ 50,– bis € 70,–
V	Preiskategorie	€ 70,– bis € 100,–
VI	Preiskategorie	über € 100,–
o.F.		kein Frühstück angeboten
HP	mit Halbpension	
	nur Zimmer mit Etagenbad	
	Bett+Bike Betrieb	
2.5	Entfernung vom Weg in Kilometer Luftlinie	

Preise

Die Preise gelten als Richtwert pro Person in einem Doppelzimmer mit Dusche oder Bad inkl. Frühstück.

Die angegebenen Preiskategorien entsprechen dem Stand des Erhebungs- bzw. Überarbeitungszeitraumes und können sich von den tatsächlichen Preisen unterscheiden. Besonders während Messezeiten, aufgrund von unterschiedlichen Zimmertypen und nicht zuletzt saisonal bedingt sind preisliche Schwankungen möglich.

Radwerkstätten u. -vermietung

- Fahrradwerkstatt
- Fahrradvermietung
- E-Bike Ladestation
- E-Bike Verleih
- abschließbare Abstellanlagen

Entfernung

Die blaue Zahl (2.5) beim Betrieb gibt die Entfernung zur Route in Kilometern an. Bitte beachten Sie, dass sich diese Zahl auf die Luftlinie bezieht, ohne Berücksichtigung der Höhenmeter und der tatsächlichen zurückzulegenden Strecke.

Updates

Aktuelle Korrekturen zum Übernachtungsverzeichnis erhalten Sie über das LiveUpdate auf www.esterbauer.com.

bett+bike adfc

Alle mit dem Bett+Bike-Logo ( ) gekennzeichneten Betriebe erfüllen die vom ADFC vorgeschriebenen Mindestkriterien als „Fahrradfreundliche Gastbetriebe“ und bieten darüber hinaus so manche Annehmlichkeit für Radfahrer. Detaillierte Informationen finden Sie unter ***www.bettundbike.de***.

adfc Allgemeiner Deutscher Fahrrad-Club

Radrunde Allgäu

Füssen

Vorwahl: 08362

Tourist Information, Kaiser-Maximilian-Pl. 1, ✆ 93850. Reparaturstation im Außenbereich, Schließfächer mit Lademöglichkeit für E-Biker. 0

H Altstadt-Hotel Zum Hechten, Ritterstr. 6, ✆ 91600, III-V 0.5

H Best Western Plus, Augsburger Str. 18, ✆ 926300, V-VI 0

H Christine, Weidachstr. 31, ✆ 7229, V 0

H Fantasia Füssen, Ottostr. 1, ✆ 300670, IV-V 0.5

H Filser, Säulingstr. 3, ✆ 91250, IV-V 0

H Hirsch, Kaiser-Maximilian-Pl. 7, ✆ 93980, IV-VI 0

H Hotel Füssen, Reichenstr. 9, Parkplatz-Navi: Hintere G. 9, ✆ 9306677, IV-V 0.5

H Luitpoldpark, Bahnhofstr. 1-3, ✆ 9040, IV-V 0

H Schlosskrone, Prinzregentenpl. 2-4, ✆ 930180, IV-VI 0

H Sommer, Weidachstr. 74, ✆ 91470, V-VI 0

Hg Fw Garni City Hotel Füssen, Jesuiterg. 9, Navi: Hintere G. 12, ✆ 1299577, IV-V 0

Gh Schöberl, Luitpoldstr. 14-16, ✆ 922411, III 0.5

Ho P Bavaria City Hostel - Design Hostel, Reichenstr. 15, ✆ 9266980, II-IV 0

Ho L. A. Gästehaus, Wachsbleiche 2, ✆ 607366, ✆ 0170/6248610, o.F., III 0

Fw Alpina Sonnen-Appartements, Abt-Goßwin-Str. 12b, ✆ 9115900 0

Jugendherberge Füssen, Mariahilfer Str. 5, ✆ 7754, II 1

Bike Station Luggi, Luitpoldstr. 11, ✆ 5059155 0

Cube Store, Froschenseestr. 45, ✆ 39712 1.5

Radsport Zacherl & Müller, Kemptener Str. 29, ✆ 3292 1

Bike Rental Train Station, Bahnhofstr. 12, ✆ 8835192 0

Leone Bike, Abt-Oberleitnerstr. 14, ✆ 0176/66105799 0

Horn (Schwangau)

Vorwahl: 08362

H Guglhupf, Füssener Str. 107, ✆ 939650, IV-V 1.5

H Fw Steiger, Frauenbergstr. 52b, ✆ 81067, III-IV 1

P Jägerhof & Jägerstadel, Frauenbergstr. 26, ✆ 88227, III 1

Pz Beim Spängler, Frauenbergstr. 36, ✆ 8302, I 1

Bh Fw Beim Schlux, Frauenbergstr. 38, ✆ 8921, III 1

Schwangau

Vorwahl: 08362

Tourist-Information, Gipsmühlenweg 5, ✆ 81980 2

H Das Schwanstein, Kröb 2, ✆ 98390, III-IV 2.5

H Helmer, Mitteldorf 10, ✆ 9800, II-IV 2

H Neuschwanstein, Geblerweg 2, ✆ 8209, III 2

Gh Hanselewirt, Mitteldorf 13, ✆ 8237, III 2

Gh Zur Post, Münchener Str. 5, ✆ 98210, III-IV 2

P Fw Haus Guggemos-Velle, Mitteldorf 16, ✆ 986508, II-III 2

P Fw Haus Moni, Schlossstr. 8, ✆ 8080, III 2

P Fw Landhaus Keck, Ahornweg 6, ✆ 8555, III-IV 2

Needfull bikes, Gipsmühlweg 5, ✆ 1299282 2

Todos Fahrrad & Outdoor, Füssener Str. 13, ✆ 9251970, ✆ 0178/9063286 2

Brunnen (Schwangau)

Vorwahl: 08362

H Huberhof, Seestr. 67, ✆ 81362, IV 2

Gh Seeklause, Seestr. 75, ✆ 81091, III-IV 2

P Fw Gästehaus Stefanie, Seestr. 65, ✆ 8257, III-IV 2

Pz Fw Haus Helmer Seppi, Seestr. 59, ✆ 8255, II 2

Bh Ponyhof Fischer, Seestr. 37, ✆ 8281, II 2.5

Brunnen, Seestr. 81, ✆ 8273 2

Waltenhofen (Schwangau)

Vorwahl: 08362

H König Ludwig Wellness & Spa Resort, Kreuzweg 15, ✆ 8890, VI 1.5

Hg Maximilian, Marienstr. 16, ✆ 9880, IV-V 2

Gh Am See, Forggenseestr. 81, ✆ 93030, III-IV 1.5

P Fw Gerlinde, Forggenseestr. 85, ✆ 8233, III-IV 1.5

P Fw Moarhof, Moarweg 24, ✆ 8244, II 1.5

Bh Fw Landhaus Ziller, Forggenseestr. 57, ✆ 8698, II 1.5

Hohenschwangau (Schwangau)

Vorwahl: 08362

Ticket Center Hohenschwangau, Alpseestr. 12, ✆ 930830. Tickets für die Königsschlösser sind ausschließlich im Ticket Center oder online erhältlich. 3

H Alpenstuben, Alpseestr. 8, ✆ 98240, IV-V 3

H Ameron Neuschwanstein, Alpseestr. 21, ✆ 70300, IV-V 3

H Martha-Maria-Hotel, Pöllatweg 5, ✆ 81142, III 3.5

H Müller, Alpseestr. 16, ✆ 81990, V-VI 3

H Villa Ludwig Suite Hotel, Colomanstr. 12, ✆ 929920, IV-VI 3

Hg Fw Alpenhotel Allgäu, Schwangauer Str. 37, ✆ 81152, III-IV 3

Hg Schlossblick, Schwangauer Str. 7, ✆ 81649, III-IV 3

Alterschrofen (Schwangau)

Vorwahl: 08362

H Schwansee, Parkstr. 9, ✆ 8835091, III-IV 2

H Waldmann, Parkstr. 5, ✆ 8426, III-IV 2

Fw Haus Alpenrose, Sonnenweg 1, ✆ 9395772, ✆ 0171/8964269, III-IV 2

Osterreinen (Rieden am Forggensee)

Vorwahl: 08362

P Café Maria, Forggenseestr. 18, ☎ 37000, III-IV 0
P Camping Haus Sonnenlage & Camping Magdalena, Bachtalstr. 10, ☎ 4931, III-IV 0
Fw Haus Alpenblick, Bachtalstr. 4, ☎ 819227, ☎ 01525/4358991, IV 0
Fw Rauch, Bachtalstr. 9, ☎ 2940, III-IV 0

Rieden am Forggensee

Vorwahl: 08362
i Touristinformation, Lindenweg 4, ☎ 37025 1
Gh Rössle, Lindenweg 2, ☎ 9395395, III 1
P Haus Bergland, Faulenseestr. 9, ☎ 1822, II-III 1.5
P Fw Schwaiger, Säulingstr. 4, ☎ 921451, III 1
Ho Dreimäderlhaus, Osterreinerstr. 1, ☎ 9268752, ☎ 0172/8127634, III 0.5
Fw Landhaus Geier, August-Geier-Str. 15, ☎ 37319, III-IV 1
Camping Seewang, Tiefental 1, ☎ 08367/406 0.5
Alpen Bikes, Faulenseestr. 1, ☎ 924665, ☎ 0177/9093545 1

Dietringen (Rieden am Forggensee)

Vorwahl: 08367
H Landhotel Schwarzenbach, Dietringen 1, ☎ 08362/343, IV-V 0.5
Bh Baur, Almstr. 2 1/2, ☎ 389, II 0

Ussenburg (Roßhaupten)

P Forggenhof, Ussenburg 73, ☎ 08367/8649305, II-IV 2

Roßhaupten

Vorwahl: 08367
i Tourist-Information, Hauptstr. 10, ☎ 364 0.5
H Haflingerhof, Vordersulzberg 1, ☎ 98480, II-IV 4
H Kaufmann, Füssener Str. 44, ☎ 91230, V-VI 0.5
H beim Lipp, Hauptstr. 15, ☎ 305, III-IV 0.5
P Fw Gästehaus Böck, Seeger Str. 42, ☎ 250, III 1
P Pizzeria Taormina, Füssener Str. 6, ☎ 912050, III 0.5
Pz Häußerer, Seeger Str. 23, ☎ 214, II 1
Fw Ferienwohnung Walk, Weberweg 9, ☎ 241, II-III 0.5

Stötten am Auerberg

Vorwahl: 08349
i Tourist-Info, Füssener Str. 11, ☎ 92040 0.5
Gh Landgasthof Sonne, Dorfstr. 7, ☎ 211, III 0.5
Fw Evi Fink, Römerweg 10, ☎ 1049, III 1

Rieder (Marktoberdorf)

Vorwahl: 08342
Servicereparaturstation, gegenüber dem Dorfladen 0

Marktoberdorf

Vorwahl: 08342
i Touristikbüro Marktoberdorf, Richard-Wengenmeier-Pl. 1, ☎ 400845. Zu den Öffnungszeiten erhalten Sie für Ihr Fahrrad kostenlos eine Luftpumpe sowie ein Reparaturset. 0
H St. Martin, Wiesenstr. 21, ☎ 96260, III 0.5
H Zum Hirsch, Georg-Fischer-Str. 1, ☎ 2342, III-IV 0.5
H trendic hotel, Frankenstr. 11, o.F., II-III 0.5
Hg Arthotel ANA Panorama, Bahnhofstr. 13, ☎ 7090, III-IV 0
Oberdorfer Radhaus, Kaufbeurener Str. 1, ☎ 41386. Schlauchautomat 0.5
Radsport Rieger, Iglauer Str. 19, ☎ 2383. Schlauchautomat 0
VWEW-energie Service-Center, Johann-Georg-Fendt-Str. 26, ☎ 96860 0

Weibletshofen (Marktoberdorf)

Vorwahl: 08342
Fw Rößle, Weibletshofen 9, ☎ 1287 1.5

Bertoldshofen (Marktoberdorf)

Gh Königswirt, Schongauer Str. 13, ☎ 08342/7051102 3.5

Hörmannshofen (Biessenhofen)

Vorwahl: 08341
Gh Stegmühle, An der Stegmühle 2, ☎ 90200, ☎ 0171/3054909, o.F., II 0.5

Biessenhofen

Vorwahl: 08341
i Gemeinde, Füssener Str. 12, ☎ 93650 0
P Talblick, Schießstattstr. 6, ☎ 5454, o.F., I-II 0.5

Kaufbeuren

Vorwahl: 08341
i Kaufbeuren Tourismus- und Stadtmarketing, Kaiser-Max-Str. 3a, ☎ 437190 0
H Am Kamin, Füssener Str. 62, ☎ 9350, III-IV 0
H Felix Kaufbeuren, Ganghoferstr. 8, ☎ 95520, III-IV 0.5
H Goldener Hirsch, Kaiser-Max-Str. 39-41, ☎ 43030, IV 0
H Hasen, Ganghoferstr. 7, ☎ 966190, III-IV 0.5
Hg Am Turm, Josef-Landes-Str. 1, ☎ 93740, III-IV . und Movelo-Verleihstation 0.5
Hg Leitners, Neugablonzer Str. 68, ☎ 3344, III 1
Bikers Dreams, Füssener Str. 10, ☎ 94650 0.5
CUBE Store, Am Bleichanger 52, ☎ 9938712 0.5
Fahrbar Bikes & Coffee, Naugablonzer Str. 43, ☎ 9954550 0.5
Neuner Zweirad-Center, Schraderstr. 9, ☎ 12088 0
Zweirad Baumann, Alleeweg 6, ☎ 2655 0
VWEW-energie Service-Center, Neugablonzer Str. 21, ☎ 805-456 0.5

Oberbeuren (Kaufbeuren)

Vorwahl: 08341
H Grüner Baum, Obere G. 4, ☎ 966110, IV 1.5
Gh Zum Engel, Hauptstr. 10, ☎ 2124, III-IV 1.5

Leinau (Pforzen)

Vorwahl: 08346
Gh Gasthof Weißes Röss'l, Dorfstr. 25, ☎ 255, III 0.5

Pforzen

Vorwahl: 08346

Gemeinde Pforzen, Bahnhofstr. 7, 92090 0.5

Adlerstadl, Kirchweg 6, Ingenried, 9823316, II 1.5

Gästehaus Flohwiese, Auf den Auen 1, 9828180, III 0

Bad Wörishofen

Vorwahl: 08247

Gäste-Information im Kurhaus, Hauptstr. 16, 993355 0

Fontenay, Eichwaldstr. 8-12, 3060, VI 0.5

Kneipp-Kurhotel Steinle, Gärtner Weg 17, 30030, IV-V 0.5

Kurhotel Kaiser, Peter-Dörfler-Str. 13, 30540, III 0.5

Sebastianeum, Kneippstr. 8, 3550, VI 0

Sonnengarten, Adolf-Scholz-Allee 5, 3090, V-VI 0.5

Eichwaldeck, Eichwaldstr. 19, 959950, III 0.5

Marie Luise, Jahnstr. 11, 30060, III 0.5

Eichwaldhof, Eichwaldstr. 49, 4561, II 1

Kur- & Vitalcamping, Walter-Schulz-Str. 4, 9973735, I-II 2

Cycleworxx, Fidel-Kreuzer Str. 4, 9636976 0.5

Fahrrad Osswald, Rosenstr. 1, 6838 0

Radsport Trübenbacher, Türkheimerstr. 1a, 8800 0.5

Katzbrui (Apfeltrach)

Vorwahl: 08269

Katzbrui Mühle, Katzbrui 7, 575, III 0.5

Ottobeuren

Vorwahl: 08332

Touristikamt Kur & Kultur, Marktpl. 14, 921950 0

BW Plus Parkhotel Maximilian, Bannwaldweg 11, 92370, V 1

Brauerei Hirsch, Marktpl. 12, 796770, IV-V 0

Am Mühlbach, Luitpoldstr. 57, 92050, III 0.5

Hotel St. Ulrich, Bannwaldweg 10, 923520, IV 0.5

Mozart, Mozartstr. 22, 796110, III 1

Schachen 29, Schachen 29, 9235740, IV 1

Otto, Schützenstr. 2, 4900590, III 0

Sport/Jugendherberge Ottobeuren, Kaltenbrunnweg 11, 368, II-III 1

Camping Ottobeuren, Hawanger Str. 20, 9256620 0.5

Annes Bike Shop, Marktpl. 10, 1234 0

Hawangen

Krone, Ringstr. 11, 08332/7555, 08332/354 1.5

Schwaighausen (Holzgünz)

Vorwahl: 08393

Schwarzer Adler, Memminger Str. 16, 7420, III 0.5

Amendingen (Memmingen)

Vorwahl: 08331

Hiemer, Obere Str. 24, 990490, III 0.5

Memmingen

Vorwahl: 08331

Stadtinformation, Marktpl. 3, 850173 0

Allgäuhotel Memmingen Nord, Teramostr. 31, 991810, IV 2.5

Drexel's Parkhotel, Ulmer Str. 7, 9320, IV 0

Engelkeller, Königsgraben 9, 9844490, IV 0.5

Joesepp's Hotel Am Schweizerberg, Schweizerberg 17, 9278104, III-IV 0.5

Weber am Bach, Untere Bachg. 2, 2414, IV 0

Weißes Ross, Salzstr. 12, 9360, IV 0

Falken, Rossmarkt 3-5, 94510, IV 0.5

Schwabenhof, Illerstr. 42, 62872, III 0.5

Zum Schwanen, Kalchstr. 27, 5231, III 0

Erb, Zollergraben 5, 84868, III 0

Heiss, Rudolf-Diesel-Str. 18, 9255000 1.5

Radhaus Ganser, Martin-Luther-Pl. 9, 9638406 0.5

Waibel Zweirad, Schießstattstr. 6, 80052 0

Benningen

Erle, Erlenstr. 5, 01520/4133402, III 0.5

Dickenreishausen (Memmingen)

Vorwahl: 0831

Cube Store Radl-Stadl, Unterdorfstr. 29-33, 08331/640730 3

Hetzlinshofen (Lachen)

FW Andrea Schmölz, Ortsstr. 25, 0163/7374304, II 0.5

Wolfertschwenden

Vorwahl: 08334

Harrys Gästehaus, Hauptstr. 18a, 0151/64834423, o.F., II 0

Braunmiller, Obere Bergstr. 2, 3009938, 0160/7980718, II 0.5

Bad Grönenbach

Vorwahl: 08334

Kur- und Gästeinformation Bad Grönenbach, Marktpl. 5, 60531 0

Allgäu resort, Sebastian-Kneipp-Allee 7, 5346500, IV-V 0.5

BG Hotel, Weißenbachstr. 6, 769549, o.F., II-III 0.5

Die Post, Marktstr. 10, 3186020, IV-V 0

Landhotel Grönenbach, Ziegelbergerstr. 3, 98480, IV-V 0.5

Bochtler, Steinbacher Weg 16, 7137, II 0.5

Neumair, In der Vogelweide 4, 495, III 0.5

Tanne, Mozartstr. 2, 832, III 0.5

Zweirad Lämmle, Ittelsburger Str. 11, 7217 0.5

Schließfachanlage, Sonnenstr. 4 0

Rothmoos (Bad Grönenbach)

Vorwahl: 08331

NF Naturfreundehaus, Rechberg 2, ✆ 08334/6224, ✆ 08334/08331/6400476, I 0.5

Kronburg

Vorwahl: 08394

AH Gästehaus Schloss Kronburg, Woringer Str. 5, ✆ 9210, ✆ 271, o.F., III-IV 0

Illerbeuren (Kronburg)

Vorwahl: 08394

i Gemeindeamt, Museumstr. 1, ✆ 206 0

Pz Paulas Gästezimmer, Am Gängele 3, ✆ 1355, ✆ 0175/1183330 0

B&B d'Kammer, Memmingerstr. 14, ✆ 9264477, III 0.5

Lautrach

Vorwahl: 08394

H Schloss Lautrach, Schloßstr. 1, ✆ 910412, IV-V 0.5

Gh Gasthaus Rössle, Deybachstr. 16, ✆ 9266700, III 0.5

Pz Schmelzer, Schlossstr. 7, ✆ 240, o.F., III 0.5

Ottmannshofen (Leutkirch im Allgäu)

Vorwahl: 07565

P Boneberg, Oberer Ölweg 19, ✆ 914581, ✆ 0162/8554586, II 1

Leutkirch im Allgäu

Vorwahl: 07561

i Touristinfo, Marktstr. 32, Gotisches Haus, ✆ 87154 0

H Eden, Wangener Str. 101, ✆ 98020, III-IV 1.5

H Gasthof zum Rad, Obere Vorstadtstr. 5, ✆ 2066, III 0

H Linde, Lindenstr. 1, ✆ 913970, III 0

H Post, Obere Vorstadtstr. 1, ✆ 4201, ✆ 6017, II-III 0

H Tagungshaus Regina Pacis, Bischof-Sproll-Str. 9, ✆ 8210, IV 0.5

Gh Bayrischer Hof, Kemptener Str. 53, ✆ 3742, III 0.5

Gh Mohren, Wangener Str. 1, ✆ 98570, III 0

Pz Fw Allgäufinca, Ziegelhütte 3, ✆ 3178, III 1.5

Allgäu Bike Sports, Poststr. 5, ✆ 9151775 0.5

Rad Sport Geser, Bahnhof 5, ✆ 4246 0.5

Veloce der Radladen, Brühlstr. 16, ✆ 8202840 0

Radservice-Punkt, Bahnhof. Reparaturstation mit Werkzeug u. Material für kleine Pannen. 0.5

Diepoldshofen (Leutkirch im Allgäu)

Vorwahl: 07561

Fw Müller, Achtalstr. 20, ✆ 5433, I-III 0

Bauhofen (Bad Wurzach)

Vorwahl: 07564

Fw Allgäu Hof Müller, Am Floschen 2, ✆ 3925, II 2

Brugg (Bad Wurzach)

Vorwahl: 07564

H Rosengarten, Brugg 10, ✆ 91400, III 1

Truschwende (Bad Wurzach)

Vorwahl: 07564

H Truschwende4, Truschwende 4, ✆ 9379900, IV 0.5

Bad Wurzach

Vorwahl: 07564

i Bad Wurzach Info, Rosengarten 1, ✆ 302150 0

H feelMOOR Gesundheitsresort, Karl-Wilhelm-Heck-Str. 12, ✆ 304-2100, IV 0.5

Hg Gasthof Adler, Schlossstr. 8, ✆ 93030, IV 0

P Bei Mohrs, Karl-Wilhelm-Heck-Str. 7, ✆ 3622, o.F., II 0.5

Fw Gästehaus Achblick, Espenweg 6, ✆ 306800, ✆ 0172/6231454, ✆ 0172/6231516, II 0

Zweiradsport Geyer, Gartenstr. 30, ✆ 858930 0

Radservice-Punkt, Rosengarten 1, bei der Tourist-Info. Reparaturstation mit Werkzeug u. Material für kleine Pannen. 0

Seibranz (Bad Wurzach)

Vorwahl: 07564

Fw Bei uns im Allgäu, Sigebrandstr. 22, ✆ 91277, ✆ 0170/9916270, III-IV 4

Ziegelbach (Bad Wurzach)

P Fw Haus Mandorla, Oberziegelbacherstr. 69, ✆ 07564/949294, ✆ 0151/27180304, o.F., II 0.5

Eintürnen (Bad Wurzach)

Vorwahl: 07564

Pz Das kleine Café, Weitprechtser Str. 8, ✆ 07527/181982, I 1

Willerazhofen (Leutkirch im Allgäu)

Vorwahl: 07563

Weihercamping, Campingweg 13, ✆ 7018 3

Menzlings (Kißlegg)

P Gästehaus Mitzeit, Menzlings 2, ✆ 07563/8514, III 2

H Zerlaut, Haslach 1, ✆ 07563/915300, IV 1.5

Kißlegg

Vorwahl: 07563

- i Gäste- und Bürgerbüro, Schloßstr. 8, Neues Schloss, ✆ 936142 0
- H Ochsen, Herrenstr. 21, ✆ 91090, III-IV 0
- H Sonnenstrahl, Sebastian-Kneipp Str. 1, ✆ 1890, IV 0.5
- Pz Landhaus bei Elsa, Rempertshofen 1, ✆ 2009, ✆ 0173/1087646, o.F., I 0.5
- Pz Lichtblick, Händelweg 5, ✆ 914760, ✆ 0178/1350032, II 1
- Fw Weitblick, Hunau 1, ✆ 908874, I-II 1
- Zweirad Wenzler, Herrenstr. 24, ✆ 2320 0
- Radservice-Punkt, Bahnhofstr. Reparaturstation mit Werkzeug u. Material für kleine Pannen. 0

Unterriedgarten (Kißlegg)

Vorwahl: 07563

- Bh Weiland, Unterriedgarten 12, ✆ 92410, o.F., II 0

Wolfegg

Vorwahl: 07527

- i Wolfegg Information, Am Hofgarten 1, ✆ 960151 0
- H Zur Post, Rötenbacher Str. 5, ✆ 96140, III-IV 0
- S Schäferwagen, Samhof 1, ✆ 6658, III 0.5

Vogt

Vorwahl: 07529

- i Gästeamt Vogt, Kirchstr. 11, ✆ 2090 0
- H Der BIO-Adler, Ravensburger Str. 2, ✆ 912212, IV 0
- H Gasthof Paradies, Ravensburger Str. 8, ✆ 7708, IV 0
- ergoRAD, Tannerstr. 2, ✆ 974966 0.5

Waldburg

Vorwahl: 07529

- i Gästeamt Waldburg, Hauptstr. 20, Rathaus, ✆ 971710, ✆ 971711 0
- H Krone Waldburg, Hauptstr. 21, ✆ 9980, III-IV 0
- H Schloss Waldburg, Schloss 1, VI 0
- Gh König Wilhelm, Bauernjörgstr. 19, ✆ 1317, III 0.5
- Radservice-Punkt, Hauptstr. 20, beim Rathaus. Reparaturstation mit Werkzeug u. Material für kleine Pannen. 0

Amtzell

Vorwahl: 07520

- i Gästeservice, Waldburger Str. 4, ✆ 95012 0
- H **Zum Schloss, Haslacher Str. 5, ✆ 6213, IV** 0
- Gh Adler, Büchel 3, ✆ 3311, III 0
- Pz Jocham, Haslacher Str. 22, ✆ 6151, II-III 0.5
- S Boardinghause WohnZeit, Geiselharz 40, ✆ 923380, o.F., III 1.5
- Zweirad-Stadl, Schomburger Str. 11, ✆ 2024022 1.5

Wangen im Allgäu

Vorwahl: 07522

- i Gästeamt - Tourist Information, Bindstr. 10, ✆ 74211
- H Blaue Traube, Zunfthausg. 10, ✆ 6627, IV-V 0.5
- H Oberwirt, Bahnhofpl. 1, ✆ 93110, III-IV 0.5
- H Praßberger, Kolpingstr. 7, ✆ 21234, IV 1
- Hg Engelberg, Leutkircher Str. 47, ✆ 707970, III-IV 0.5
- Pz Gästezimmer Rupp, Keplerweg 30/2, ✆ 771990, ✆ 0160/96639901, II-III 0.5
- Fw Kitzelmann, Kühler Brunnen 17, ✆ 3131 1
- Camping Röhrenmoos, Röhrenmoos 1, ✆ 9132436 3.5
- Biggel, Friedrich-Ebert Str. 3, ✆ 21007 0.5
- Zweiradhaus Kipper, Am Waltersbühl 15, ✆ 97930 1

Deuchelried (Wangen im Allgäu)

Vorwahl: 07522

- Fw Ferienhof Harlacher, Oflingser Weg 50, ✆ 973 3793, II 1.5

Eglofs (Argenbühl)

Vorwahl: 07566

- H Ellgass Allgäu, Dorfpl. 10, ✆ 1578, IV-V 0
- H Gasthof zur Rose, Dorfpl. 7, ✆ 336, III-IV 0
- Radservice-Punkt, Bushaltestelle, Rastplatz. Reparaturstation mit Werkzeug u. Material für kleine Pannen. 0
- Eglofser-E-Bike-Vermietung, Kolbenberg 2, ✆ 0151/11504279 0.5

Eisenharz (Argenbühl)

Vorwahl: 07566

i Gästeamt, Kirchstr. 9, ✆ 940210 0

Gh Landgasthof Krone, Florianweg 2, ✆ 1569, III 0

Fw Ferienhof Rummel, Bienzen 2, ✆ 1216, ✆ 0174/5613090, III-IV 0.5

Fw Sonnenwinkel, Panoramaweg 9, ✆ 9400998, ✆ 0172/6964043, III 0

2-Rad Schubert, Stephanusstr. 6, ✆ 2240 0

Neutrauchburg (Isny im Allgäu)

Vorwahl: 07562

H Berghotel Jägerhof, Jägerhof 1, ✆ 770, V-VI . & E-Bikeverleih Movelo 0.5

H Schloss Neutrauchburg, Schloßstr. 11, ✆ 9756460, V 0

Gh Sonne, Schlossstr. 7, ✆ 9756458, III-IV 0

Radladen Isny, Argenstr. 5, ✆ 0176/47022200 0

Isny im Allgäu

Vorwahl: 07562

i Büro für Tourismus, Marktpl. 2, ✆ 9999050 0

i Mobilitätszentrale u. DB-Agentur Isny, Unterer Grabenweg 18, ✆ 97354-03. Beratung rund um Bus und Bahn, Ticketverkauf von DB-Fahrscheinen, Fahrscheine des Baden-Württemberg-Tarifs, bodo-Tickets und Isny-Tickets. 0

H Bären, Obertorstr. 9, ✆ 2420, III-IV 0

H Engel, Bahnhofstr. 36, ✆ 971510, III-IV 0

H Fw Hohe Linde, Lindauer Str. 75, ✆ 97597, IV-V 1

Hg Am Roßmarkt, Am Roßmarkt 8-10, ✆ 976500, III-IV 0

Fw Altstadtflair, Am Stadtbach 19, ✆ 9818070 0

Waldbad Camping, Lohbauerstr. 59-69, ✆ 2389 0.5

Maierhöfen

Vorwahl: 08383

i Gästeamt, Brunnenweg 2, ✆ 98040 0.5

H Landgasthof Hotel Sontheim, Reute 7, ✆ 202, IV-V 1

H Natur Landhaus Krone, Kirchweg 2, ✆ 254, V 0.5

Bh Johannishof, Untersteig 2, ✆ 97020, II-III 0.5

Riedholz (Maierhöfen)

Vorwahl: 08383

Fw Gasthof Argentobelbrücke, Hauptstr. 3, ✆ 289, ✆ 0160/90231036 0

Sonnenbuckl, Riedholz 16, ✆ 383 0

Eistobel (Grünenbach)

Vorwahl: 08383

Fw Gästehaus Faltner, Hauptstr. 81, ✆ 7295, II 0

Grünenbach

Vorwahl: 08383

i Gästeamt Grünenbach, Hauptstr. 49, ✆ 929981 0

Gh Lerpscher, Schüttentobel 1, ✆ 346, II-III 2.5

P Cafe Sternberg, Am Kirchenbühl 26, ✆ 6319993, III-IV 0

Fw Laubenberg, Am Kirchenbühl 19, ✆ 7593, III 0

Schönau (Grünenbach)

Fw Ruchte, Birkenweg 2, ✆ 08383/365, I 0

Röthenbach im Allgäu

Vorwahl: 08384

i Gästeamt, Mühlenstr. 1, ✆ 1816 0

Gh Post, Lindauer Str. 1, ✆ 304, II-III 0

P Gästehaus Sontheim, Am Bühl 3, ✆ 543, III 0

Lindenberg im Allgäu

Vorwahl: 08381

i Tourist Information, Museumspl. 1, in der Kulturfabrik, ✆ 9284310 0

H Fw Waldsee, Austr. 41, ✆ 92610, IV 0.5

Hg Fw Schönblick, Ried 2a, ✆ 9189560, III 1

Gh Bavaria, Manzen 2, ✆ 1326, II-III 0.5

Gh Bayerischer Hof, Hauptstr. 82, ✆ 92550, IV 0.5

Gh Gebler-Fehr Hof, Am Wunderbrunnen 45, ✆ 2244, II-III 1

Gh Lindenberger Hof, Hauptstr. 50, ✆ 3040, IV-V 0.5

Radsport Greiner, Blumenstr. 18, ✆ 5344 0

Scheidegg

Vorwahl: 08381

i Scheidegg Tourismus, Rathauspl. 8, ✆ 8942233 0

H Birkenmoor, Am Brunnenbühl 10, ✆ 92000, IV 0.5

H Edita, Am Hammerweiher 3, ✆ 912320, IV-V 1

H Hotel Post, Kirchpl. 5, IV-V 0

H Fw Landhotel Herzberger, Bräuhausstr. 28, ✆ 2563, IV 0.5

H Zum Hirschen, Kirchstr. 1, ✆ 2119, V 0

Hg Allgäu, Am Brunnenbühl 11, ✆ 925620, III 0.5

Gh Bergblick, Am Brunnenbühl 12, ✆ 7291, IV 0.5

Bh Sportalm, Kurstr. 14, ✆ 926420, III. Kletterzentrum mit Minigolfanlage 0.5

Weiler-Simmerberg

Vorwahl: 08387

i Tourist-Information, Hauptstr. 14, ✆ 39150 0

H Fw Johanneshof, Nazenbergstr. 12, ✆ 92150, III 0.5

H Tannenhof, Lindenberger Str. 33, ✆ 1235, HP, VI 0.5

Gh Zur Post, Fridolin-Holzer Str. 4, ✆ 1070, IV 0

Alpenblick, Schreckenmanklitz 18, ✆ 08381/3447 1

Simmerberg (Weiler-Simmerberg)

Vorwahl: 08387

Gh Fw Krone, Alte Salzstr. 50, ✆ 1046, o.F., III 0

Fw Rudolph, Alte Salzstr. 42, ✆ 454, II-III 0

Balzhofen (Stiefenhofen)

Vorwahl: 08383

P Katharina, Balzhofen 36, ✆ 2849, III 1

Hopfen (Stiefenhofen)

Vorwahl: 08386

Bh Ferienhof Baur, Hopfen 8, ✆ 2190, o.F., III-IV 0.5

Stiefenhofen

Vorwahl: 08383

i Gästeamt, Hauptstr. 16, ✆ 7200 0

H Fw Landgasthof Rössle, Hauptstr. 14, ✆ 92090, III-IV 0

P Fw Haflingerhof, Mittelhofen 1, ✆ 08384/8239724, ✆ 0171/3107017, o.F., II-III 1

Buflings (Oberstaufen)

Vorwahl: 08386

H Dein Engel, Buflings 3, ✆ 7090, VI 1

H Johanneshof, Buflings 1, ✆ 93430, V-VI 1

Oberstaufen

Vorwahl: 08386

i Haus des Gastes, Hugo-von-Königsegg-Str. 8, ✆ 93000 0

i Tourist-Info im Bahnhof, Bahnhofpl., ✆ 93000 0

H Tyrol, Am Kühlen Grund 1, ✆ 9803830, V-VI 0.5

H Adler, Kirchpl. 6, ✆ 93210, V-VI 0

H Allgäu Sonne, Am Stießberg 1, ✆ 7020, VI 0.5

H Allgäuer Hof, Kalzhofer Str. 19, ✆ 4870, IV-V 0

H Allgäuer Kräuteralm - Wohlfühlhotel, Bgm.-Wucherer-Str. 15, ✆ 2077, V-VI 0

H Alpenkönig, Kalzhofer Str. 25, ✆ 93450, VI 0

H Bayerischer Hof, Hochgratstr. 2, ✆ 4950, IV-V 0

H Das Bad Rain, Hinterstaufen 9, ✆ 93240, V-VI 1

H Kronenhof, Bgm.-Hertlein-Str. 12, ✆ 4890, V-VI 0

H Kur- & Sporthotel Interest, Auf der Höh' 1, ✆ 9100, V 0.5

H Lindner Parkhotel & Spa, Argenstr. 1, ✆ 703117, HP, VI 0

Hg Diana, Unterm Schloss 2, ✆ 4880, VI 0.5

Hg Hubertushof, Argenstr. 45, ✆ 936710, IV-V 0

P Spohn, Jahnstr. 6, ✆ 3829877, ✆ 0157/71907361, III-IV 0

Hauber E-Bike Shop, Kalzhofer Str. 22, ✆ 9918333 0

Oli's Bike Shop, Rainwaldstr. 1, ✆ 961064 0

Radcenter Hermann, Bahnhofspl. 2, ✆ 3731010 0

Weißach (Oberstaufen)

Vorwahl: 08386

H Königshof Hotel Resort, Mühlenstr. 16, ✆ 4930, V-VI 1

H Mühlenhof, Mühlenstr. 13, ✆ 93260, IV-V 1

Kalzhofen (Oberstaufen)

Vorwahl: 08386

H Haubers Gutshof, Meerau 34, ✆ 93305, HP, VI 0.5

Bh Wagner, Kreuzwiesenweg 9, ✆ 1465, III 0.5

Wengen (Oberstaufen)

Vorwahl: 08386

H Alpe Wengen, Wengen 8, ✆ 2219, ✆ 7250, IV-V 0

Hinterstaufen (Oberstaufen)

Vorwahl: 08386

Sport Hauber, Hinterstaufen 10, Am Hündle, ✆ 2660 0.5

Lamprechts (Oberstaufen)

Vorwahl: 08386

H Landhaus Alte Post, Lamprechts 3, ✆ 08325/9278870, IV-V 0

Thalkirchdorf (Oberstaufen)

Vorwahl: 08325

H Dorfhaus Chalets, Kirchdorfer Str. 5, ✆ 9264380, V-VI 0.5

H Traube, Kirchdorfer Str. 12, ✆ 9200, V 0.5

Wiedemannsdorf (Oberstaufen)

Fw Eller, Salzstr. 44, ✆ 08325/773, I-III 0

Konstanzer (Oberstaufen)

Vorwahl: 08325

P Gnadl, Konstanzer 2, ✆ 218, II 0.5

P Himmeleck, Konstanzer 16, ✆ 237, III 0.5

P Sabine, Konstanzer 46, ✆ 1391, II-III 0.5

Ratholz (Immenstadt im Allgäu)

Vorwahl: 08325

Gh Jägerhaus, Ratholz 5, ✆ 225, III 0

Fw Ferienhof Metzeler, Ratholz4, ✆ 737, III-IV 0.5

Bh Risthof, Ratholz 2, ✆ 1094, o.F., III 0

Reuter (Immenstadt im Allgäu)

P Reuterhof, Reuter 7, ✆ 08325/927929, o.F., I 0.5

Bühl am Alpsee (Immenstadt im Allgäu)

Vorwahl: 08323

i Tourist-Information Immenstadt, Seestr. 10, ✆ 998877 0

H Rothenfels, Missener Str. 60, ✆ 9190, III-V 0.5

P Fw Bechteler, In der Hub 15, ✆ 6251, ✆ 0171/1944682, III 0

Pz Fw Waibel, Rieder 40, ✆ 4919, III 1

Bh Fw Hierlhof, Seestr. 3, ✆ 987189, IV 0

Alpsee Camping, Seestr. 25, ✆ 7726 0

Immenstadt im Allgäu

Vorwahl: 08323

i Tourist-Information Immenstadt, Seestr. 10, Bühl am Alpsee (Immenstadt im Allgäu), ✆ 998877 0

H Lamm, Kirchpl. 2, ✆ 6192, IV 0

Gh Drei König, Marienpl. 11, ✆ 8628, IV 0

Pz Schaumann's Hüs, Lillebonnerstr. 33, ✆ 967933, III-IV 0.5

Fw Allgäutissimo, Neumummen 12, ✆ 08232/8080077, ✆ 0176/61875365, V 0

Alpsee Bikes, Im Engelfeld 4, ✆ 2078831 0.5

Hauf, Sonthofener Str. 53, ✆ 989330 0

Myrten's Zweiradladen, Bahnhofstr. 5,

✆ 9558521 0
Zweirad Riescher, Badeweg 3, ✆ 08321/8660 0

Blaichach

Vorwahl: 08321
Tourist-Information, Immenstädter Str. 7, ✆ 6076950 0.5
FAHR WERK, Sonthofener Str. 41, ✆ 2749152 0.5
Rad und Sport Blaichach, Immenstädter Str. 24, ✆ 88768 0.5

Ettensberg (Blaichach)

Vorwahl: 08321
P Wolf, Schwandener Str. 21, ✆ 673020, III 1

Kühberg (Blaichach)

Vorwahl: 08321
H Kühbergalp, Kühberg 1, ✆ 66390, IV-V 1
Bh Kühberg, Kühberg 3, ✆ 84278, IV 1

Bihlerdorf (Blaichach)

Vorwahl: 08321
P Zum Schiff, Illerstr. 26, ✆ 674480, III 0.5

Gunzesried (Blaichach)

Vorwahl: 08321
Gh Goldenes Kreuz, Talstr. 41, ✆ 2560, II-III 2.5
P Baumann, Kapf 18, ✆ 5720, II-III 2
P Schlegel, Am Brand 9, ✆ 3722, ✆ 0175/4124658, III-IV 2
Pz Mayr, Talstr. 78, ✆ 9704, o.F., I 2.5

Rieden (Sonthofen)

Vorwahl: 08321
H Landhotel Bauer, Hans-Böckler-Str. 86, ✆ 7091, III-IV 0.5
E-Bike Service Allgäu, Mittagstr. 18, ✆ 0163/6807920 0.5

Westerhofen (Ofterschwang)

Vorwahl: 08321
Fw Blick in die Berge, Westerhofen 41, ✆ 0172/6111728, II-III 0

Hüttenberg (Ofterschwang)

Vorwahl: 08321
P Gästehaus Kanstein, Westerhofen 27, ✆ 2507, II-III 0
Fw Landhaus Kogel, Hüttenberg 29, ✆ 0171/8530970, III-IV 0.5

Ofterschwang

Vorwahl: 08321
Gästeinfo, Kirchg. 1, ✆ 82157 0
H Landhotel Alphorn, Kirchg. 18, ✆ 66340, VI 0
P Fw Alpenblick, Dorfstr. 15, ✆ 81632, III 0.5
P Fw Zum Engel, Dorfstr. 8, ✆ 2592, II-III 0

Muderbolz (Ofterschwang)

Vorwahl: 08321
P Fw Ferienhof Eberle, Muderbolz 2, ✆ 82395, II 0

Sigiswang (Ofterschwang)

Vorwahl: 08321
Fw Ferienhaus am Mühlbach, Sigiswang 20, ✆ 82855, ✆ 0151/67015210, II-III 1

Dietrichs (Bolsterlang)

Vorwahl: 08326
Fw Gästehaus Sonnenberg, Dietrichs Nr. 6, ✆ 36410, III-IV 0

Untermühlegg (Bolsterlang)

Vorwahl: 08326
P Landhaus Bachtelmühle, Untermühlegg 14, ✆ 7818, o.F., III-V 0.5

Bolsterlang

Vorwahl: 08326
Gästeinformation Bolsterlang, Rathausweg 4, ✆ 8314 0
P Bh Hornblick, Ortsstr. 5, ✆ 464, IV 1
Sport Speiser, Flurstr. 2, ✆ 38058 0

Sonderdorf (Bolsterlang)

Vorwahl: 08326
Gh Der Bergbauernwirt, Sonderdorf 18, ✆ 7444, IV 0
P Klara, Sonderdorf 36, ✆ 385634, III 0
Fw Alpenhaus Steiner, Sonderdorf 35, ✆ 36180, ✆ 7846, III-V 0

Obermaiselstein

Vorwahl: 08326
Obermaiselstein Tourismus, Am Scheid 18, ✆ 277 0
P Gästehaus Christine, Am Herrenberg 18, ✆ 7089, III-IV 0.5
P Kumpe, Kirchg. 3, ✆ 9817, II-III 0

Niederdorf (Obermaiselstein)

Vorwahl: 08326
P Koch, Niederdorf 5, ✆ 7123, III 0

Langenwang (Fischen im Allgäu)

Vorwahl: 08326
H Explorer Hotel Oberstdorf, An der Breitach 3, ✆ 08322/940790, IV-V 2
H Frohsinn, Wiesenweg 4 + 6, ✆ 384930, V 0
H Sonnenbichl, Sägestr. 19, ✆ 9940, V 0.5

Fischen im Allgäu

Vorwahl: 08326
Gästeservice Fischen, Am Anger 15, ✆ 36460 0
H Alpenblick, Maderhalmer Weg 10, ✆ 9791, IV-V 0.5
H Fw Alpin, Beslerstr. 3, ✆ 2691026, IV 0.5
H Forellenbach, Mühlenstr. 4 1/2, ✆ 384380, IV 0
P Geiger, Hauptstr. 6, ✆ 8332, III 0
P Fw Landhaus Julia, Beslerstr. 26, ✆ 1013, II-III 1
P Wiesenhof, Weilerstr. 42, ✆ 8395, III 0.5
Fw Allgäu Residenz, Sonnenkopfweg 2, ✆ 36180, ✆ 7846, III-V 0.5
Bh Weber, Berger Weg 13, ✆ 36390, o.F., III 0.5
Radsport Voggel, Weilerstr. 5, ✆ 385250 0
Hörnerbike, Hauptstr. 15, ✆ 366011 0

Maderalm (Fischen im Allgäu)

Vorwahl: 08326
H Maderhalm, Maderhalm 19, ✆ 36050, III-IV 0.5

H Tanneck, Maderhalm 20, ✆ 9990, VI 0.5

Berg (Fischen im Allgäu)
Vorwahl: 08326
H Kaserer, Gundelsberger Weg 7, ✆ 36040, IV 1
P Burger, Auf der Höh 1a, ✆ 663, II 1
Fw Hartmann, Zum Tannacker 1, ✆ 411, V 1

Au (Fischen im Allgäu)
Vorwahl: 08326
Fw Haus Enzian, Gerberstr. 4, ✆ 35150, II-III 0.5

Hinang (Sonthofen)
Vorwahl: 08321
H Sonnenklause, Hinang 48, ✆ 3614, V 3
Gh Zengerle, Hinang 36, ✆ 7280, II-III 1.5
Fw Köcheler, Hinang 64, ✆ 1472, I-II 1.5

Altstädten (Sonthofen)
Vorwahl: 08321
i Tourist-Information, Am Anger 8, ✆ 2170 1.5
Gh Schäffler, Am Anger 8, ✆ 26730, III 1.5
P Gästehaus Kloster, Thalhoferstr. 4, ✆ 6160, II 1

Sonthofen
Vorwahl: 08321
i Tourist-Information, Rathauspl. 1, ✆ 615291 0.5
H Deutsches Haus, Schnitzerstr. 3, ✆ 7809850, IV 0
H Schwäbele Eck, Hindelanger Str. 9, ✆ 67200, III 0.5
Hg Schmideler, Grüntenstr. 29b, ✆ 66600, IV 0.5
Gh Hirsch, Hirschstr. 2, ✆ 67280, III-IV 0
Gh Löwen, Hindelanger Str. 1, ✆ 608081, ✆ 2490, III 0.5
Gh Traube, Grüntenstr. 11, ✆ 7884040, III-IV 0
P Haug, Weststr. 18, ✆ 4698, III 0.5
Campingplatz an der Iller, Sinwagstr. 2, ✆ 2350 0
Radcenter Hermann, Eichendorffstr. 1, ✆ 86958 0.5
Radsport Schaich, Bogenstr. 2, ✆ 787443 0
Radstation Sonthofen, Grüntenstraße 23, ✆ 2769945 0.5
Zweirad Riescher, Albrecht-Dürer-Str. 17, ✆ 7807978 0.5
E-Bike Ladestation, Spitalpl., Ecke Hirschstr. 0

Staig (Sonthofen)
Vorwahl: 08321
H AllgäuSternHotel, Buchfinkenweg 2, ✆ 2790, III-IV 2.5

Binswangen (Sonthofen)
Vorwahl: 08321
P Johanna, Sonnenkopfstr. 13, ✆ 89042, ✆ 0171/2858137, IV 1.5

Burgberg im Allgäu
Vorwahl: 08321
i Tourist-Information Burgberg, Rettenberger Str. 2, ✆ 672220 0
Limit Bikes, Sonthofener Str. 2, ✆ 8053932 0

Ortwang (Burgberg im Allgäu)
Vorwahl: 08321
P Mein Landhaus, Ortwanger Esch 2, ✆ 81206, III-IV 0.5
Fw Haus am Brunnenbach, Ortwanger Au 1, ✆ 88619, ✆ 0151/56129329, II 0.5

Agathazell (Burgberg im Allgäu)
Vorwahl: 08321
Gh Zum Grüntenblick, Agathazell 8, ✆ 3353, IV-V 0.5
Bh Birkenhof, Agathazell 10, ✆ 4797, III 0.5

Häuser (Burgberg im Allgäu)
Vorwahl: 08321
P Fw Hubertushof, Dorfstr. 1, ✆ 81403, o.F., III 0.5

Wagneritz (Rettenberg)
Vorwahl: 08327
Fw Herz, Wagneritz 37, ✆ 590, III 0
Fw Landhaus Ellenrieder, Wagneritz 8, ✆ 1023, ✆ 01520/5983796, II 0

Rettenberg
Vorwahl: 08327
i Tourist-Info, Bichelweg 2, ✆ 92040 0
H Adler-Post, Burgberger Str. 8, ✆ 226, III-IV 0.5
Gh Stork, Falkensteinweg 2, ✆ 202, ✆ 931469, II 0.5
P Zoller, Am Widdum 6a, ✆ 477, III 0.5
Robert Haneberg, Kalchenbachweg 2, ✆ 316 0.5

Sterklis (Rettenberg)
Vorwahl: 08327
P Allgaier, Sterklis 4, ✆ 7502, ✆ 0171/5199208, o.F., II-III 0

Vorderburg (Rettenberg)
Vorwahl: 08327
Gh Fw Hirsch, Achstr. 1, ✆ 9324974, IV 0

Großdorf (Rettenberg)
Vorwahl: 08327
P Ferienhof Müller, Amthausstr. 2, ✆ 7077, II-III 0.5

Petersthal (Oy-Mittelberg)
Vorwahl: 08366
P Fw Ferienhof Jörg, Burgkranzegg 9, ✆ 08376/440, I-II 0.5
Fw Teufel, Thalstr. 10, ✆ 8639776, II-III 0

Memersch (Oy-Mittelberg)
Vorwahl: 08376
Fw Mösl, Memersch 15, ✆ 1399, ✆ 0151/41227273, III 0

Oy-Mittelberg
Vorwahl: 08366
i Tourist-Information, Mittelberger Str. 3, ✆ 207 0
H Am Sonnenhang, Sebastian-Kneipp-Weg 2, Navi: Hauptstr. 29, ✆ 98218, IV-V 0
H Oyer Hof, Hauptstr. 18, ✆ 9886006, III 0
H Tannenhof, Tannenhofstr. 19, ✆ 988440,

V-VI 0.5

Gh Rössle, Mittelberger Str. 2, ✆ 2602002, IV 0

P Allgäu, Maria-Rainer-Str. 7, ✆ 1221, II 0

P Marianne, Hauptstr. 21, ✆ 323, II 0

La Strega Custom Bike, Hauptstr. 9, ✆ 2602004 0

Mittelberg (Oy-Mittelberg)

Vorwahl: 08366

Gh Krone, Dorfbrunnenstr. 2, ✆ 983200, III 1

Gh Rose, Dorfbrunnenstr. 10, ✆ 98200, IV 1

P Eckstein, Lindenstr. 5, ✆ 249, III 1

Faistenoy (Oy-Mittelberg)

Vorwahl: 08366

P Berghäusl, Rosenweg 10, ✆ 9888634, IV 1

Pz Fw Hensel, Brunnenstr. 3, ✆ 453, II-IV 1

Fw Fischer, Brunnenstr. 12, ✆ 778, III 1

Haslach (Oy-Mittelberg)

Vorwahl: 08361

Gh Wertacher Hof, Grüntenseestr. 10, ✆ 9247671, IV 0

P Dohle, Dohle 1, ✆ 3441, II 0

P Fw Haus Ute, Grüntenseestr. 24, ✆ 3999, II 0

Campingplatz Wertacher Hof, Güntensee-str. 12, ✆ 770 0

Nesselwang

Vorwahl: 08361

i Tourist-Information, Hauptstr. 20, ✆ 923040 0.5

H Fw **Alpenhotel-Sportcafe Martin, An der Riese 18, ✆ 1424, III** 0.5

H Brauerei-Gasthof Hotel Post, Hauptstr. 25, ✆ 30910, IV-V 0.5

H Explorer Hotel Neuschwanstein, An der Riese 45, ✆ 9989000, ✆ 015164963411, IV-V 1

H Landgasthof Löwen, Lachen 1, ✆ 640, III-IV 2

H Nesselwanger Hof, Sudetenweg 2, ✆ 9251330, V 0

P Fw Bergblick, Jupiterstr. 3, ✆ 7509149, III 0.5

P Fw Gästehaus Annabell, Jupiterstr. 5, ✆ 925807, IV 0.5

P Gästehaus Brenner, Venusstr. 5, ✆ 3505, III 0.5

P Fw Gästehaus Sirch, Rosenweg 5, ✆ 3345, o.F., II-III 1

P Schürer, Bahnhofstr. 17, ✆ 3252, II 1

P Silberdistel, Aggensteinstr. 8, ✆ 3358, III 1.5

Fw Landhaus Ohnesorg, Jupiterstr. 7, ✆ 92010, III-V 0.5

Jon's Adventures, Maria-Rainer Str. 4, ✆ 9225965 0.5

Bergsport Martin, An der Riese 28, ✆ 1473 0.5

Reichenbach (Nesselwang)

H Zum alten Reichenbach, Reichenbach 2, ✆ 08361/92020, II-III 0

Wertach

Vorwahl: 08365

i Tourist-Information Wertach, Rathausstr. 3, ✆ 702199 0

H Hotel-Cafe-Restaurant Jörg, Marktstr. 36, ✆ 1404, ✆ 0171/432930, IV 0.5

Gh Alpengasthof Hirsch, Marktstr. 21, ✆ 70200, III 0.5

P Landhaus Sonnwinkl, Dr. Bach Str. 15, ✆ 256, III 0.5

Grüntensee Camping, Grüntenseestr. 41, ✆ 375, I 0

Waldesruh, Bahnhofstr. 19, ✆ 1004 1

Ski Stadl, Marktstr. 9, ✆ 1235 0

Jungholz (A)

Vorwahl: 05676

i TV Tannheimer Tal, Nr. 55, ✆ 8120, ✆ 05675/622090 1

H Berghotel Tirol, Nr. 48, ✆ 8161, HP, V-VI 1

H Traditionshotel Sorgschrofen, Langenschwand 35, ✆ 83406, IV 1.5

H Waldhorn, Nr. 79, ✆ 8135, IV-V 1.5

H Wildschütz, Langenschwand 108, ✆ 8206, III 1.5

Gh Lochbihler, Habsbichl 2, ✆ 8103, II 0.5

P Bergquell, Nr. 52, ✆ 8161, III 1

P Erd, Langenschwand 34, ✆ 83413, II 1.5

Camping Jungholz, Jungholz 103, ✆ 8182, I 0

Pfeiffermühle (Wertach)

Vorwahl: 08365

H Pfeiffermühle, Pfeiffermühle 3, ✆ 79939, III 0

Untergschwend (Bad Hindelang)

Vorwahl: 08324

Bh Ferienhof Beim Kemptar, Untergschwend 16, ✆ 901623, o.F., III-V 0.5

Bh Ferienhof Steinmüller, Untergschwend 12, ✆ 7681, o.F., III 0.5

Unterjoch (Bad Hindelang)

Vorwahl: 08324

H Anneliese, Sonnenstr. 28, ✆ 7605, V 0.5

H Berghotel Mühle, Haldenweg 5, ✆ 9805-0, V 0

P Alpenstern, Sonnenstr. 33, ✆ 7264, ✆ 01735958807, III-IV 0.5

P Luise, Sonnenstr. 27, ✆ 0151/43224377, IV 0.5
P Weber, Steinebergweg 20, ✆ 7642, III 0.5
Fw Zinkenhof, Sorgschrofenstr. 22, ✆ 7794, II-III 0

Obergschwend (Bad Hindelang)

Vorwahl: 08324
P Haus Finkeler, Obergschwend 16, ✆ 7254, o.F., III 1.5
Fw Lipp & Beck, Obergschwend 5+6, ✆ 7554, ✆ 0160/7825620, III-IV 1.5

Schattwald Ⓐ

Vorwahl: 05675
i TVB Tannheimer Tal, Nr. 41, ✆ 622080 0
i TVB Tannheimer Tal, Vilsalpseestr. 1, Tannheim, ✆ 62200 0.5

Gh Zur Post, Schattwald 21, ✆ 6601, IV 0.5
P Fw Zobl Herma, Fricken 23, ✆ 6796, II 0
Fw Guthof Lutz Ferienwohung und E-Bike Verleih, Schattwald 28 + 35a, ✆ 20702, V 0.5

Zöblen Ⓐ

Vorwahl: 05675
i TVB Tannheimer Tal, Vilsalpseestr. 1, Tannheim, ✆ 62200 0.5
i TVB Tannheimer Tal - Zöblen, Gemeindehaus 39, ✆ 6220 0.5
H Berghotel Zugspitzblick, Halde 42a, ✆ 67690, IV 0.5
Hg Hotel-Pension Wildanger, Zöblen 55, ✆ 6685, III-IV 0.5
P Almhof, Zöblen 57, ✆ 6072, ✆ 0664/1205526, II 0.5
P Alpenjuwel Rohnenspitze, Zöblen 22, ✆ 6630, IV-V 0.5
P Glätzle, Zöblen 19, ✆ 6605, III-IV 0.5
Pz Nenning, Katzensteig 33, ✆ 20049, II 0
Bh Triendlhof, Zöblen 2, ✆ 6709, IV 0.5
Sport Müller, Zöblen 31, ✆ 4325 0

Kienzen (Tannheim) Ⓐ

Vorwahl: 05675
P Christine, Neukienzen 66, ✆ 0676/5647012 0.5
P Sammer, Neu-Kienzen 3, ✆ 6031, V 0.5

Tannheim Ⓐ

Vorwahl: 05675
i TVB Tannheimer Tal, Vilsalpseestr. 1, ✆ 62200 0.5
H Goldenes Kreuz, Unterhöfen 43, ✆ 6205, IV 0.5
H Hohenfels, Kreuzg. 8, ✆ 6286, V-VI 0.5
H Landhaus Schnöller, Bogen 28, ✆ 6584, V 1
H Vital-Hotel Zum Ritter, Unterhöfen 44, ✆ 62190, V-VI 0.5
Gh Enzian, Geist 35, ✆ 6527, IV 0.5
P Austria, Berg 44, ✆ 6543, III 0.5
P Berger Hof, Berg 18, ✆ 6332, III 0.5
P Glätzle, St. Nikolaus 10, ✆ 6295, II 0.5
P Grad, Berg 5, ✆ 6753, ✆ 0676/5427942, III 0.5
P Kleiner, Wiesenweg 10, ✆ 0676/9077773, III 0
P Tirolerhof, Bogen 5, ✆ 6339, ✆ 0676/5556339, II-III 1
P Wassermann, Oberhöfen 71, Höf 5, ✆ 06769303961, IV 0.5
P Wötzer, Berg 46, ✆ 6945, II 0.5
Pz Toskana, Schmieden 34, ✆ 06767237844, o.F., III 1.5
Fw Ferienhaus Gugger, Berg 7, ✆ 6316, ✆ 6164, II 0.5
Fw Käserstube, Kirchacker 7, ✆ 6350, V 0.5
Camping Alpenwelt, Kienzerle 3, ✆ 43070, I 0.5
Sport & Trachtenmoden Gehring, Höf 21, ✆ 6214 0.5

Innergschwend (Tannheim) Ⓐ

H Auf der Sonnleiten, Innergschwend 11, ✆ 05675/6364, III 0
Pz Zoller, Innergschwend 4, ✆ 05675/6366, ✆ 0664/4173434, o.F., III 0

Grän Ⓐ

Vorwahl: 05675
i TVB Tannheimer Tal, Vilsalpseestr. 1, Tannheim, ✆ 62200 0.5
i TVB Tannheimer Tal Grän- Haldensee, Dorfstr. 1, ✆ 6285 0.5
H **Bergblick, Am Lumberg 20, ✆ 6396, HP, VI** 0.5
P Braito, Albert-Schedler-Weg 4, ✆ 6454, ✆ 0676848520100, II 0
P Jesner, Dorfstr. 39, ✆ 6781, II 0
P Pflauder, Auf der Farrenwiese 6, ✆ 6564, III 0

P Schädle, Am Kirchpl. 2, ✆ 6254, III-IV 0
P Tyroler Hof, Loger Weg 13, ✆ 6058, ✆ 06763144582, III 0.5
Comfortcamp Grän, Engetalstr. 13, ✆ 6570 0

Haldensee (Grän) Ⓐ

Natur Camping Haldensee, Seewiesenweg 12, ✆ 0676/3375031 0

Steinach (Pfronten)

Vorwahl: 08363
H Bergidyll, Römerweg Nord 1, ✆ 8754, III 0.5
H Pfrontener Hof, Tiroler Str. 174, ✆ 91400, IV 2
Hg Kalkbrennerhof, Scheiberweg 6, ✆ 8180, III-IV 1
P Haus Maria, Enzianstr. 15, ✆ 1810, III 1
P Vendel, Achtalstr. 26, ✆ 92710, III 0.5
Fw Alpensonne 2000, Kienbergstr. 37-39, ✆ 6011, IV 0
Camping-Pfronten, Tiroler Str. 184, ✆ 8353, I 2

Pfronten

Vorwahl: 08363
i Pfronten Tourismus, Vilstalstr. 2, ✆ 69888 0.5
H Alpenhotel Krone, Tiroler Str. 29, ✆ 69050, V 0.5
H Berghof, Falkensteinweg 13, ✆ 91130, V-VI 1.5
P Birkenhof Pension mit Herz, Birkenweg 21, ✆ 6638, III-IV 1
Fw Allgäuer Appartementhaus, Achweg 5, ✆ 91240, IV 1.5

Sport Kolb, Allgäuer Str. 5, Ried, ✆ 92130 1
Sport Manhard, Birkenweg 1, Ried, ✆ 7182 1

Röfleuten (Pfronten)

Vorwahl: 08363
H Landgasthof Röfleuten, Zerlachweg 1, ✆ 926785, III 0
P Alpenblick, Edelsbergweg 23, ✆ 91370, III-IV 0
Pz Zum Franke, Edelsbergweg 38, ✆ 2069999, o.F., II 0.5

Kappel (Pfronten)

Vorwahl: 08363
P Fw Haus Sommer, Kappelerstr.12, ✆ 5672, II 0

Zell (Eisenberg)

Vorwahl: 08363
H Burghotel Bären, Dorfstr. 4, ✆ 927130, IV 0.5
P Fw Kösselhof, Dorfstr. 21, ✆ 8018, IV 0
Fw Haus Fernblick, Am Hofgarten 1, ✆ 8751, II-III 0

Eisenberg

Vorwahl: 08364
i Touristik-Büro, Pröbstenerstr. 9, ✆ 1237 0
P Fw Gästehaus Nigg, Speidener Str. 14, ✆ 1395, III 0
P Pfeffermühle, Pröbstener Str. 5, ✆ 8264, IV 0

Speiden (Eisenberg)

Vorwahl: 08364
P Christine, Kirchpl. 4, ✆ 1073, ✆ 8532, IV 0

Hopferau

Vorwahl: 08364
i Gästeinformation, Hauptstr. 8, ✆ 8548 0
H Schloss Hopferau, Schloßstr. 9-11, ✆ 984890, V-VI 0
P Fw Keiss, Hauptstr. 14, ✆ 1495, o.F., III 0

Hopfen am See

Vorwahl: 08362
i Tourist-Information, Uferstr. 21a, ✆ 7458. Reparaturstation im Außenbereich, Schließfächer 0
H Alpenglühn, Höhenstr. 21, ✆ 938730, III-V 0.5
H Bio- und Wellnesshotel Eggensberger, Enzensbergstr. 5, ✆ 91030, HP, V-VI 0.5
H Fischer Am See, Uferstr. 25, ✆ 9269990, IV-V 0
H Hartung's Hotel Dorf, Enzensbergstr. 20, ✆ 50550, V-VI 0.5
H Hotel am Hopfensee, Uferstr. 10, ✆ 50570, V-VI 0
H San Marco, Uferstr. 13, ✆ 9251795, IV 0
H Fw Seehotel Hartung, Uferstr. 31, ✆ 91545, III-V 0
Hg Fw Landhaus Kössel, Höhenstr. 8, ✆ 91670, IV 0
P Fw Fichtl, Höhenstr. 23, ✆ 38117, ✆ 0177/3881690, IV 0.5
P Fw Haus am Burghügel, Burgweg 11, ✆ 5805, ✆ 7438, o.F., II-III 0

Flori's Radl und Ski Verleih, Parkplatz Ost, ✆ 39770 0

Eschach (Füssen)

Vorwahl: 08362
P Meyer, Eschach 7, ✆ 1624, ✆ 0174/6335796, o.F., III 0
Fw Ferienhaus Benedikt, Eschach 8, ✆ 6957, III 0

Allgäu-Radweg

Isny im Allgäu

siehe Radrunde Allgäu

Bolsternang (Isny im Allgäu)

Vorwahl: 07562
Gh Fw Zum Schwarzen Grat, Talstr. 1, ✆ 8470, III 2

Weitnau

Vorwahl: 08375
i Tourismusbüro, Hoheneggstr. 25, ✆ 920241 0
Gh Krone, Kirchstr. 33, ✆ 209, III 0
Gh Zum goldenen Adler, Hoheneggstr. 25, ✆ 921360, ✆ 0176/70297451, III 0
P Wolf, Im Gosbolz 19, ✆ 781, II 0.5

Hellengerst (Weitnau)

H Hanusel Hof, Helinger Str. 5, ✆ 08378/92000, VI 1

Buchenberg

Vorwahl: 08378
i Tourist-Info, Rathaussteige 2, ✆ 920222 0.5
H Landhaus Sommerau, Eschacher Str. 35,

☎ 940930, IV 0.5

Pz Frey, Walter-von-Hohenegg Str. 14, ☎ 441 1

Fw Heckelsmüller, Eschachried 152 1/2, ☎ 561, II 1.5

Eschach (Buchenberg)

P Haggenmüller, Eschach 105, ☎ 08378/265, II 2

Pz Knauer, Eschach 109, ☎ 08378/7057 2

Ermengerst (Wiggensbach)

Vorwahl: 08370

i Amt für Kultur und Tourismus, Kempter Str. 3, Wiggensbach, ☎ 8435 2.5

Gh Alte Säge, Römerstr. 2, ☎ 929990, III 0

Pz Blattner, Mariabergstr. 12, ☎ 929875, o.F., II 0

Ahegg (Buchenberg)

Vorwahl: 08378

Fw Ferienhof Mader, Auf der Halde 175, ☎ 7532, III 0.5

Thingers (Kempten (Allgäu))

Vorwahl: 0831

H Sonnenhang, Mariaberger Str. 78-80, ☎ 93756, IV 0.5

Kempten (Allgäu)

Vorwahl: 0831

i Tourist-Information, Rathauspl. 24, ☎ 9609550 0

Hg **CityHotel Kempten, Kotterner Str. 72, ☎ 521870, ☎ 0151/15677940, III-IV 0.5**

H Allgäu ART Hotel, Alpenstr. 9, ☎ 5408600, IV-V 1

H Bayerischer Hof, Füssener Str. 96, ☎ 57180, IV-V 0

H Fürstenhof, Rathauspl. 8, ☎ 25360, III 0

H Goldene Steig, Klostersteige 4, ☎ 54077980, III-IV 0

H Peterhof, Salzstr. 1, ☎ 52440, III-V 0.5

H Soloplan City Resort, Illerhöhe 2, ☎ 9609590, III-IV 1

H Waldhorn, Steufzgen 80, ☎ 580580, III-IV 1

H bigBOX ALLGÄU Hotel, Kotterner Str. 62, ☎ 570552000, IV-V 0.5

H myParkhotel, Beethovenstr. 3-5, ☎ 59030436, IV-V 0.5

P Gästehaus Stiftsstadt, Herbststr. 10, ☎ 57531800, IV 0

P Gästezimmer Krämer, Fürstenstr. 47, ☎ 27906, o.F., II 0.5

P St. Raphael im Allgäu, Bischof-Freundorfer Weg 24, ☎ 5404330, IV 0

Ho Green Living Inn, Konrad-Zuse-Weg 1+2, ☎ 57576161, o.F., III 1

JUFA Familien-Resort, Stadtbadstr. 5, ☎ 52384080, III-IV 0.5

Bikecheckpoint, Weidacherweg 104, ☎ 93065830 1

Der Radladen, Feilbergstr. 37, ☎ 201515 1

Fahrradcenter Kempten, Immenstädter Str. 62, ☎ 201212 1.5

Koller's, Memminger Str. 108, ☎ 94788 0.5

Zweirad Süssner, Memminger Str. 46, ☎ 27264 0.5

Lenzfried (Kempten (Allgäu))

Vorwahl: 0831

H Berg-Café, Höhenweg 6, ☎ 575110, III-IV 0.5

H Hirsch, Lenzfrieder Str. 55, ☎ 574000, IV 0

Betzigau

Vorwahl: 0831

i Gemeinde Betzigau, Rotkreuzstr. 2, ☎ 575020 0.5

H Hirsch, Hauptstr. 7, ☎ 53086832, III 0

Wildpoldsried

Vorwahl: 08304

i Gästeinfo, Marktoberdorfer Str. 3, ☎ 924970 0

i Verkehrsamt, Kemptener Str. 2, ☎ 92050 0

H Energiehotel Kultiviert, Marktoberdorfer Str. 3, ☎ 924970, IV 0

Gh Hirsch, Marktoberdorfer Str. 2, ☎ 923730, III 0

P Goldener Stern, Kemptener Str. 6, ☎ 5636, ☎ 0160/1646600, II 0

Wildrad, Kemptener Str. 25, ☎ 92909100 0

Hochgreut (Betzigau)

Vorwahl: 08304

Gh Landgasthaus Mittelallgäu, Hauptmannsgreut 11, ☎ 287, III 0.5

Pz Merk, Hauptmannsgreut 16 1/2, ☎ 0804/5339, II 0.5

Fw Landhaus-Hörter, Hochgreut 31, ☎ 5296 0.5

Unterthingau

Vorwahl: 08377

i Markt Unterthingau, Marktpl. 9, ☎ 92010 0

Gh Hirsch "Felderwirt", Kleine G. 4, ☎ 361, III 0

P Steichele, Marktpl. 11, ☎ 570 0

Oberthingau (Unterthingau)

Vorwahl: 08377

Gh Alpenrose, Hauptstr. 3, ☎ 277 0

Mühlbichel (Marktoberdorf)

Vorwahl: 08342

Gh Voglerwirt, Mühlbichl 24, ☎ 2507, III 0

Kohlhunden (Marktoberdorf)

Vorwahl: 08342

Fuchshof, Kohlhunden 11, ☎ 7140 0

Geisenried (Marktoberdorf)

Vorwahl: 08342

Gh Stocker, Geisenrieder Str. 14, ☎ 2246, III 2.5

Weibletshofen (Marktoberdorf)

siehe Radrunde Allgäu

Marktoberdorf

siehe Radrunde Allgäu

Iller-Radweg

Oberstdorf

Vorwahl: 08322

i Nordic Info, Birgsauer Str. 33, im Nordic Café, ☎ 7005005 3

Tourist-Information, Prinzregenten-Pl. 1, im Oberstdorf Haus, ✆ 7000 0.5
H Adler, Fuggerstr. 1, ✆ 96100, IV-V 0.5
H Alma Hotel Oberstdorf, Fellhornstr. 20, ✆ 96050, ✆ 0160/5308183, IV-V 1
H AlpinLifestsyleHotel Löwen & Strauss, Kirchstr. 1, ✆ 800080, V 0.5
H Fuggerhof, Speichackerstr. 2, ✆ 96430, V-VI 1
H Mohren, Marktpl. 6, ✆ 9120, VI 0.5
H Sascha's Kachelofen, Kirchstr. 3, ✆ 97750, V 0.5
Hg Bergidyll, Freibergstr. 17, ✆ 97740, IV-V 1
Hg Engel, Trettachstr. 2-4, ✆ 986858, ✆ 0170/8352255, IV-V 0.5
Hg Hahnenköpfle, Finkenstr. 11, ✆ 96360, V-VI 0.5
Hg Regina, Metzgerstr. 7, ✆ 97750, IV 0.5
Hg Rubihaus, Gartenstr. 1, ✆ 6090, IV 0.5
Hg Schellenberg, Schellenbergerstr. 2, ✆ 96370, V-VI 0
Gh Oberstdorfer Einkehr, Pfarrstr. 9, ✆ 977850, IV-V 0.5
Gh Trettach Stüble, Oststr. 42, ✆ 4768, III-IV 1
P Alpenglühn, Wittelsbacherstr. 4, ✆ 4692, III 1
P Elvia, Wagnerg. 5, ✆ 2134, IV 1
P Grüntenblick, Maximilianstr. 12, ✆ 4610, III-IV 0.5
P Hammerspitz, Maximilianstr. 13, ✆ 2902, ✆ 988092, II 0.5
P Hofacker, Walserstr. 12, ✆ 5651, IV 0.5
P Martina, Walserstr. 12a, ✆ 97910, IV 0.5
P Zur glücklichen Kuh, Roßbichlstr. 8, ✆ 0152/59421701, V-VI ⊛ 1
Pz Kissner, Pfarrstr. 6, ✆ 7239, III 0.5
Fw Oberstdorfer Ferienwelt, Ludwigstr. 19, ✆ 606970, IV-V 1
Campingplatz, Rubinger Str. 16, ✆ 6525 0
Rubi-Camp, Rubinger Str. 34, ✆ 959202 0
Radsport Heckmair, Nebelhornstr. 46, ✆ 2210 1
Zweiradcenter Hasselberger, Bahnhofsplatz 1C, ✆ 4467 0
NTC Mountainbikeverleih, Nebelhornstr. 67e, ✆ 989601 1
Rebike, Nebelhornstr. 33a, ✆ 8093955 0.5

Kornau (Oberstdorf)

Vorwahl: 08322
H Ringhotel Nebelhornblick, Kornau 49, ✆ 96420, IV 3
NF NaturFreundehaus Freibergsee, Höllwiesenweg 2, ✆ 9871480, ✆ 0176/62015902, HP, III-IV 3
DJH Oberstdorf-Kornau, Kornau 8, ✆ 98750, II-III ⊛ 2.5

Reute (Oberstdorf)

Vorwahl: 08322
H Oberstdorf, Reute 20, ✆ 940770, VI 1.5

Rubi (Oberstdorf)

Vorwahl: 08322
H Victoria, Riedweg 5, ✆ 977840, V-VI 0.5
P Berktold, Hessenwinkel 2, ✆ 977840, V 0.5

Langenwang (Fischen im Allgäu)

siehe Radrunde Allgäu

Fischen im Allgäu

siehe Radrunde Allgäu

Berg (Fischen im Allgäu)

siehe Radrunde Allgäu

Au (Fischen im Allgäu)

siehe Radrunde Allgäu

Altstädten (Sonthofen)

siehe Radrunde Allgäu

Sonthofen

siehe Radrunde Allgäu

Binswangen (Sonthofen)

siehe Radrunde Allgäu

Staig (Sonthofen)

siehe Radrunde Allgäu

Rieden (Sonthofen)

siehe Radrunde Allgäu

Bihlerdorf (Blaichach)

siehe Radrunde Allgäu

Kühberg (Blaichach)

siehe Radrunde Allgäu

Blaichach

siehe Radrunde Allgäu

Ettensberg (Blaichach)

siehe Radrunde Allgäu

Immenstadt im Allgäu

siehe Radrunde Allgäu

Stein im Allgäu (Immenstadt im Allgäu)

Vorwahl: 08323
H Krone, Rottachbergstr. 1, ✆ 96610, IV-VI ⊛ 0.5

Eckarts (Immenstadt im Allgäu)

Vorwahl: 08379
H Fw Beim Haxenwirt, Thanners 6 1/2, ✆ 728890, IV ⊛ 0.5

Martinszell im Allgäu (Waltenhofen)

Vorwahl: 08379
Gh Michi's Stüble, Eggen 5, ✆ 728220, III ⊛ 0.5
Pz Trunzer, Buch 3, ✆ 7545, I 0.5

Oberdorf bei Immenstadt (Waltenhofen)

Vorwahl: 08379
Gh Landgasthof Seehof, Am See 1, ✆ 341, III 0
P Kaserer, Ringgen 3, ✆ 728267, II-III 1

Niedersonthofen (Waltenhofen)

Vorwahl: 08379
Gäste- und Bürgerbüro, Sonnenstr. 9, ✆ 08303/728146 0.5
Gh Landgasthof Sonne, Wollmuths 50, ✆ 728735, III 0.5
Gh Zur Krone, Sonnenstr. 1, ✆ 212, IV 0.5
P Alpenblick, Stoffels 5, ✆ 7409, III 1
Bh Durach, Rieggis 8, ✆ 1366 3

Bh Hörmann, Wollmuths 53a, ✆ 367, III 1
Zeh am See, Burgstr. 27, ✆ 7077 0

Insel (Waltenhofen)

Vorwahl: 08379
Insel Camping, Insel 32 3/4, ✆ 881 0

Memhölz (Waltenhofen)

Vorwahl: 08303
P Ferienhaus Friesinsel, Friesinsel 25, ✆ 7686, ✆ 7686, II 0.5
P Haus der Familie, Schönstatt auf'm Berg 68, ✆ 08379/92040, III-IV 1.5
Fw Müller, Laubgarten 6, ✆ 648, I 0

Waltenhofen

Vorwahl: 08303
i Gemeinde Waltenhofen, Rathausstr. 4, ✆ 790 1
Gh Gasthof Krone, Bahnhofstr. 14, ✆ 218, III 1
Campinghof Sommer, Fischen 6, ✆ 01512/8346153 0.5

Kempten (Allgäu)

siehe Allgäu-Radweg

Krugzell (Altusried)

Vorwahl: 08374
Gh Hirsch, Ortsstr. 4, ✆ 23426, III-IV 0
Fw Koch, Gries 4, ✆ 08373/7495, II 1
Fw Schmitz, Nebelhornstr. 14, ✆ 08373/8158, IV 0.5

Dietmannsried

Vorwahl: 08374
i Markt Dietmannsried, Rathauspl. 3, ✆ 58200 1.5
Gh Landgasthof zum Bären, Heisinger Str. 2, ✆ 5862910, III 1.5

Altusried

Vorwahl: 08373
i Gästeinformation, Hauptstr. 18, ✆ 29951 0
Gh Sonne, Kirchstr. 7, ✆ 587, IV 0
Gh Zum Bären, Hauptstr. 20, ✆ 333, ✆ 0171/3721534, III 0
P 's Gschlief, Binzen 13a, ✆ 9875970, III 1.5
Pz Gegenbauer, Schleifweg 57, ✆ 1205, II 0.5
Rad Haus Fritz, Poststr. 7, ✆ 7880 0

Legau

Vorwahl: 08330
i Gemeindeamt, Marktpl. 1, ✆ 94010 2
P Heller, Zieselg. 2, ✆ 223, II 2
P Umweltstation Legau, Haid 20, ✆ 2469970, II 1

Lautrach

siehe Radrunde Allgäu

Illerbeuren (Kronburg)

siehe Radrunde Allgäu

Ortsindex

Die Seitenzahlen ab S. 144 beziehen sich auf das Übernachtungsverzeichnis.

A
Acker 98
Agathazell 153
Ahegg 116, 157
Altach 97
Altensteig 32
Alterschrofen 145
Altmummen 90, 133
Altstädten 94, 130, 153, 158
Alttrauchburg 114
Altusried 138, 159
Amendingen 38, 147
Amtzell 64, 149
Argen 114
Au 130, 153, 158

B
Bad Grönenbach 44, 147
Bad Wörishofen 30, 147
Bad Wurzach 54, 148
Balterazhofen 49
Balzhofen 150
Bärensee 25
Bauhofen 53, 148
Benningen 42, 147
Berg 153, 158
Bergs 138
Berleberg 124
Bertoldshofen 146
Betzigau 122, 157
Bichel 97
Biessenhofen 25, 146
Bihlerdorf 152, 158
Binswangen 153, 158
Blaichach 90, 132, 152, 158
Bolsterlang 92, 152
Bolsternang 156
Böserscheidegg 80
Brugg 148
Brunnen 145
Buchenberg 116, 156
Buchenbrunn 34
Buflings 151
Bühl am Alpsee 88, 151
Burgberg im Allgäu 96, 153

D
Deuchelried 149
Dickenreishausen 147
Diepoldshofen 52, 148
Dietmannsried 159
Dietratried 43
Dietrichs 152
Dietringen 18, 146
Dilpersried 48
Dirlewang 34

E
Ebenhofen 25
Eckarts 134, 158
Edensbach 64
Eggisried 37
Eglofs 68, 149
Eintürnen 148
Eintürnenberg 58
Eisenberg 108, 156
Eisenburg 38
Eisenharz 70, 150
Eistobel 74, 150
Emmereis 98
Engelpolz 98
Ermengerst 116, 157
Eschach 111, 156, 157
Eschenau 124
Ettensberg 90, 132, 152, 158
Ettwiesen 124

F
Faistenoy 99, 154
Fechsen 124
Fischen im Allgäu 93, 130, 152, 158
Frechenrieden 34
Füssen 15, 111, 145

G
Geisenried 157
Genhofen 83
Gießen 68
Gottenau 34
Grän 106, 155
Großdorf 153
Großholzleute 113
Grünenbach 76, 150
Gunzesried 152

H
Haag 98
Halbersberg 34
Haldensee 106, 156
Hammerschmiede 30
Hannober 64
Haslach 100, 154
Häuser 153
Hawangen 147

Hegge 136
Heiland 20
Hellengerst 116, 156
Hetzlinshofen 42, 147
Hinang 153
Hinterstaufen 84, 151
Hochgreut 124, 157
Hohenschwangau 145
Holzgünz 38
Hopfen 81, 150
Hopfen am See 110, 156
Hopferau 110, 156
Hörmannshofen 146
Horn 145
Hüttenberg 152

I

Illerbeuren 46, 143, 148, 159
Iller-Durchbruch 140
Immenried 58
Immenstadt im Allgäu 89, 133, 151, 158
Innergschwend 104, 155
Insel 135, 159
Isny im Allgäu 71, 113, 150, 156

J

Jungholz 104, 154

K

Kalchenbach 98
Kalzhofen 84, 151
Kappel 108, 156
Katzbrui 34, 147
Kaufbeuren 26, 146
Kempten (Allgäu) 118, 157, 159
Kienzen 104, 155
Kißlegg 60, 148
Klausenmühle 114
Kleinholzleute 113
Knechtenhofen 86
Kohlhunden 124, 157
Köngetried 34
Konstanzer 151
Kornau 129, 158
Kronburg 46, 148
Krugzell 138, 159
Kühberg 152, 158

L

Lamprechts 151
Langenberg 34
Langenwang 152, 158
Lautrach 48, 148, 159
Legau 140, 159
Leinau 30, 146
Lenzfried 122, 157
Leupolz 122
Leuterschach 124
Leutkirch im Allgäu 50, 52, 148
Lindenberg im Allgäu 78, 150

M

Maderalm 152
Maierhöfen 74, 150
Maria Steinbach 143
Marktoberdorf 20, 146, 157
Martinszell im Allgäu 134, 158
Memersch 98, 153
Memhölz 135, 159
Memmingen 38, 147
Menzlings 148
Mittelberg 99, 154
Moos 140
Muderbolz 92, 152
Mühlbichel 124, 157

N

Nellenbruck 114
Nesselwang 100, 154
Neutrauchburg 71, 150
Niederdorf 43, 152
Niedersonthofen 134, 158
Nieratz 66

O

Oberbeuren 146
Oberbinnwang 44
Oberdorf bei Immenstadt 134, 158
Obergschwend 155
Oberhäuser 78
Obermaiselstein 92, 152
Oberstaufen 83, 151
Oberstdorf 127, 157
Oberthingau 124, 157
Oberzollbrücke 91
Ofterschwang 91, 152
Ortwang 153
Osterreinen 17, 145
Osterreuten 110
Ottmannshofen 148
Ottobeuren 34, 147
Oy-Mittelberg 98, 153

P

Petersthal 98, 153
Pfärrich 66
Pfeiffermühle 154
Pforzen 30, 147
Pfronten 107, 156

R

Ratholz 86, 151
Rauns 135
Rehbichel 108
Reichenbach 154
Reichenhofen 52
Rentershofen 78
Rettenberg 97, 153
Reute 158
Reuter 151
Rieden 152, 158
Rieden am Forggensee 17, 146
Rieder 20, 98, 146
Riedholz 74, 150
Röfleuten 108, 156
Rohr 57
Rohrbach 57
Roßhaupten 18, 146
Rötenbach 61
Röthenbach im Allgäu 76, 150
Rothmoos 148
Rötsee 58
Rubi 158

S

Sack 142
Schattwald 104, 155
Scheidegg 79, 150
Schlingen 30
Schlossberg 108
Schönau 76, 150
Schöneschach 32
Schwaighausen 38, 147
Schwangau 145
Schwarzerd 116
Schwenden 124
Seibranz 148
Seltmans 114
Sigiswang 152
Simmerberg 80, 150
Sonderdorf 152
Sondert 134
Sonthofen 94, 131, 153, 158
Speiden 110, 156
Staig 153, 158
Steig 104
Steinach 106, 156
Stein im Allgäu 134, 158
Sterklis 98, 153
Stiefenhofen 81, 83, 151
Stötten am Auerberg 20, 146
Strandbad Hauser 88

T

Tannheim 104, 155
Thalkirchdorf 151
Thingers 117, 157
Truschwende 54, 148

U

Ungerhausen 38
Unterbinnwang 46
Untergschwend 154
Unterjoch 104, 154
Untermühlegg 152
Unterriedgarten 149
Unterthingau 124, 157
Ussenburg 146

V

Vogt 62, 149
Vorderburg 98, 153

W

Wagneritz 97, 153
Wagsberg 46
Waldburg 63, 149
Waltenhofen 145, 159
Wangen im Allgäu 67, 149
Weibletshofen 146, 157
Weiler-Simmerberg 80, 150
Weißach 151
Weißbach 108
Weitnau 114, 156
Weitprechts 57
Wengen 84, 151
Wertach 102, 154
Westerheim 38
Westerhofen 91, 152
Wiedemannsdorf 86, 151
Wies 104
Wildpoldsried 122, 157
Willerazhofen 148
Winkel 96
Wolfegg 61, 149
Wolfertschwenden 43, 147
Wurms 140

Z

Zell 108, 156
Ziegelbach 57, 148
Zöblen 104, 155